托育服务政策法规与职业伦理

主　编　南志国　许乃跃

副主编　白元凤　李海荣　张炫炫　周　妍

苏州大学出版社
Soochow University Press

图书在版编目（CIP）数据

托育服务政策法规与职业伦理 / 南志国，许乃跃主编. -- 苏州：苏州大学出版社，2025. 4（2025. 7 重印）. -- ISBN 978-7-5672-5169-4

Ⅰ. G619. 20；D922. 16；G615

中国国家版本馆 CIP 数据核字第 2025W1714W 号

书　　名：托育服务政策法规与职业伦理

主　　编：南志国　许乃跃

责任编辑：刘一霖

装帧设计：刘　俊

封面插图：宋雨欣

出版发行：苏州大学出版社（Soochow University Press）

社　　址：苏州市十梓街 1 号　**邮编**：215006

印　　刷：苏州市越洋印刷有限公司

邮购热线：0512-67480030

销售热线：0512-67481020

开　　本：889 mm×1 194 mm　1/16　**印张**：11　**字数**：317 千

版　　次：2025 年 4 月第 1 版

印　　次：2025 年 7 月第 2 次印刷

书　　号：ISBN 978-7-5672-5169-4

定　　价：43. 00 元

苏州大学出版社营销部　电话：0512-67481020

苏州大学出版社网址　http://www. sudapress. com

苏州大学出版社邮箱　sdcbs@ suda. edu. cn

前言 FOREWORD

婴幼儿照护服务是生命全周期服务管理的重要内容，事关婴幼儿健康成长，事关千家万户和人口均衡发展战略的实施。习近平总书记在党的二十大报告中指出：“我们深入贯彻以人民为中心的发展思想，在幼有所育、学有所教、劳有所得、病有所医、老有所养、住有所居、弱有所扶上持续用力，人民生活全方位改善。……我们的工作还存在一些不足，面临不少困难和问题。主要有……群众在就业、教育、医疗、托育、养老、住房等方面面临不少难题……”《中共中央关于进一步全面深化改革 推进中国式现代化的决定》提出进一步全面深化改革的“七个聚焦”，其中一个重要方面就是“聚焦提高人民生活品质”。在发展中保障和改善民生是中国式现代化的重大任务。我国托育服务体系建设面对的需求较为迫切，托育服务对于减轻家庭生育、养育负担，促进人口长期均衡发展的作用日益凸显。当前我国托育服务仍处于起步阶段，既面临需求不断扩大、投资快速增长的发展机遇，也面临设施缺口大、运营成本高、人才供给不足等挑战。建设一支品德高尚、富有爱心、敬业奉献、素质优良的托育服务队伍是当前托育服务工作高质量发展的迫切需要。托育从业人员一方面靠各学校做职前培养，一方面靠托育机构做职后培训。推进婴幼儿托育服务专业化发展是提高保育保教质量和水平的基础性工作。

为了帮助婴幼儿托育服务与管理专业学生熟悉婴幼儿托育服务政策法规和标准规范，提高托育从业人员职业伦理水平，我们编写了《托育服务政策法规与职业伦理》这本教材。本教材包括两个部分。第一部分为婴幼儿托育服务政策与法规，包括三章，分别为婴幼儿托育服务政策与法规概述、婴幼儿托育服务政策体系和婴幼儿托育服务标准规范体系。第二部分为托育从业人员职业伦理修养，包括四章，分别为托育职业伦理概述、新时代公民职业道德规范、托育从业人员职业行为准则和托育从业人员职业伦理修养。

本教材的编写充分体现了时代性、创新性和实用性，具体体现在以下几个方面。

一是根据《国务院办公厅关于促进3岁以下婴幼儿照护服务发展的指导意见》，本教材将婴幼儿托育服务的政策体系和标准规范体系单独建章编写，其中：政策体系部分根据近年来国家婴幼儿托育发展的要求，按照普惠托育政策和养老托育一体化政策进行编写；标准规范体系部分将2019年至

2024年国家印发的托育服务标准规范进行归类，以便学生系统学习。

二是本教材将新时代公民职业道德规范、托育从业人员职业行为准则单独建章编写，并结合托育服务的实际工作，指导学生如何践行新时代公民职业道德规范和《托育从业人员职业行为准则（试行）》要求，体现理论和实际相结合，便于学生学习和提高托育职业伦理水平。

三是各章设置配套的练习题，有利于学生更好地理解所学内容。

四是本教材有配套的教学课件，增强了教材使用的有效性和课程学习的实效性。

由于编者水平有限，书中难免存在不完善之处，恳请读者批评指正。

编者

目录

CONTENTS

第一部分

婴幼儿托育服务政策与法规

党的十八大以来，以习近平同志为核心的党中央高度重视托育工作，坚持在发展中保障和改善民生。我国在幼有所育、学有所教、劳有所得、病有所医、老有所养、住有所居、弱有所扶上不断取得新进展，托育服务进入高质量发展时期。

第一章 婴幼儿托育服务及其政策法规概述

导入思考

习近平总书记在党的二十大报告中指出："我们深入贯彻以人民为中心的发展思想，在幼有所育、学有所教、劳有所得、病有所医、老有所养、住有所居、弱有所扶上持续用力，人民生活全方位改善。……在充分肯定党和国家事业取得举世瞩目成就的同时，必须清醒看到，我们的工作还存在一些不足，面临不少困难和问题。……群众在就业、教育、医疗、托育、养老、住房等方面面临不少难题……"

思考：

1. 什么叫托育？托育与早期教育、学前教育有什么区别？
2. 为落实幼有所育，我国出台了哪些托育服务政策法规？

第一节 婴幼儿托育服务的基本概念与特点

一、婴幼儿概念的界定

婴幼儿是婴儿和幼儿的统称。本教材中的婴幼儿是指0~3岁的幼小儿童，其中，从出生到1岁（12月龄）属于婴儿期，1岁至3岁（13~36月龄）属于幼儿期。0~3岁的婴幼儿是社会最柔弱的群体，也是托育服务的对象。

二、婴幼儿托育服务的基本概念

（一）托育机构概念

根据《托育机构质量评估标准》（WS/T 821—2023），托育机构是由单位（事业单位、社会组织、企业等）或个人举办，由专业人员为3岁以下婴幼儿提供全日托、半日托、计时托、临时托等照护服务的机构。

（二）婴幼儿托育服务概念

婴幼儿托育服务亦可称婴幼儿照护服务。根据《托育机构质量评估标准》，照护服务是指根据婴幼儿发展的年龄特点和个体差异，由托育工作人员在托育机构直接或间接为3岁以下婴幼儿提供生活照护、安全看护、平衡膳食和早期学习机会，为家庭和社区提供科学育儿指导服务，促进婴幼儿身体和心理的全面发展。

（三）托育与早期教育、学前教育的区别

早期教育是针对0~6岁这一阶段儿童的教育，更强调“教育”。托育针对3岁以下婴幼儿，侧重“养育”，即替代父母对婴幼儿进行照护和养育。这一过程强调的“保教结合”侧重“保育”。学前教育主要针对3~6岁的学龄前幼儿进行保育和教育。这一过程也强调“保教结合”，但侧重“教育”。

三、婴幼儿托育服务的基本特点

《中华人民共和国职业分类大典》（2022年版）包括大类8个、中类79个、小类449个、细类（职业）1636个。婴幼儿托育服务人员属于第四大类社会生产服务和生活服务人员的中类之居民服务人员的小类之生活照料服务人员。

婴幼儿托育服务具有社会性、公益性、规范性、教育性、多样性等特点。①

（一）社会性

在我国的传统社会中，养育0~3岁婴幼儿的主要场所是家庭。随着婴幼儿托育服务业的不断发展，婴幼儿托育服务社会化趋势增强。婴幼儿托育服务的社会性主要体现在五个方面：有有服务需求的婴幼儿家庭，有安全适宜的托育服务场所，有专业化托育服务队伍，有明确的托育服务规范要求，有适宜的托育服务模式。《支持社会力量发展普惠托育服务专项行动实施方案（试行）》指出：“3岁以下托育服务属于非基本公共服务范围，是地方政府事权，要坚持社会化发展托育服务，围绕‘政府引导、多方参与、社会运营、普惠可及’，深入开展城企合作。”

2023年5月，《国家卫生健康委办公厅关于开展全国托育服务宣传月活动的通知》（国卫办人口函〔2023〕164号）② 把“普惠托育共同行动”作为宣传月主题，明确提出要宣传托育服务典型经验成效，以引领托育服务高质量发展。可见，托育服务高质量发展不仅是人民群众的普遍期待，也是新时代政策领域的关注重点。而托育服务高质量发展不能仅仅依靠托育行业自身力量，还需要包括政策支持、专业支持、环境支持的支持体系，借助社会外部力量的支持才能得以实现。

（二）公益性

婴幼儿托育服务旨在帮助家长解决工作和家庭之间的矛盾，弥补家庭养育功能的不足，提高婴幼儿身心发展质量。2021年6月，《中共中央 国务院关于优化生育政策促进人口长期均衡发展的决定》强调发展普惠托育服务体系，推动建设一批方便可及、价格可接受、质量有保障的托育服务机构。普惠托育的大力提倡充分验证了婴幼儿托育服务的公益性质。

2024年5月，《国家卫生健康委办公厅关于开展2024年全国托育服务宣传月活动的通知》（国卫办人口函〔2024〕178号）③ 把“放心托育　方便可及”作为宣传月主题，旨在扩大托育服务知晓度，倡导各地因地制宜发展社区托育、用人单位办托和家庭托育点，推动形成5分钟、10分钟托

---

① 张原震，邓卫东，王晖．托育服务政策法规与职业伦理［M］．北京：中国人口出版社，2022：4-5.

② 国家卫生健康委办公厅关于开展全国托育服务宣传月活动的通知［EB/OL］.（2023-05-11）［2024-08-30］.http://www.nhc.gov.cn/rkjcyjtfzs/s7785/202305/36afc49dd306447cb3c157e8c39ef5d9.shtml.

③ 国家卫生健康委办公厅关于开展2024年全国托育服务宣传月活动的通知［EB/OL］.（2024-05-23）［2024-08-30］.http://www.nhc.gov.cn/rkjcyjtfzs/s7785/202405/0826ad0b0cb64ab0b35181e93e7ee1af.shtml.

育服务圈，逐步满足群众的托育服务需求，用真实有效的托位更好地实现“幼有所育”。

（三）规范性

国家卫生健康委为了规范婴幼儿托育服务，发布了《托育机构设置标准（试行）》《托育机构管理规范（试行）》《托育机构保育指导大纲（试行）》《托育综合服务中心建设指南（试行）》《托育机构质量评估标准》等规定，涵盖托育管理、设施安全、保育指导、质量标准等，为强化托育服务的规范性提供保障。

（四）教育性

婴幼儿托育服务涉及养育、医疗、教育等领域，其中养育是主体，医疗是护航，教育是载体。婴幼儿托育服务应遵循婴幼儿成长规律，合理安排每日生活和游戏活动，在游戏活动中促进婴幼儿动作、语言、认知、情感与社会性等方面的发展，促进婴幼儿主动探索、操作体验、互动交流和表现。

（五）多样性

婴幼儿托育服务形式具有多样性。根据《托育机构质量评估标准》，托育机构举办者可以是单位（事业单位、社会组织、企业等），也可以是个人。托育方式分为全日托、半日托、计时托、临时托等形式。

第二节　婴幼儿托育服务政策与法规基本内涵与范畴

为了加强婴幼儿托育服务管理，国家制定了相关政策与法规。婴幼儿托育服务政策与法规既有区别又有联系，统一服务于国家婴幼儿托育服务体系。

一、婴幼儿托育服务政策基本内涵与范畴

政策一般是指国家或政党的政策，是国家或政党为了实现特定目标而制定的，用来调控社会行为和发展方向的规范与准则。① 婴幼儿托育服务政策是指国家或政党依据时代要求，从婴幼儿托育工作的任务及需求出发，为实现婴幼儿托育服务的目标，贯彻落实婴幼儿托育服务的基本原则而制定的具有战略性、现实针对性和可操作性的行动准则，以及对婴幼儿托育服务系统内外关系所做的相关规定。婴幼儿托育服务政策对于婴幼儿托育事业的发展至关重要：一方面，在宏观上明确婴幼儿托育服务事业发展方向、速度、规模和效益；另一方面，在微观上，通过规定婴幼儿托育服务要求，引领婴幼儿托育服务高质量发展。党的二十大报告把托育与就业、教育、医疗、养老、住房等方面并列，这表明我国高度重视托育服务对于儿童成长、家庭和谐、民族未来的重要作用，通过党的政策引领，凸显托育“增进民生福祉，提高人民生活品质”的基础价值。

目前，我国出台的婴幼儿托育服务系列政策大致可以分为普惠托育政策和养老托育一体化政策两类。

（一）普惠托育政策

所谓普惠托育，就是面向社会大众，为婴幼儿家庭提供质量有保障、价格可接受、方便可及的

---

① 杨莉君，李洋．学前教育政策法规［M］．长沙：湖南大学出版社，2015：1.

托育服务。普惠托育政策是根据发展普惠托育事业所面临的困难和问题而制定的，如《中共中央 国务院关于优化生育政策促进人口长期均衡发展的决定》《国务院办公厅关于促进3岁以下婴幼儿照护服务发展的指导意见》（国办发〔2019〕15号）、《国务院办公厅关于促进养老托育服务健康发展的意见》（国办发〔2020〕52号）、《支持社会力量发展普惠托育服务专项行动实施方案（试行）》，《关于开展全国婴幼儿照护服务示范城市创建活动的通知》（国卫人口发〔2021〕17号）、《关于进一步完善和落实积极生育支持措施的指导意见》（国卫人口发〔2022〕26号）等。

（二）养老托育一体化政策

养老托育一体化政策把养老和托育作为重要领域，涉及婴幼儿照护、养老服务市场环境优化、优化生育等方面，使“一老一小”服务体系制度化，如《国务院办公厅关于促进养老托育服务健康发展的意见》（国办发〔2020〕52号）、《关于养老、托育、家政等社区家庭服务业税费优惠政策的公告》（财政部公告2019年第76号）、《关于印发〈“十四五”积极应对人口老龄化工程和托育建设实施方案〉的通知》（发改社会〔2021〕895号）、《国家发展改革委等部门印发〈养老托育服务业纾困扶持若干政策措施〉的通知》（发改财金〔2022〕1356号）等。

二、婴幼儿托育服务法规基本内涵与范畴

从狭义上理解，法规与法律是不同的。法律是指由我国最高国家权力机关制定的行为总则的总称。全国人民代表大会及其常务委员会行使国家立法权。如《中华人民共和国宪法》是国家的根本法，具有最高的法律地位、法律权威、法律效力，《中华人民共和国人口与计划生育法》等则属于单行法律。而法规是指国家行政部门（如国务院、国家卫生健康委等）或地方权力机关、地方行政机关制定的法规、条例、规程、规章等。从广义上理解，法律与法规的含义是相同的，都是由国家制定或认可的、以国家权力为保障强制执行的行为规则的总和。本教材采用广义的法律、法规概念。

托育服务法规是调整托育活动中各种社会关系的行为规范。我国近年来制定的托育服务标准和规范大致可以分为以下几类：

（1）托育机构设置与管理标准和规范，包括《托育机构登记和备案办法（试行）》《托育机构管理规范（试行）》《托育机构设置标准（试行）》《家庭托育点管理办法（试行）》等。

（2）托育机构建筑设计规范，包括《托儿所、幼儿园建筑设计规范》《托育综合服务中心建设指南（试行）》等。

（3）保育指导规范，包括《托育机构保育指导大纲（试行）》等。

（4）消防与安全规范，包括《托育机构消防安全指南（试行）》《托育机构婴幼儿伤害预防指南（试行）》等。

（5）人员培训规范，包括《托育机构负责人培训大纲（试行）》《托育机构保育人员培训大纲（试行）》等。

（6）质量评估标准，包括《托育机构质量评估标准》等。

三、婴幼儿托育服务政策与法规的辩证关系

婴幼儿托育服务政策是党和政府为完成一定时期的托育任务而作出的兼具战略性、现实针对性和可操作性的行动准则，与婴幼儿托育服务法规既有区别又有联系。

（一）婴幼儿托育服务政策与法规的区别

婴幼儿托育服务政策与法规虽然在本质上是一致的，但仍有区别。两者可以从五个方面进行区别：

第一，制定机关不同。婴幼儿托育服务法规是由国家权力机关或行政机关制定的，而婴幼儿托育服务政策也可以由政党制定。

第二，表现形式不同。婴幼儿托育服务法规是以法律、条例、规程、规定、办法、实施细则等形式呈现的。婴幼儿托育服务政策通常以决议、决定、指示、通知、意见等公文或规划文件形式呈现，带有较强的号召性。

第三，约束力不同。婴幼儿托育服务法规具有国家强制性，依其层次、级别的不同，在一定范围内具有普遍的约束力。婴幼儿托育服务政策具有普遍的指导意义，但不具有国家强制性，只对部分人有约束力。

第四，实施方式不同。婴幼儿托育服务法规以国家强制力保证实施，要求社会成员必须遵照执行，一旦违反，须承担相应的法律责任。婴幼儿托育服务政策主要通过组织宣传，引导人们自觉遵守，而非通过司法权来实现和推动。婴幼儿托育服务法规的实施机关是国家机关，而婴幼儿托育服务政策的执行机关除了国家机关外，还有其他相关组织。

第五，稳定程度不同。婴幼儿托育服务法规具有较强的稳定性，一旦制定，不得随意修订或废止，其修改或废除需要按照一定的法律程序。婴幼儿托育服务政策的灵活性较强，随着社会的发展、形势的变化，可以不断调整，调整程序没有法规严格。

（二）婴幼儿托育服务政策与法规的联系

婴幼儿托育服务政策和法规有共同的指导思想，都是党和国家规范托育工作的重要手段，在本质上是一致的。此外，婴幼儿托育服务政策是制定婴幼儿托育服务法规的依据，而婴幼儿托育服务法规使婴幼儿托育服务政策具体化，即通过法定程序，以国家强制力保证实施，确保婴幼儿托育服务政策进一步得以落实。

第三节　我国婴幼儿托育服务的发展历程

我国婴幼儿托育服务起步较晚，发展相对迟缓，且过程相对曲折。党的十八大以来，党和国家高度重视托育服务，相关政策、法规不断出台，推动托育服务高质量发展。婴幼儿托育服务发展历程大致可以分为初始起步期、迅猛发展期、艰难发展期、恢复重建期、再度缩减期、高质量发展期六个历史阶段。①

一、初始起步期（1949 年以前）

第二次世界大战后，西方爆发的“婴儿潮”促进了托育机构的发展。19 世纪初，早期的婴幼儿托育机构出现在欧洲。与欧美国家相比，中国的婴幼儿托育服务起步较晚。在我国传统社会中，0~3

① 张原震，邓卫东，王晖．托育服务政策法规与职业伦理［M］．北京：中国人口出版社，2022：6.

岁婴幼儿的养育主要由家庭承担。我国最早关于托育服务的记载与针对弃婴或孤儿而设的福利救济工作有关。1931 年，中华慈幼协会在上海设立幼儿照料所，这实质上是为劳工而办的私立实验性托儿所，也是经中国公开史料考证的第一个正式意义上的托儿所。早在 1934 年，中华苏维埃共和国内务人民委员部就颁布了《托儿所组织条例》，开创了苏区的托儿所制度。1941 年颁布的《陕甘宁边区政府关于保育儿童的决定》要求实行儿童公育制度。抗日战争、解放战争时期，老解放区的政策主要以“为战争服务”为指导思想，主要目的是保护儿童，使广大幼儿父母能参加抗战和生产劳动，保育好革命烈士的后代，培养革命的接班人。① 中华人民共和国成立前，苏区和陕甘宁边区就设立了 100 多个托儿所，包括劳工托儿所、农村托儿所、职业妇女托儿所和工厂托儿所等。

二、迅猛发展期（1949—1960 年）

中华人民共和国成立初期，全面恢复和发展生产的国家建设目标需要大量的劳动力投入。年轻女性纷纷走出家庭，作为新的劳动力投入国家建设大潮之中。为了减轻家庭照顾子女的负担，解决生产劳动与育儿的矛盾，国家借鉴苏联发展幼儿托育的经验，采取积极的支持政策，推动幼儿托育进入迅猛发展期。

1950 年的“三八”国际妇女节，邓颖超在《人民日报》上发表社论，明确要求国家、社会对儿童照顾提供支持。1953 年实施的《中华人民共和国劳动保险条例实施细则修正草案》规定：“实行劳动保险的企业的女工人女职员，有四周岁以内的子女二十人以上，工会基层委员会与企业行政方面或资方协商单独或联合其他企业设立托儿所（如尚未具备设立托儿所条件，而有哺乳婴儿五个以上时，须设立哺乳室）。”1955 年，国务院发布了《关于工矿、企业自办中小学和幼儿园的规定》，要求各工矿、企业单独或联合创办幼儿园，以解决本单位职工子女入托入园的需求。1956 年 2 月，教育部、卫生部和内务部发出的《关于托儿所幼儿园几个问题的联合通知》明确了托儿所和幼儿园的界限，提出了积极发展学前教育的相应建议，指出托儿所、幼儿园的发展必须更好地依靠群众，配合群众团体——工会、妇联，动员多方面的人力、物力来进行，明确托儿所、幼儿园应贯彻整顿、巩固、稳步发展并以工厂、机关、团体、群众自办为主的方针。1956 年 3 月，教育部、教育工会全国委员会发出《关于中小学、师范学校的托儿所工作的指示》，指出在教育工会组织的积极协助下，依靠群众，举办各种类型的托儿所的必要性，并要求积极改进工作，使之巩固发展。中华人民共和国成立之初，我国的托育机构数量呈现井喷式增长，全国各地进入公立托育机构的 3 岁以下婴幼儿的数量急剧上升。据报道，1950 年，全国共有公私立保育机构 643 个，收托儿童 31 794 人。1952 年，全国工矿、企业、机关、学校中的托儿所达到 2 738 个，大、中城市中还建立了街道托儿站 4 365 个。1954 年，全国工矿企业中，工会系统的托儿所有 4 443 个，到 1956 年年底，基层托儿所共有 5 775 个。② 这种增长持续到 1958 年“大跃进”运动时达到最高峰。这一时期托育服务快速发展是中国人口、就业和经济政策等综合作用的结果，其直接原因是人口的迅猛增长，根本原因是妇女劳动力的解放，最终原因是计划经济体制下国家对企业开设托儿所的统一要求。③

① 祝贺．托育服务政策法规与职业伦理［M］．上海：华东师范大学出版社，2023：8-9.
② 祝贺．托育服务政策法规与职业伦理［M］．上海：华东师范大学出版社，2023：10.
③ 张原震，邓卫东，王晖．托育服务政策法规与职业伦理［M］．北京：中国人口出版社，2022：8.

三、艰难发展期（1961—1978年）

20世纪60年代初，我国经历了三年困难时期，面临1949年以来最严重的经济困难。1966—1976年，“文化大革命”给国家的建设和发展造成了不可弥补的损失。这一时期，政府对托育服务的关注开始淡化，托育服务的发展停滞甚至倒退，托育事业遭到严重摧残，集中表现在儿童入托数量急剧减少，大量园所被解散，园所房屋被挤占。

四、恢复重建期（1979—1991年）

1978年12月，党的十一届三中全会决定将全党的工作重点和全国人民的注意力转移到社会主义现代化建设上，我国各项事业迎来了改革开放的春天。党和政府对托育服务重新重视起来，国家政策推动着托育机构的恢复和重建。

《1979年政府工作报告》指出：“要十分重视发展托儿所、幼儿园，加强幼儿教育。”同年，当时的教育部、卫生部、国家劳动总局、全国总工会和全国妇联联合召开全国托幼工作会议，在形成的《全国托幼工作会议纪要》里强调，“为了满足群众普及托幼组织的要求，应继续提倡机关、部队、学校、工矿、企事业等单位积极恢复和建立哺乳室、托儿所、幼儿园。……农村要大力发展农忙托幼组织，有条件的社队要举办常年托儿所、幼儿园（班）”。

1980年，卫生部颁发《城市托儿所工作条例（试行草案）》，确立了我国现行的托儿所制度，明确了托儿所的性质。这一条例规定托儿所是3岁前儿童集体保教机构，负有教养3岁前的婴幼儿及解放妇女劳动力的双重任务。

1981年，卫生部妇幼卫生局颁布《三岁前小儿教养大纲（草案）》，提出了托儿所教养工作的具体任务，明确规定了3岁前婴幼儿集体教养的原则、生活教育环节的内容以及发展婴幼儿语言、动作、认知、社会性的方法。这一大纲是中华人民共和国成立后，首次就0~3岁婴幼儿的集体教养工作作出的明确规范，在提高托儿所的保教质量方面发挥了重要的指导作用。

自全国托幼工作会议召开至20世纪80年代末，全国托幼事业取得了较大的发展，城乡各类托儿所、幼儿园已增至将近100万个，入托儿童总数突破350万人，0~3岁婴幼儿的入托率也已经达到了30%左右。然而，这种由政府和企事业单位全力支持的福利性质的托育服务体制，随着经济体制的改变，逐步瓦解。①

五、再度缩减期（1992—2012年）

1992年10月，党的十四大正式把建立社会主义市场经济体制确立为我国经济体制改革目标。1993年11月，党的十四届三中全会通过了《中共中央关于建立社会主义市场经济体制若干问题的决定》，明确了社会主义市场经济体制的基本框架。

作为经济体制改革的重点，国有企业改革是政府工作的突出任务。国有企业开始大规模分离托儿所、幼儿园等社会职能，大部分的公办托儿所被关闭。政府和企事业单位大幅调整了对生育和家庭照料的支持，原有的城市托育体系发生重大变化。婴幼儿教养责任再度被家庭化，国家的关注焦点更多地放在3~6岁的学前教育事业上，托育服务逐渐被弱化。

---

① 祝贺．托育服务政策法规与职业伦理［M］．上海：华东师范大学出版社，2023：11-12.

此外，这一时期由于计划生育政策的实行，全国新生儿数量减少，人口出生率下降，适龄入托的婴幼儿随之减少。家庭把婴幼儿当作“宝贝”，偏向传统的家庭养育，不愿将幼小的孩子托付给托育机构照料。此外，由于托儿所大幅减少，婴幼儿的养育不得不依靠祖辈或保姆，经济条件较好的家庭的女性甚至放弃工作，在家进行全职照料。因此，托育机构普遍面临生源不足、生存空间变小的窘境，这加速了托育机构数量的萎缩。

国家教委、计委、民政部、建设部、经贸委、全国总工会、妇联于 1995 年联合发布的《关于企业办幼儿园的若干意见》提出要“积极稳妥地推进幼儿教育逐步走向社会化”“改革现行幼儿园收费制度”，确立了托育服务由公共服务占主导向公共服务和私人市场服务并举发展的原则。此后，由国家直接或间接资助的托育服务逐年减少，相应的市场提供的托育服务呈逐年递增的趋势。①

六、高质量发展期（2012 年至今）

党的十八大以来，以习近平同志为核心的党中央高度重视人口问题，根据人口发展变化形势，作出逐步调整完善生育政策、促进人口长期均衡发展的重大决策。2013 年 12 月，中共中央、国务院印发了《关于调整完善生育政策的意见》，“单独两孩”政策正式实施，即一方是独生子女的夫妇可生育两个孩子。2016 年 1 月起，为了应对日益严峻的低生育率和人口老龄化的趋势，“全面两孩”政策正式实施，规定一对夫妇可生育两个孩子。从政策实际执行效果来看，生育率在短暂回升后继续走低。于是，2021 年“三孩”生育政策被提出并正式实施，即一对夫妇可以生育三个子女。因此，新增的婴幼儿的家长有强烈的托育服务需求。此外，随着居民可支配收入的不断提高，以及家庭对婴幼儿成长发展的日益重视，高质量的托育服务需求日渐凸显。

这一时期，国家对婴幼儿托育服务给予高度重视，体现在以下几个方面：

第一，在政策上的支持。2017 年 10 月，习近平总书记在党的十九大报告中指出：“坚持在发展中保障和改善民生。增进民生福祉是发展的根本目的。必须多谋民生之利、多解民生之忧，在发展中补齐民生短板、促进社会公平正义，在幼有所育、学有所教、劳有所得、病有所医、老有所养、住有所居、弱有所扶上不断取得新进展，深入开展脱贫攻坚，保证全体人民在共建共享发展中有更多获得感，不断促进人的全面发展、全体人民共同富裕。”报告将“幼有所育”作为保障和改善民生工作的重要内容之一。2022 年 10 月，习近平总书记在党的二十大报告中指出：“我们深入贯彻以人民为中心的发展思想，在幼有所育、学有所教、劳有所得、病有所医、老有所养、住有所居、弱有所扶上持续用力，人民生活全方位改善”；“群众在就业、教育、医疗、托育、养老、住房等方面面临不少难题”。报告把托育与就业、教育、医疗、养老、住房等放在同等地位，体现了党对托育工作的高度重视。2019 年以来，国家托育相关新政策陆续出台。2019 年，国务院办公厅发布了《国务院办公厅关于促进 3 岁以下婴幼儿照护服务发展的指导意见》。国家发展改革委、国家卫生健康委印发了《支持社会力量发展普惠托育服务专项行动实施方案（试行）》。2020 年，国务院办公厅发布了《国务院办公厅关于促进养老托育服务健康发展的意见》。2022 年，国家发展改革委、教育部、科技部、民政部、卫生健康委等 13 个部门印发了《养老托育服务业纾困扶持若干政策措施》。

第二，制定托育服务相关标准规范。为规范托育服务工作向高质量方向迈进，国家制定了托育机构设置与管理、托育机构建筑设计、保育指导、消防与安全、人员培训、质量评估等方面的标准

① 祝贺．托育服务政策法规与职业伦理［M］．上海：华东师范大学出版社，2023：13-14.

和规范，为规范开展托育服务工作提供质量保证。

第三，为托育服务提供人才和智力支持。为贯彻《国家职业教育改革实施方案》，加强职业教育国家教学标准体系建设，落实职业教育专业动态更新要求，推动专业升级和数字化改造，教育部于2021年组织对职业教育专业目录进行了全面修（制）订，形成了《职业教育专业目录（2021年）》（以下简称《目录》）。《目录》中新增中职“婴幼儿托育”专业，将高等教育专科的“幼儿发展与健康管理”专业调整为“婴幼儿托育服务与管理”专业，新增本科专业“婴幼儿发展与健康管理”。中专、大专、本科托育相关专业的设置，将为社会输送不同层次的托育服务人才，为托育服务高质量发展提供智力支持。

第四节　我国婴幼儿托育服务的现状与发展前景

一、婴幼儿托育服务的发展现状

下面主要从婴幼儿托育服务的需求、供给以及婴幼儿托育服务的从业人员、婴幼儿托育服务体系的管理这几个方面对婴幼儿托育服务的发展现状进行分析。

（一）婴幼儿托育服务的需求现状

2024年6月15日，国家卫生健康委人口监测与家庭发展司司长杨文庄在在长沙举行的2024年全国托育服务宣传月启动仪式上指出，我国现有近3 000万名3岁以下婴幼儿，超过三成的婴幼儿家庭有入托需求。① 根据国家卫生健康委数据，截止到2023年7月，我国婴幼儿入托率仅为6%。此数据虽比前两年有所提升，但是和欧美国家的入托率相比，仍有较大的差距（欧美国家整体入托率在35%左右）。我国人口基数庞大，未来我国对托育服务的潜在需求也是很大的。

（二）婴幼儿托育服务的供给现状

随着我国城镇化水平的提高，超过60%的人生活在城市，婴幼儿的养育与照料问题日益凸显，越来越多的家庭对婴幼儿托育服务有着强烈的需求。但旺盛的需求并没有带来婴幼儿托育服务的普及，主要原因是托位数量不足、托育机构布局不尽如人意、服务价格偏高、服务质量堪忧等。

一是托位数量不足。根据国家卫生健康委数据，截止到2023年7月，我国提供托育服务的机构已达7.5万多家，提供的托位数达360多万个。② 2023年末，全国人口140 967万人。③ 根据《“十四五”公共服务规划》，到2025年，我国将努力实现每千人口拥有3岁以下婴幼儿托位数达到4.5个。按此计算，需设立约634万个托位，托位数还缺少约274万个。

二是托育服务机构布局不尽如人意。普惠托育服务属于非基本公共服务。现有托育机构以民办为主。考虑到经营的营利性，已设立的托育机构大多设置在商业区或人口密集区，政府层面缺少规

① 李恒. 我国超三成3岁以下婴幼儿家庭有入托需求[EB/OL].(2024-06-15)[2024-08-30].https://www.gov.cn/yaowen/liebiao/202406/content_6957476.htm.

② 田晓航，李恒. 我国托育机构已超7.5万家　提供托位360多万个[EB/OL].(2023-07-11)[2024-08-30].https://www.gov.cn/lianbo/bumen/202307/content_6891182.htm.

③ 国务院新闻办就2023年国民经济运行情况举行发布会[EB/OL].(2024-01-17)[2024-08-30].https://www.gov.cn/lianbo/fabu/202401/content_6926619.htm.

划布局。特别是近年来，幼儿园开设小托班，其部分功能与现有的托育机构重叠。目前为人民群众提供“楼底下”“单位里”“家门口”的便捷、普惠托育机构的布局还没有形成，亟待政府进一步规划。

三是托育服务价格偏高。对于专业的托育机构来说，托育服务不仅要解决“托”，还要完成“育”。与过去相比，现在越来越多的家庭把孩子送到托育机构是希望孩子能够接受更高品质的保育，希望托育机构能够提供婴幼儿早期教育、膳食平衡、安全看护等多个层面的服务。高要求带来较大的投入和较高的成本。在经济水平不同的地区，托育费用有显著的区别。现阶段托育机构的收费标准通常比幼儿园收费标准高，超出了很多家庭可承受的范围。当前，公办托育服务收费实行政府指导价，每生每月托育服务费（不含膳食费，下同）收费标准在原则上不高于本区上一年度家庭月均可支配收入的20%，非公办普惠托育服务收费则实行市场调节价。相对高昂的费用使中等偏下收入的家庭望而却步。人们迫切期盼普惠托育的时代早日到来。

四是托育服务质量堪忧。2019 年之后，国家制定了《托育机构管理规范（试行）》《托育机构保育指导大纲（试行）》《托育机构婴幼儿伤害预防指南（试行）》《托育机构质量评估标准》等托育行业标准，但是由于不同的托育机构执行力度不同，婴幼儿饮食、身体安全事故及虐童现象时有发生，导致家长对托育机构的信任度下降。许多家庭考虑到公办托育机构有政府支持、费用合理、质量有保障，更倾向于让孩子入托公办托育机构。

（三）婴幼儿托育服务的从业人员现状

目前，托育从业人员特别是保育人员在数量、学历、持证率等方面与国家推进的高质量托育服务要求还有一定差距。

1. 保育人员数量紧缺

《托育机构设置标准（试行）》要求托育机构合理配备保育人员，保育人员与婴幼儿的比例应当不低于以下标准：乳儿班 1∶3，托小班 1∶5，托大班 1∶7。我国现有近 3 000 万名 3 岁以下婴幼儿，超过三成的婴幼儿家庭有入托需求。按此计算，我国保育人才需求量在 200 万人左右。截至 2023 年年底，托育服务全职从业人员约 112.4 万人，其中保育人员约 56.6 万人，占比 50.4%。① 这与国家目标仍有非常大的差距。

2. 保育人员学历偏低

部分托育机构为了减少用人成本，降低了从业人员准入门槛。不少保育人员的学历较低，缺乏专业学历背景。2021 年高等学校招收的婴幼儿托育服务与管理专业专科生、婴幼儿发展与健康管理专业本科生在 2024 年 6 月之后才陆续走上托育岗位。

3. 保育人员持证率不高

保育人员除了应具备婴幼儿托育、婴幼儿托育服务与管理或婴幼儿发展与健康管理专业学历背景外，还应有保育师、婴幼儿照护师等职业技能等级或资格证书，在幼儿园从事托育工作的，还应取得幼儿园教师资格证书。我国现有托育机构保育人员职业技能等级证书持证率不高。

4. 保育人员职业伦理水平不高

由于保育人员缺乏相关的学历背景，对托育服务的重要性认识不足，在托育服务中婴幼儿安全

① 国务院关于推进托育服务工作情况的报告［EB/OL］.（2024-09-11）［2024-09-20］. http://www.npc.gov.cn/npc/c2/c30834/202409/t20240911_439363.html 2024-09-11.

事故和虐童事件时有发生，影响托育机构的健康发展。

（四）婴幼儿托育服务体系的管理现状

2019 年以来，国家高度重视托育服务体系的顶层设计。在管理体制方面，国家明确婴幼儿照护服务发展工作由卫生健康部门牵头，其他相关部门按照各自职责，加强对婴幼儿照护服务的指导、监督和管理。在托育机构建设方面，国家制定了相应的标准和规范等，促进了托育机构的质量建设。但是，目前托育服务体系还存在不足。一是婴幼儿照护服务的政策法规体系和标准规范体系还不健全，涉及托育服务的法律较少，对托育服务机构的考核评价、监督监管的力度还不够。二是多元化、多样化、覆盖城乡的婴幼儿照护服务体系尚未形成，人民群众的婴幼儿照护服务需求还没有得到充分满足。

二、婴幼儿托育服务的发展前景

婴幼儿托育服务事关婴幼儿的健康成长，是当前我国关注度最高的民生工程之一，也是推动实现“幼有所育”的重要保障。《国务院办公厅关于促进 3 岁以下婴幼儿照护服务发展的指导意见》指出，“到 2025 年，婴幼儿照护服务的政策法规体系和标准规范体系基本健全，多元化、多样化、覆盖城乡的婴幼儿照护服务体系基本形成”。

（一）营利性婴幼儿照护服务机构和非营利性婴幼儿照护服务机构相结合

举办非营利性婴幼儿照护服务机构的，在婴幼儿照护服务机构所在地的县级以上机构编制部门或民政部门注册登记；举办营利性婴幼儿照护服务机构的，在婴幼儿照护服务机构所在地的县级以上市场监管部门注册登记。未来，非营利性婴幼儿照护服务机构和营利性婴幼儿照护服务机构须共同努力，满足人民群众的托育服务需求。

（二）延伸幼儿园托育服务

《中华人民共和国学前教育法》中提到：“鼓励有条件的幼儿园开设托班，提供托育服务。”今后会有越来越多的有条件的幼儿园开设托班，延伸服务范围，有效利用校舍资源，发挥幼儿园教师的专业特长，逐步形成托幼一体化办学模式。

（三）推进“医育结合”服务

托育机构的行业主管部门是国家卫生健康委，医疗资源丰富，为构建“医育结合”的服务模式提供了可行性。“医育结合”托育服务模式的探索，不但有利于激发卫健部门的职能优势，提升托育机构的服务品质，还能在保障婴幼儿健康成长的同时，增加家长对托育机构的信任，进而促进托育机构的良性发展。①

（四）企事业单位设立托育站

有条件的企事业单位可考虑独立或联合建立托育站，让员工上下班时可以方便接送孩子，在解决员工后顾之忧的同时，还能够同步提高员工的办公效率。

（五）设置家庭托育点

根据《家庭托育点管理办法（试行）》，部分符合要求的家庭可利用住宅举办家庭托育点。家庭托育点是指利用住宅为 3 岁以下婴幼儿提供全日托、半日托、计时托、临时托等托育服务的场所。每个家庭托育点的收托人数不得超过 5 人。

---

① 张原震，邓卫东，王晖．托育服务政策法规与职业伦理［M］．北京：中国人口出版社，2022：17.

以上各类婴幼儿照护服务机构可根据家庭的实际需求，提供全日托、半日托、计时托、临时托等多样化的婴幼儿照护服务。随着经济社会的发展和人民消费水平的提升，未来的托育服务将围绕“方便可及、价格可接受、质量有保障”三个重点，凸显普惠托育服务性质。

一是围绕方便可及，扩大托育服务供给，缓解群众“入托难”问题。有关部门应充分发挥市场在托育服务资源配置中的决定性作用，采取多种方式鼓励和支持社会力量提供普惠托育服务；拓展社区托育服务功能，完善社区婴幼儿活动场所和服务设施；推动有条件的用人单位提供托育服务，促进公共服务资源下沉到社区，为群众提供便捷、普惠、优质服务。

二是围绕价格可接受，降低托育服务费用，减轻群众“入托贵”负担。有关部门应落实托育服务发展税费优惠政策；盘活社区、单位、相关机构现有场地等存量资源，有效降低托育机构运营成本和服务价格；加大对农村和脱贫地区托育服务的支持。

三是围绕质量有保障，提升托育安全水平，增强群众“托得好”信心。有关部门应以婴幼儿安全和健康为根本，加强对托育机构的安全监管；依托互联网、移动客户端等渠道，提升数字化托育服务水平；强化托育机构服务能力建设，支持医疗机构和公共卫生机构加强对托育机构的指导培训。

典型事例

南京市“1+1+1+N”婴幼儿照护服务设施体系

为打造普惠、安全、多元的托育服务，南京市制定了《南京市“十四五”托育服务发展规划》，构建了完善的“1+1+1+N”婴幼儿照护服务设施体系。即每个区建设一个区级婴幼儿照护服务发展指导中心（托育综合服务中心），每个街道（镇）建设一个街道（镇）婴幼儿照护服务发展指导中心，每个社区（村）建设一个社区托育点（含亲子屋），辖区内建设N家婴幼儿托育机构。

区级婴幼儿照护服务发展指导中心（托育综合服务中心）：面向全区提供婴幼儿照护服务发展指导，为全区托育机构提供技术指导、管理、咨询和从业人员培训服务，为全区婴幼儿照护者提供婴幼儿早期发展指导等服务。可复合设置示范性托育机构，供给托育服务。

街道（镇）婴幼儿照护服务发展指导中心：面向街道（镇）提供婴幼儿照护服务发展指导。可复合设置示范性托育机构，供给托育服务。

社区托育点（含亲子屋）：面向本社区居民提供亲子活动场所，推动婴幼儿早期发展及家庭指导。可复合托育机构供给半日托、计时托、临时托服务。

婴幼儿托育机构：面向社会供给托育服务，可结合各级指导中心和社区托育点复合设置。

本章习题

一、填空题

1. 婴幼儿是________和________的统称，一般是指________岁的幼小儿童。

2. 照护服务是指根据婴幼儿发展的年龄特点和个体差异，由托育工作人员在托育机构直接或间接为3岁以下婴幼儿提供________、________、________和________机会。

3. 婴幼儿托育服务具有________、________、________、________、________等特点。

4.《国务院办公厅关于促进3岁以下婴幼儿照护服务发展的指导意见》指出，到2025年，______、______、______的婴幼儿照护服务体系基本形成。

5. 3岁以下托育服务是地方政府事权，要围绕“政府________、多方________、________运营、________可及”原则，坚持社会化发展托育服务。

二、单项选择题

1. 托育服务对象是（　　）岁婴幼儿。

A. 0~6　　B. 2~3　　C. 0~3　　D. 3~6

2. 我国现有近3 000万名3岁以下婴幼儿，超过（　　）成的婴幼儿家庭有入托需求。

A. 二　　B. 三　　C. 四　　D. 五

3. 根据《中华人民共和国职业分类大典》（2022年版），婴幼儿托育服务人员属于（　　）人员。

A. 社会生产服务　　B. 生活服务　　C. 居民服务　　D. 生活照料服务

4. 到2025年，我国将努力实现每千人口拥有3岁以下婴幼儿托位数达到（　　）个。

A. 3　　B. 4　　C. 4. 5　　D. 5

5. 2016年1月起，为了应对日益严峻的低生育率和人口老龄化的趋势，（　　）政策正式实施。

A. 免费托育　　B. 全面两孩　　C. “三孩”生育　　D. 政府兜底托育

三、多项选择题

1. 托育机构可以由（　　）举办。

A. 事业单位　　B. 社会组织　　C. 企业　　D. 个人

2. 托育机构是由专业人员为3岁以下婴幼儿提供（　　）等照护服务的机构。

A. 全日托　　B. 半日托　　C. 计时托　　D. 临时托

3. 下列关于早期教育、托育、学前教育区别的说法正确的是（　　）。

A. 早期教育针对0~6周岁婴幼儿教育

B. 家庭不可设托育点

C. 托育服务对象是0~3周岁婴幼儿

D. 有条件的幼儿园可以开设托班

4. 未来的托育服务将围绕（　　）三个重点，彰显普惠托育服务性质。

A. 方便可及　　B. 人人满意　　C. 价格可接受　　D. 质量有保障

5. 托育服务涉及“医、养、教”的融合。下列关于养育、医疗、教育三者的说法错误的是(　　)。

A. “养育”是主体，“医疗”是护航，“教育”是载体

B. “养育”是载体，“医疗”是护航，“教育”是主体

C. “养育”是护航，“医疗”是载体，“教育”是主体

D. “养育”是护航，“医疗”是主体，“教育”是载体

四、判断题

1. 婴幼儿托育服务政策是制定托育服务法规的依据。(　　)

2. 学前教育针对3~6周岁幼儿进行保育和教育。(　　)

3. 婴幼儿照护服务机构均属于营利性机构。(　　)

4. 婴幼儿托育服务政策与法规相比，具有较强的稳定性。(　　)

5. 3 岁以下托育服务属于非基本公共服务范围，是地方政府事权。(　　)

五、简答题

1. 我国目前托育从业人员的现状还存在哪些问题?

2. 简述婴幼儿托育服务的发展前景。

第二章 婴幼儿托育服务政策体系

婴幼儿托育服务政策旨在建立专业化、规范化的服务体系，以促进婴幼儿的健康成长和家庭的幸福。婴幼儿托育服务政策不仅关注婴幼儿的成长和健康，还强调了家庭在婴幼儿成长中不可替代的作用，以及政府和社会在提供支持和保障中的责任。党的十九大以来，国家越来越重视婴幼儿托育事业，相继出台了一系列政策，特别是2019年，国务院办公厅印发《国务院办公厅关于促进3岁以下婴幼儿照护服务发展的指导意见》以后，多项政策性文件先后发布。到2020年，婴幼儿照护服务的政策法规体系和标准规范体系初步建立，推动了托育事业向高质量方向发展。国家已制定的托育方面的政策大致分为普惠托育政策和养老托育一体化政策两个方面。

第一节 普惠托育政策

导入思考

托育是当前我国关注度最高的民生工程之一，而针对0~3岁婴幼儿开展的普惠托育更是各地开展相关工作的重点。从2023年10月起，北京市启动普惠托育服务工作试点。各区普惠托育价格在每月1 200~3 700元，较试点前平均价格下降一半以上。普惠试点机构园所经认定，将比照北京市现行普惠性幼儿园补助政策，享受生均定额补助（学生人数平均分配的公用经费额度）和租金补助。2024年3月，北京市公布了首批58家普惠托育机构名单。家住北京市海淀区的陈女士有一个两岁半的宝宝。因为工作原因，她和丈夫白天都无法顾及孩子的日常起居。得知家门口的民办托育机构转为普惠试点，她第一时间报了名。该托育机构转为普惠托育试点之后，一个孩子的托育费从之前的每月8 800元下调到现在的每月3 700元，托位迅速报满。

思考：

1. 什么是普惠托育？普惠托育政策的社会意义主要体现在哪些方面？
2. 普惠托育政策落地的过程中还面临哪些挑战？

一、国务院办公厅关于促进3岁以下婴幼儿照护服务发展的指导意见

3岁以下婴幼儿（以下简称婴幼儿）照护服务是生命全周期服务管理的重要内容，事关婴幼儿

健康成长，事关千家万户。为促进婴幼儿照护服务发展，国务院办公厅于2019年5月印发了《国务院办公厅关于促进3岁以下婴幼儿照护服务发展的指导意见》①（国办发〔2019〕15号）（以下简称《指导意见》）。

（一）总体要求

1. 指导思想

以习近平新时代中国特色社会主义思想为指导，全面贯彻党的十九大和十九届二中、三中全会精神，按照统筹推进“五位一体”总体布局和协调推进“四个全面”战略布局要求，坚持以人民为中心的发展思想，以需求和问题为导向，推进供给侧结构性改革，建立完善促进婴幼儿照护服务发展的政策法规体系、标准规范体系和服务供给体系，充分调动社会力量的积极性，多种形式开展婴幼儿照护服务，逐步满足人民群众对婴幼儿照护服务的需求，促进婴幼儿健康成长、广大家庭和谐幸福、经济社会持续发展。

2. 基本原则

家庭为主，托育补充。人的社会化进程始于家庭，儿童监护抚养是父母的法定责任和义务，家庭对婴幼儿照护负主体责任。发展婴幼儿照护服务的重点是为家庭提供科学养育指导，并对确有照护困难的家庭或婴幼儿提供必要的服务。

政策引导，普惠优先。将婴幼儿照护服务纳入经济社会发展规划，加快完善相关政策，强化政策引导和统筹引领，充分调动社会力量积极性，大力推动婴幼儿照护服务发展，优先支持普惠性婴幼儿照护服务机构。

安全健康，科学规范。按照儿童优先的原则，最大限度地保护婴幼儿，确保婴幼儿的安全和健康。遵循婴幼儿成长特点和规律，促进婴幼儿在身体发育、动作、语言、认知、情感与社会性等方面的全面发展。

属地管理，分类指导。在地方政府领导下，从实际出发，综合考虑城乡、区域发展特点，根据经济社会发展水平、工作基础和群众需求，有针对性地开展婴幼儿照护服务。

3. 发展目标

到2020年，婴幼儿照护服务的政策法规体系和标准规范体系初步建立，建成一批具有示范效应的婴幼儿照护服务机构，婴幼儿照护服务水平有所提升，人民群众的婴幼儿照护服务需求得到初步满足。

到2025年，婴幼儿照护服务的政策法规体系和标准规范体系基本健全，多元化、多样化、覆盖城乡的婴幼儿照护服务体系基本形成，婴幼儿照护服务水平明显提升，人民群众的婴幼儿照护服务需求得到进一步满足。

（二）主要任务

1. 加强对家庭婴幼儿照护的支持和指导

全面落实产假政策，鼓励用人单位采取灵活安排工作时间等积极措施，为婴幼儿照护创造便利条件。

支持脱产照护婴幼儿的父母重返工作岗位，并为其提供信息服务、就业指导和职业技能培训。

① 国务院办公厅关于促进3岁以下婴幼儿照护服务发展的指导意见[EB/OL].(2019-05-09)[2024-08-30].https://www.gov.cn/zhengce/content/2019-05/09/content_5389983.htm.

加强对家庭的婴幼儿早期发展指导，通过入户指导、亲子活动、家长课堂等方式，利用互联网等信息化手段，为家长及婴幼儿照护者提供婴幼儿早期发展指导服务，增强家庭的科学育儿能力。

切实做好基本公共卫生服务、妇幼保健服务工作，为婴幼儿家庭开展新生儿访视、膳食营养、生长发育、预防接种、安全防护、疾病防控等服务。

2. 加大对社区婴幼儿照护服务的支持力度

地方各级政府要按照标准和规范在新建居住区规划、建设与常住人口规模相适应的婴幼儿照护服务设施及配套安全设施，并与住宅同步验收、同步交付使用；老城区和已建成居住区无婴幼儿照护服务设施的，要限期通过购置、置换、租赁等方式建设。有关标准和规范由住房城乡建设部于2019年8月底前制定。鼓励通过市场化方式，采取公办民营、民办公助等多种方式，在就业人群密集的产业聚集区域和用人单位完善婴幼儿照护服务设施。

鼓励地方各级政府采取政府补贴、行业引导和动员社会力量参与等方式，在加快推进老旧居住小区设施改造过程中，通过做好公共活动区域的设施和部位改造，为婴幼儿照护创造安全、适宜的环境和条件。

各地要根据实际，在农村社区综合服务设施建设中，统筹考虑婴幼儿照护服务设施建设。

发挥城乡社区公共服务设施的婴幼儿照护服务功能，加强社区婴幼儿照护服务设施与社区服务中心（站）及社区卫生、文化、体育等设施的功能衔接，发挥综合效益。支持和引导社会力量依托社区提供婴幼儿照护服务。发挥网格化服务管理作用，大力推动资源、服务、管理下沉到社区，使基层各类机构、组织在服务保障婴幼儿照护等群众需求上有更大作为。

加大对农村和贫困地区婴幼儿照护服务的支持，推广婴幼儿早期发展项目。

3. 规范发展多种形式的婴幼儿照护服务机构

举办非营利性婴幼儿照护服务机构的，在婴幼儿照护服务机构所在地的县级以上机构编制部门或民政部门注册登记；举办营利性婴幼儿照护服务机构的，在婴幼儿照护服务机构所在地的县级以上市场监管部门注册登记。婴幼儿照护服务机构经核准登记后，应当及时向当地卫生健康部门备案。登记机关应当及时将有关机构登记信息推送至卫生健康部门。

地方各级政府要将需要独立占地的婴幼儿照护服务设施和场地建设布局纳入相关规划，新建、扩建、改建一批婴幼儿照护服务机构和设施。城镇婴幼儿照护服务机构建设要充分考虑进城务工人员随迁婴幼儿的照护服务需求。

支持用人单位以单独或联合相关单位共同举办的方式，在工作场所为职工提供福利性婴幼儿照护服务，有条件的可向附近居民开放。鼓励支持有条件的幼儿园开设托班，招收2至3岁的幼儿。

各类婴幼儿照护服务机构可根据家庭的实际需求，提供全日托、半日托、计时托、临时托等多样化的婴幼儿照护服务；随着经济社会发展和人民消费水平提升，提供多层次的婴幼儿照护服务。

落实各类婴幼儿照护服务机构的安全管理主体责任，建立健全各类婴幼儿照护服务机构安全管理制度，配备相应的安全设施、器材及安保人员。依法加强安全监管，督促各类婴幼儿照护服务机构落实安全责任，严防安全事故发生。

加强婴幼儿照护服务机构的卫生保健工作。认真贯彻保育为主、保教结合的工作方针，为婴幼儿创造良好的生活环境，预防控制传染病，降低常见病的发病率，保障婴幼儿的身心健康。各级妇幼保健机构、疾病预防控制机构、卫生监督机构要按照职责加强对婴幼儿照护服务机构卫生保健工作的业务指导、咨询服务和监督检查。

加强婴幼儿照护服务专业化、规范化建设，遵循婴幼儿发展规律，建立健全婴幼儿照护服务的标准规范体系。各类婴幼儿照护服务机构开展婴幼儿照护服务必须符合国家和地方相关标准和规范，并对婴幼儿的安全和健康负主体责任。运用互联网等信息化手段对婴幼儿照护服务机构的服务过程加强监管，让广大家长放心。建立健全婴幼儿照护服务机构备案登记制度、信息公示制度和质量评估制度，对婴幼儿照护服务机构实施动态管理。依法逐步实行工作人员职业资格准入制度，对虐童等行为零容忍，对相关个人和直接管理人员实行终身禁入。婴幼儿照护服务机构设置标准和管理规范由国家卫生健康委制定，各地据此做好婴幼儿照护服务机构核准登记工作。

（三）保障措施

1. 加强政策支持

充分发挥市场在资源配置中的决定性作用，梳理社会力量进入的堵点和难点，采取多种方式鼓励和支持社会力量举办婴幼儿照护服务机构。鼓励地方政府通过采取提供场地、减免租金等政策措施，加大对社会力量开展婴幼儿照护服务、用人单位内设婴幼儿照护服务机构的支持力度。鼓励地方政府探索试行与婴幼儿照护服务配套衔接的育儿假、产休假。创新服务管理方式，提升服务效能水平，为开展婴幼儿照护服务创造有利条件、提供便捷服务。

2. 加强用地保障

将婴幼儿照护服务机构和设施建设用地纳入土地利用总体规划、城乡规划和年度用地计划并优先予以保障，农用地转用指标、新增用地指标分配要适当向婴幼儿照护服务机构和设施建设用地倾斜。鼓励利用低效土地或闲置土地建设婴幼儿照护服务机构和设施。对婴幼儿照护服务设施和非营利性婴幼儿照护服务机构建设用地，符合《划拨用地目录》的，可采取划拨方式予以保障。

3. 加强队伍建设

高等院校和职业院校（含技工院校）要根据需求开设婴幼儿照护相关专业，合理确定招生规模、课程设置和教学内容，将安全照护等知识和能力纳入教学内容，加快培养婴幼儿照护相关专业人才。将婴幼儿照护服务人员作为急需紧缺人员纳入培训规划，切实加强婴幼儿照护服务相关法律法规培训，增强从业人员法治意识；大力开展职业道德和安全教育、职业技能培训，提高婴幼儿照护服务能力和水平。依法保障从业人员合法权益，建设一支品德高尚、富有爱心、敬业奉献、素质优良的婴幼儿照护服务队伍。

4. 加强信息支撑

充分利用互联网、大数据、物联网、人工智能等技术，结合婴幼儿照护服务实际，研发应用婴幼儿照护服务信息管理系统，实现线上线下结合，在优化服务、加强管理、统计监测等方面发挥积极作用。

5. 加强社会支持

加快推进公共场所无障碍设施和母婴设施的建设和改造，开辟服务绿色通道，为婴幼儿出行、哺乳等提供便利条件，营造婴幼儿照护友好的社会环境。企业利用新技术、新工艺、新材料和新装备开发与婴幼儿照护相关的产品必须经过严格的安全评估和风险监测，切实保障安全性。

（四）组织实施

1. 强化组织领导

各级政府要提高对发展婴幼儿照护服务的认识，将婴幼儿照护服务纳入经济社会发展相关规划和目标责任考核，发挥引导作用，制定切实管用的政策措施，促进婴幼儿照护服务规范发展。

2. 强化部门协同

婴幼儿照护服务发展工作由卫生健康部门牵头，发展改革、教育、公安、民政、财政、人力资源社会保障、自然资源、住房城乡建设、应急管理、税务、市场监管等部门要按照各自职责，加强对婴幼儿照护服务的指导、监督和管理。积极发挥工会、共青团、妇联、计划生育协会、宋庆龄基金会等群团组织和行业组织的作用，加强社会监督，强化行业自律，大力推动婴幼儿照护服务的健康发展。

3. 强化监督管理

加强对婴幼儿照护服务的监督管理，建立健全业务指导、督促检查、考核奖惩、安全保障和责任追究制度，确保各项政策措施、规章制度落实到位。按照属地管理和分工负责的原则，地方政府对婴幼儿照护服务的规范发展和安全监管负主要责任，制定婴幼儿照护服务的规范细则，各相关部门按照各自职责负监管责任。对履行职责不到位、发生安全事故的，要严格按照有关法律法规追究相关人员的责任。

4. 强化示范引领

在全国开展婴幼儿照护服务示范活动，建设一批示范单位，充分发挥示范引领、带动辐射作用，不断提高婴幼儿照护服务整体水平。

二、支持社会力量发展普惠托育服务专项行动实施方案（试行）

为深入学习贯彻习近平新时代中国特色社会主义思想和党的十九大精神，落实政府工作报告任务要求，深入实施《国务院办公厅关于促进 3 岁以下婴幼儿照护服务发展的指导意见》，激发社会力量参与积极性，着力增加 3 岁以下婴幼儿普惠性托育服务有效供给，2019 年 10 月，国家发展改革委、国家卫生健康委印发了《支持社会力量发展普惠托育服务专项行动实施方案（试行）》[①]（以下简称《实施方案》）。

（一）总体思路

3 岁以下托育服务属于非基本公共服务范围，是地方政府事权，要坚持社会化发展托育服务，围绕“政府引导、多方参与、社会运营、普惠可及”，深入开展城企合作。国家通过中央预算内投资，支持和引导城市政府［包括设区市、自治州和县（市、区）等，下同］系统规划建设托育服务体系。城市政府提供全方位政策支持清单。企业（含企业、事业单位、社会组织等，下同）提供普惠托育服务清单，向社会公开、接受监督。城企双方签订合作协议，扩大普惠性托育服务有效供给，满足家庭多层次、多样化托育服务需求，增强人民群众获得感、幸福感和安全感。

（二）基本原则

1. 普惠导向

支持面向社会大众的普惠性托育服务项目，为婴幼儿家庭提供质量有保障、价格可承受、方便可及的托育服务。

2. 自愿参加

鼓励有积极性的城市自愿申报，鼓励信用好、有投资意愿的企业按照给定条件自愿申请，鼓励

① 国家发展改革委 国家卫生健康委关于印发《支持社会力量发展普惠托育服务专项行动实施方案（试行）》的通知[EB/OL].(2019-10-24)[2024-08-30].https://www.ndrc.gov.cn/fzggw/jgsj/shs/sjdt/201910/t20191024_1195540.html.

有资质的金融机构自愿参与。对企事业单位、营利非营利机构、国企民企、内资外资均一视同仁。

3. 竞争择优

优先考虑规划科学、基础扎实、政策力度大的城市；优先支持诚实守信、项目优质、专业能力强的企业；优先选择融资成本低、服务质量好的金融机构。

4. 安全规范

牢固树立安全意识，把婴幼儿安全和健康摆在最为突出的位置，严格执行相关法律法规。明确责任主体，做到建设和运营规范，监管到位，确保项目安全运行。

（三）工作目标

建成一批具有带动效应、承担一定指导功能的示范性托育服务机构，社区托育服务骨干网基本完善，普惠性托位数量大幅增加，服务内容不断丰富，服务质量明显提升，对专业人才队伍建设支撑更加有力，对家庭科学养育指导能力持续增强，更多更好惠及婴幼儿家庭。

（四）中央预算内投资支持方式及内容

国家通过中央预算内投资，重点支持以下两类托育服务设施建设。

一是承担一定指导功能的示范性托育服务机构。示范性托育服务机构具备托育服务功能，设置一定规模的普惠性托位，并提供托育从业人员培训、托育机构管理咨询、家庭养育指导和社区亲子服务等服务。示范性托育服务机构可以选址新建，也可利用早期教育指导中心、妇女儿童活动中心、妇女儿童之家、家庭教育指导服务中心、学前教育机构、计划生育服务机构、月子中心、家政服务公司等资源改扩建（含改建、扩建，下同）。

二是社区托育服务设施。通过新建、改扩建，支持一批嵌入式、分布式、连锁化、专业化的社区托育服务设施建设，提供全日托、半日托、计时托、临时托等多样化的普惠托育服务。支持在新建居住区等配建托育服务设施；支持在老城区和已建成居住区新建、改扩建托育服务设施；支持学前教育机构等通过新建、改扩建等方式提供托育服务。鼓励托育服务设施与社区服务中心（站）及社区文化、体育、养老等设施共建共享。

政府机关、企事业单位利用自有土地或设施新建、改扩建托育服务设施，并对社会开放普惠性托位的，也可纳入以上两类支持范围。

（五）工作任务

1. 明确参与主体及责任

——城市政府负责制定托育服务体系建设规划（方案），研究出台土地、场所、人才培养、财税优惠、包容审慎监管等全方位政策支持清单，提出发展目标并谋划一批普惠性托育服务项目，明确项目类型、规模、投融资方式、服务人群、计划开工时间以及服务要求及监管方式等。

——企业负责落实投资、明确建设内容及运营方案，并可通过自营、委托运营等方式提供普惠性托育服务。

城企双方签订合作协议，城市政府参照《地方政府支持政策清单》，明确政策支持具体内容，并确保优惠政策落实到位。《地方政府支持政策清单》分为必选项和自选项，必选项是城市申报专项行动的必要条件，自选项是专项行动择优遴选试点城市的重要参考依据，自选政策越多、政策含金量越高的城市优先纳入试点范围。

企业要参照《企业责任承诺清单》，明确普惠性托育服务具体内容，向社会公开、接受监督。参与企业有义务按照要求向政府有关部门报送进展情况。

2. 明确参与流程

——项目申报。有意愿的城市政府向省级发展改革委报送项目，提交政策承诺函。省级发展改革委牵头会同卫生健康委（或省政府明确的行业主管部门）组织审核后，按程序报送国家发展改革委，并抄送国家卫生健康委。建设项目具体要求按《支持社会力量发展普惠托育服务专项行动项目和资金管理办法（试行）》执行。

——中央预算内投资适当补助。采用补助的方式，对于承担一定指导功能的示范性托育服务机构、社区托育服务设施，中央预算内投资按每个新增托位给予 1 万元的补助。

——资金下达。地方项目采用切块下达的方式，支持已开工或当年拟开工项目，即“××省××年支持社会力量发展普惠托育服务项目”，将中央预算内投资下达到相关省份，由省份在收到下达通知书 20 个工作日内将资金分解到具体项目。

——项目管理。城市政府对每个项目都要现场调研、查验，确保项目建设保时、保量、保质、保真，实施过程中的重大问题及时报省级和国家发展改革委、卫生健康委。城市政府需于参加专项行动当年年底前，完成本地区托育服务体系建设规划（方案）编制并报国家发展改革委备案。

3. 支持措施

——金融支持。形成金融机构推荐名单并实行动态管理，与国家发展改革委签订备忘录，对参与专项行动的托育机构提供普惠金融服务。

——信用评价。引入第三方信用服务机构，依托全国信用信息共享平台、国家企业信用信息公示系统和地方各级信用信息平台，整合公共信用信息和市场信用信息，对托育服务机构开展公共信用综合评价。推动实施托育服务行业守信联合激励和失信联合惩戒，建立托育服务机构及从业人员“黑名单”制度。

——试点示范。2020 年开展专项行动试点，参与试点城市要依托示范性托育服务机构和社区托育服务设施建设，充分吸引社会力量广泛参与，强化政策支持和服务监管，扩大托育服务有效供给。在试点基础上，遴选支持社会力量发展普惠托育服务重点联系城市，通过现场经验交流、典型案例征集等形式，及时总结推广典型经验和先进做法。

（六）附则

本方案自公布之日起实施，根据实际情况适时调整。

三、中共中央 国务院关于优化生育政策促进人口长期均衡发展的决定

人口发展是关系中华民族发展的大事情。为贯彻落实党的十九大和十九届二中、三中、四中、五中全会精神，促进人口长期均衡发展，2021 年 6 月 26 日，中共中央、国务院就优化生育政策，实施一对夫妻可以生育三个子女政策，并取消社会抚养费等制约措施、清理和废止相关处罚规定，配套实施积极生育支持措施（以下简称实施三孩生育政策及配套支持措施），作出了《中共中央 国务院关于优化生育政策促进人口长期均衡发展的决定》[①]（以下简称《决定》）。

（一）充分认识优化生育政策、促进人口长期均衡发展的重大意义

党和国家始终坚持人口与发展综合决策，科学把握人口发展规律，坚持计划生育基本国策，有

---

① 中共中央 国务院关于优化生育政策促进人口长期均衡发展的决定［EB/OL］.（2021-07-20）［2024-08-30］.https://www.gov.cn/zhengce/2021-07/20/content_5626190.htm.

力促进了经济发展和社会进步，为全面建成小康社会奠定了坚实基础。党的十八大以来，党中央高度重视人口问题，根据我国人口发展变化形势，作出逐步调整完善生育政策、促进人口长期均衡发展的重大决策，各项工作取得显著成效。当前，进一步适应人口形势新变化和推动高质量发展新要求，实施三孩生育政策及配套支持措施，具有重大意义。

（1）有利于改善人口结构，落实积极应对人口老龄化国家战略。老龄化是全球性人口发展大趋势，也是我国发展面临的重大挑战。预计“十四五”期间我国人口将进入中度老龄化阶段，2035 年前后进入重度老龄化阶段，将对经济运行全领域、社会建设各环节、社会文化多方面产生深远影响。实施三孩生育政策及配套支持措施，有利于释放生育潜能，减缓人口老龄化进程，促进代际和谐，增强社会整体活力。

（2）有利于保持人力资源禀赋优势，应对世界百年未有之大变局。人口是社会发展的主体，也是影响经济可持续发展的关键变量。实施三孩生育政策及配套支持措施，有利于未来保持适度人口总量和劳动力规模，更好发挥人口因素的基础性、全局性、战略性作用，为高质量发展提供有效人力资本支撑和内需支撑。

（3）有利于平缓总和生育率下降趋势，推动实现适度生育水平。群众生育观念已总体转向少生优育，经济负担、子女照料、女性对职业发展的担忧等成为制约生育的主要因素。实施三孩生育政策及配套支持措施，促进生育政策与相关经济社会政策同向发力，有利于满足更多家庭的生育意愿，有利于提振生育水平。

（4）有利于巩固全面建成小康社会成果，促进人与自然和谐共生。今后一个时期，我国人口众多的基本国情不会改变，人口与资源环境承载力仍然处于紧平衡状态，脱贫地区以及一些生态脆弱、资源匮乏地区人口与发展矛盾仍然比较突出。实施三孩生育政策及配套支持措施，有利于进一步巩固脱贫攻坚和全面建成小康社会成果，引导人口区域合理分布，促进人口与经济、社会、资源、环境协调可持续发展。

（二）指导思想、主要原则和目标

（5）指导思想。坚持以习近平新时代中国特色社会主义思想为指导，立足新发展阶段、贯彻新发展理念、构建新发展格局，实施积极应对人口老龄化国家战略，实施三孩生育政策及配套支持措施，改革服务管理制度，提升家庭发展能力，推动实现适度生育水平，促进人口长期均衡发展，为建设富强民主文明和谐美丽的社会主义现代化强国、实现中华民族伟大复兴的中国梦提供坚实基础和持久动力。

（6）主要原则。

——以人民为中心。顺应人民群众期盼，积极稳妥推进优化生育政策，促进生育政策协调公平，满足群众多元化的生育需求，将婚嫁、生育、养育、教育一体考虑，切实解决群众后顾之忧，释放生育潜能，促进家庭和谐幸福。

——以均衡为主线。把促进人口长期均衡发展摆在全党全国工作大局、现代化建设全局中谋划部署，兼顾多重政策目标，统筹考虑人口数量、素质、结构、分布等问题，促进人口与经济、社会、资源、环境协调可持续发展，促进人的全面发展。

——以改革为动力。着眼于我国人口发展面临的突出矛盾和问题，着眼于现代化建设战略安排，深化改革，破除影响人口长期均衡发展的思想观念、政策法规、体制机制等制约因素，提高人口治理能力和水平。

——以法治为保障。坚持重大改革于法有据、依法实施，将长期以来党领导人民在统筹解决人口问题方面的创新理念、改革成果、实践经验转化为法律，保障人民群众合法权益，保障新时代人口工作行稳致远，保障人口发展战略目标顺利实现。

（7）主要目标。

到 2025 年，积极生育支持政策体系基本建立，服务管理制度基本完备，优生优育服务水平明显提高，普惠托育服务体系加快建设，生育、养育、教育成本显著降低，生育水平适当提高，出生人口性别比趋于正常，人口结构逐步优化，人口素质进一步提升。

到 2035 年，促进人口长期均衡发展的政策法规体系更加完善，服务管理机制运转高效，生育水平更加适度，人口结构进一步改善。优生优育、幼有所育服务水平与人民群众对美好生活的需要相适应，家庭发展能力明显提高，人的全面发展取得更为明显的实质性进展。

（三）组织实施好三孩生育政策

（8）依法实施三孩生育政策。修改《中华人民共和国人口与计划生育法》，提倡适龄婚育、优生优育，实施三孩生育政策。各省（自治区、直辖市）综合考虑本地区人口发展形势、工作基础和政策实施风险，做好政策衔接，依法组织实施。

（9）取消社会抚养费等制约措施。取消社会抚养费，清理和废止相关处罚规定。将入户、入学、入职等与个人生育情况全面脱钩。依法依规妥善处理历史遗留问题。对人口发展与经济、社会、资源、环境矛盾较为突出的地区，加强宣传倡导，促进相关惠民政策与生育政策有效衔接，精准做好各项管理服务。

（10）建立健全人口服务体系。以“一老一小”为重点，建立健全覆盖全生命周期的人口服务体系。加强基层服务管理体系和能力建设，增强抚幼养老功能。落实生育登记制度，做好生育咨询指导。推进出生医学证明、儿童预防接种、户口登记、医保参保、社保卡申领等“出生一件事”联办。

（11）加强人口监测和形势研判。完善国家生命登记管理制度，健全覆盖全人群、全生命周期的人口监测体系，密切监测生育形势和人口变动趋势。依托国家人口基础信息库等平台，实现教育、公安、民政、卫生健康、医保、社保等人口服务基础信息融合共享、动态更新。建立人口长期均衡发展指标体系，健全人口预测预警制度。

（四）提高优生优育服务水平

（12）保障孕产妇和儿童健康。全面落实妊娠风险筛查与评估、高危孕产妇专案管理、危急重症救治、孕产妇死亡个案报告和约谈通报等母婴安全五项制度。实施妇幼健康保障工程，加快推进各级妇幼保健机构标准化建设和规范化管理，加强危重孕产妇、新生儿救治能力及儿科建设，夯实县乡村三级基层网络，加快补齐生育相关公共服务短板。促进生殖健康服务融入妇女健康管理全过程。加强儿童保健门诊标准化、规范化建设，加强对儿童青少年近视、营养不均衡、龋齿等风险因素和疾病的筛查、诊断、干预。做好儿童基本医疗保障工作。

（13）综合防治出生缺陷。健全出生缺陷防治网络，落实三级预防措施。加强相关知识普及和出生缺陷防控咨询，强化婚前保健，推进孕前优生健康检查，加强产前筛查和诊断，推动围孕期、产前产后一体化管理服务和多学科协作。扩大新生儿疾病筛查病种范围，促进早筛早诊早治。做好出生缺陷患儿基本医疗和康复救助工作。

（14）规范人类辅助生殖技术应用。强化规划引领，严格技术审批，建设供需平衡、布局合理的人类辅助生殖技术服务体系。加强人类辅助生殖技术服务监管，严格规范相关技术应用。开展孕育能力提升专项攻关，规范不孕不育诊治服务。

（五）发展普惠托育服务体系

（15）建立健全支持政策和标准规范体系。将婴幼儿照护服务纳入经济社会发展规划，强化政策引导，通过完善土地、住房、财政、金融、人才等支持政策，引导社会力量积极参与。以市地级行政区为单位制定整体解决方案，建立工作机制，推进托育服务健康发展。加大专业人才培养力度，依法逐步实行从业人员职业资格准入制度。发展智慧托育等新业态，培育托育服务、乳粉奶业、动画设计和制作等行业民族品牌。

（16）大力发展多种形式的普惠服务。发挥中央预算内投资的引导和撬动作用，推动建设一批方便可及、价格可接受、质量有保障的托育服务机构。支持有条件的用人单位为职工提供托育服务。鼓励国有企业等主体积极参与各级政府推动的普惠托育服务体系建设。加强社区托育服务设施建设，完善居住社区婴幼儿活动场所和服务设施。制定家庭托育点管理办法。支持隔代照料、家庭互助等照护模式。支持家政企业扩大育儿服务。鼓励和支持有条件的幼儿园招收 2 至 3 岁幼儿。

（17）加强综合监管。各类机构开展婴幼儿照护服务必须符合国家和地方相关标准和规范，并对婴幼儿安全和健康负主体责任。地方政府要承担监管责任，建立健全登记备案制度、信息公示制度、评估制度，加强动态管理，建立机构关停等特殊情况应急处置机制。

（六）降低生育、养育、教育成本

（18）完善生育休假与生育保险制度。严格落实产假、哺乳假等制度。支持有条件的地方开展父母育儿假试点，健全假期用工成本分担机制。继续做好生育保险对参保女职工生育医疗费用、生育津贴待遇等的保障，做好城乡居民医保参保人生育医疗费用保障，减轻生育医疗费用负担。

（19）加强税收、住房等支持政策。结合下一步修改个人所得税法，研究推动将 3 岁以下婴幼儿照护费用纳入个人所得税专项附加扣除。地方政府在配租公租房时，对符合当地住房保障条件且有未成年子女的家庭，可根据未成年子女数量在户型选择等方面给予适当照顾。地方政府可以研究制定根据养育未成年子女负担情况实施差异化租赁和购买房屋的优惠政策。

（20）推进教育公平与优质教育资源供给。推进城镇小区配套幼儿园治理，持续提升普惠性幼儿园覆盖率，适当延长在园时长或提供托管服务。推进义务教育优质均衡发展和城乡一体化，有效解决“择校热”难题。依托学校教育资源，以公益普惠为原则，全面开展课后文体活动、社会实践项目和托管服务，推动放学时间与父母下班时间衔接。改进校内教学质量和教育评价，将学生参加课外培训频次、费用等情况纳入教育督导体系。平衡家庭和学校教育负担，严格规范校外培训。

（21）保障女性就业合法权益。规范机关、企事业等用人单位招录、招聘行为，促进妇女平等就业。落实好《女职工劳动保护特别规定》，定期开展女职工生育权益保障专项督查。为因生育中断就业的女性提供再就业培训公共服务。将生育友好作为用人单位承担社会责任的重要方面，鼓励用人单位制定有利于职工平衡工作和家庭关系的措施，依法协商确定有利于照顾婴幼儿的灵活休假和弹性工作方式。适时对现行有关休假和工作时间的政策规定进行相应修改完善。

（七）加强政策调整有序衔接

（22）维护好计划生育家庭合法权益。对全面两孩政策调整前的独生子女家庭和农村计划生育双女家庭，继续实行现行各项奖励扶助制度和优惠政策。探索设立独生子女父母护理假制度。加强立法，保障响应党和国家号召、实行计划生育家庭的合法权益。

（23）建立健全计划生育特殊家庭全方位帮扶保障制度。根据经济社会发展水平等因素，实行特别扶助制度扶助标准动态调整。对符合条件的计划生育特殊家庭成员，落实基本养老、基本医疗保障相关政策；优先安排入住公办养老机构，提供无偿或低收费托养服务；对住房困难的，优先纳入住房保障。有条件的地方可对计划生育特殊家庭成员中的生活长期不能自理、经济困难的老年人发放护理补贴。落实好扶助所需资金，有条件的地方可探索建立公益金或基金，重点用于帮扶计划生育特殊家庭。

（24）建立健全政府主导、社会组织参与的扶助关怀工作机制。通过公开招投标方式，支持有资质的社会组织接受计划生育特殊家庭委托，开展生活照料、精神慰藉等服务，依法代办入住养老机构、就医陪护等事务。深入开展"暖心行动"。建立定期巡访制度，落实计划生育特殊家庭"双岗"联系人制度，扎牢织密帮扶安全网。

（八）强化组织实施保障

（25）加强党的领导。各级党委和政府要提高政治站位，增强国情、国策意识，坚持一把手亲自抓、负总责，坚持和完善目标管理责任制，加强统筹规划、政策协调和工作落实，推动出台积极生育支持措施，确保责任到位、措施到位、投入到位、落实到位。

（26）动员社会力量。加强政府和社会协同治理，充分发挥工会、共青团、妇联等群团组织在促进人口发展、家庭建设、生育支持等方面的重要作用。积极发挥计划生育协会作用，加强基层能力建设，做好宣传教育、生殖健康咨询服务、优生优育指导、计划生育家庭帮扶、权益维护、家庭健康促进等工作。鼓励社会组织开展健康知识普及、婴幼儿照护服务等公益活动。以满足老年人生活需求和营造婴幼儿健康成长环境为导向，开展活力发展城市创建活动。

（27）深化战略研究。面向建设社会主义现代化强国和实现中华民族伟大复兴，持续深化国家人口中长期发展战略和区域人口发展规划研究，完善人口空间布局，优化人力资源配置。加强新时代中国特色人口学科和理论体系建设，发展人口研究高端智库，促进国际交流合作。

（28）做好宣传引导。加强政策宣传解读，把各地区各部门和全社会的思想行动统一到党中央重大决策部署上来，引导社会各界正确认识人口的结构性变化，弘扬主旋律、汇聚正能量，及时妥善回应社会关切，营造良好氛围。弘扬中华民族传统美德，尊重生育的社会价值，提倡适龄婚育、优生优育，鼓励夫妻共担育儿责任，破除高价彩礼等陈规陋习，构建新型婚育文化。

（29）加强工作督导。各省（自治区、直辖市）要按照本决定要求，制定实施方案，狠抓任务落实，及时研究解决苗头性、倾向性问题，确保优化生育政策取得积极成效。各省（自治区、直辖市）党委和政府每年要向党中央、国务院报告本地区人口工作情况，中央将适时开展督查。

四、关于进一步完善和落实积极生育支持措施的指导意见

为深入贯彻《中共中央 国务院关于优化生育政策促进人口长期均衡发展的决定》，落实人口与计划生育法，进一步完善和落实积极生育支持措施，经国务院同意，2022 年 7 月 25 日，国家卫生健康委、国家发展改革委、中央宣传部、教育部等 17 个部门联合提出了《关于进一步完善和落实积极生育支持措施的指导意见》（国卫人口发〔2022〕26 号）①（以下简称《指导意见》）。

① 关于进一步完善和落实积极生育支持措施的指导意见[EB/OL].(2022-08-16)[2024-08-30].http://www.nhc.gov.cn/rkjcyjtfzs/s7785/202208/9247dd64744c42df9522c4fa2cb78e42.shtml.

（一）总体要求

坚持以习近平新时代中国特色社会主义思想为指导，认真贯彻落实党中央、国务院决策部署，深入实施一对夫妻可以生育三个子女政策及配套支持措施，将婚嫁、生育、养育、教育一体考虑，尽力而为、量力而行，综合施策、精准发力，完善和落实财政、税收、保险、教育、住房、就业等积极生育支持措施，落实政府、用人单位、个人等多方责任，持续优化服务供给，不断提升服务水平，积极营造婚育友好社会氛围，加快建立积极生育支持政策体系，健全服务管理制度，为推动实现适度生育水平、促进人口长期均衡发展提供有力支撑。

（二）提高优生优育服务水平

（1）改善优生优育全程服务。实施母婴安全行动提升计划，全面落实母婴安全五项制度。推进妇幼保健机构能力建设，各省、市、县级均应设置 1 所政府举办、标准化的妇幼保健机构。加强高质量产科建设，全面改善住院分娩条件。推动落实出生缺陷三级防治策略，健全“县级筛查、市级诊断、省级指导、区域辐射”的出生缺陷防治网络，提升婚前保健、孕前保健、产前筛查和产前诊断服务水平，针对重点疾病推动围孕期、产前产后一体化管理服务和多学科诊疗协作，强化新生儿遗传代谢病、听力障碍和先天性心脏病筛查和诊断。

（2）提高儿童健康服务质量。实施健康儿童行动提升计划。加强 0—6 岁儿童和孕产妇健康管理服务，提高服务质量和资金使用效率。加强基层儿童保健服务网络建设。推进基层医疗机构儿童保健门诊（儿童保健室）标准化建设，提高乡镇卫生院、社区卫生服务中心专业从事儿童保健和基本医疗服务的医生配备水平。“十四五”期间，中央预算内投资支持开展 10 个左右儿科类国家区域医疗中心建设项目，推进儿科医疗联合体建设，促进优质儿科医疗资源下沉和均衡布局。开展母婴友好医院和儿童友好医院建设。做好新生儿参加居民医保服务管理工作。

（3）加强生殖健康服务。扩大分娩镇痛试点，规范相关诊疗行为，提升分娩镇痛水平。指导推动医疗机构通过健康教育、心理辅导、中医药服务、药物治疗、手术治疗、辅助生殖技术等手段，向群众提供有针对性的服务，提高不孕不育防治水平。推进辅助生殖技术制度建设，健全质量控制网络，加强服务监测与信息化管理。开展生殖健康促进行动，增强群众保健意识和能力。加强生殖健康宣传教育和服务，预防非意愿妊娠，减少非医学需要的人工流产。

（4）提高家庭婴幼儿照护能力。建立完善健康科普专家库和资源库，通过广播、电视、报刊、网络、新媒体等多种渠道，普及科学育儿知识与技能。鼓励地方采取积极措施，支持隔代照料、家庭互助等照护模式。扩大家政企业上门居家婴幼儿照护服务供给。鼓励有条件的托育机构与家政企业等合作，提供上门居家婴幼儿照护服务。鼓励有资质的服务机构、行业协会和专业人员，依托村（居）委会等基层力量，通过家长课堂、养育照护小组活动、入户指导等方式，提高婴幼儿照护能力。充分发挥公益慈善类社会组织等社会力量积极作用，加大对农村和欠发达地区婴幼儿照护服务的支持。

（三）发展普惠托育服务体系

（5）增加普惠托育服务供给。2022 年，全国所有地市要印发实施“一老一小”整体解决方案。通过中央预算内投资支持和引导，实施公办托育服务能力建设项目和普惠托育服务专项行动，带动地方政府基建投资和社会投资。公办托育机构收费标准由地方政府制定，加强对普惠托育机构收费的监管。拓展社区托育服务功能，完善婴幼儿照护设施等基本公共服务设施。支持有条件的用人单位为职工提供福利性托育服务。加快制定出台家庭托育点管理办法。在满足学前教育普及的基础上，鼓励和支持有条件的幼儿园招收2—3岁幼儿。

（6）降低托育机构运营成本。“十四五”时期，拓宽托育建设项目申报范围，中央预算内投资加大支持力度给予建设补贴。科学布局社区综合服务设施，落实社区托育服务发展税费优惠政策。完善土地、住房、财政、金融、人才等政策，鼓励地方对普惠托育机构予以支持。托育机构用水用电用气用热按照居民生活类价格执行。鼓励社会资本设立托育服务事业发展基金，向托育行业提供增信支持。各地要建立托育机构关停等特殊情况应急处置机制，落实疫情期间托育企业纾困政策。

（7）提升托育服务质量。深入开展全国婴幼儿照护服务示范城市创建活动，形成一批可复制、可推广的典型经验。研究制定托育服务相关制度规范，大力发展多种形式的托育服务。鼓励有条件的普通高等学校和职业院校开设托育服务相关专业，加快培养专业人才。依法逐步实行托育从业人员职业资格准入制度。深入实施康养职业技能培训计划，加强托育岗位人员技能培训。各级医疗卫生机构、疾病预防控制机构等要加强对托育机构卫生保健工作的业务指导、咨询服务和监督检查，预防控制传染病，降低常见病的发病率，保障婴幼儿的身心健康。严格落实托育机构消防安全指南等一系列规范性文件，加强部门综合监管，严防安全事故发生。加强社会监督，促进行业自律。

（四）完善生育休假和待遇保障机制

（8）优化生育休假制度。各地要完善生育休假政策，从保障职工生育权益和保护生育职工健康权的功能定位出发，体现保护生育和养育过程，帮助职工平衡工作和家庭关系，促进公平就业和职业发展。要结合实际完善假期用工成本合理分担机制，明确相关各方责任，采取切实有效措施保障职工假期待遇。

（9）完善生育保险等相关社会保险制度。国家统一规范并制定完善生育保险生育津贴支付政策，强化生育保险对参保女职工生育医疗费用、生育津贴待遇等保障作用，保障生育保险基金安全。有条件的地方可探索参加职工基本医疗保险的灵活就业人员同步参加生育保险。未就业妇女通过参加城乡居民基本医疗保险享受生育医疗待遇。为领取失业保险金人员缴纳职工基本医疗保险费（含生育保险费），保障其生育权益，所需资金从失业保险基金列支。指导地方综合考虑医保（含生育保险）基金可承受能力、相关技术规范性等因素，逐步将适宜的分娩镇痛和辅助生殖技术项目按程序纳入基金支付范围。

（五）强化住房、税收等支持措施

（10）加快完善住房保障体系。加快发展保障性租赁住房，促进解决新市民、青年人等群体住房困难。进一步完善公租房保障对促进积极生育的支持措施，各地在配租公租房时，对符合条件且有未成年子女的家庭，可根据其未成年子女数量，在户型选择方面给予适当照顾；优化公租房轮候与配租规则，将家庭人数及构成等纳入轮候排序或综合评分的因素，对符合条件且子女数量较多的家庭可直接组织选房；完善公租房调换政策，对因家庭人口增加、就业、子女就学等原因需要调换公租房的，根据房源情况及时调换。

（11）精准实施购房租房倾斜政策。住房政策向多子女家庭倾斜，在缴存城市无自有住房且租赁住房的多子女家庭，可按照实际房租支出提取住房公积金；对购买首套自住住房的多子女家庭，有条件的城市可给予适当提高住房公积金贷款额度等相关支持政策。加快发展长租房市场，多渠道增加长租房供应，推进租购权利均等。各地可结合实际，进一步研究制定根据养育未成年子女负担情况实施差异化租赁和购买房屋的优惠政策。

（12）发挥好税收、金融等支持作用。实施好3岁以下婴幼儿照护费用个人所得税专项附加扣除政策。建立对依法保障职工生育权益用人单位激励机制。向提供母婴护理、托育服务以及相关职业培训、消费品生产的企业加大金融支持力度。

（六）加强优质教育资源供给

（13）提高学前教育普及普惠水平。继续实施“十四五”学前教育发展提升行动计划，着力补齐农村地区和城市新增人口集中地区普惠性资源短板。切实落实各级政府发展学前教育责任，健全政府投入为主、家庭合理分担、其他多渠道筹措经费的机制。优化完善财政补助政策，逐步提高学前教育财政投入水平，保障普惠性学前教育有质量可持续发展。健全学前教育资助制度，切实保障家庭经济困难儿童接受普惠性学前教育。

（14）提高义务教育均衡发展水平。依法落实政府举办义务教育的主体责任，优化义务教育结构，确保义务教育学位主要由公办学校提供和政府购买学位方式提供。继续落实“两免一补”政策，降低学生就学成本。进一步减轻义务教育阶段学生作业负担和校外培训负担，发挥学校教育主阵地作用，提升课后服务质量，按规定保障课后服务经费。严格落实义务教育阶段学科类校外培训收费实行政府指导价管理政策。加强非学科类校外培训监管，规范培训机构收费行为。加强对家长的家庭教育指导，树立科学育儿观念。

（15）加强生理卫生等健康教育。针对在校学生的心理生理特点，通过定期举办专题讲座、开设公共选修课程等方式，开展生理卫生教育、青春期教育或者性健康教育，加强婚恋观、家庭观正向引导。

（七）构建生育友好的就业环境

（16）鼓励实行灵活的工作方式。用人单位可结合生产和工作实际，通过与职工协商，采取弹性上下班、居家办公等工作方式，为有接送子女上下学、照顾生病或居家子女等需求的职工提供工作便利，帮助职工解决育儿困难。

（17）推动创建家庭友好型工作场所。推动用人单位将帮助职工平衡工作和家庭关系相关措施纳入集体合同和女职工权益保护专项集体合同条款。实施母乳喂养促进行动。女职工比较多的用人单位应当建立孕妇休息室、哺乳室，配备必要母婴服务设施，更好满足孕产期、哺乳期女职工的需求。鼓励有条件的用人单位、学校、社区、群团组织等开展寒暑假托管服务。

（18）切实维护劳动就业合法权益。推动完善促进妇女就业的制度机制，加强对女性劳动者特别是生育再就业女性相关职业技能培训。持续开展就业性别歧视约谈工作，依法查处侵权行为。督促用人单位依法依规落实对孕产期、哺乳期女职工关于工作时间、工资待遇、劳动强度等方面的特殊劳动保护。加强监管执法，健全司法救济机制，探索开展妇女平等就业权益保护检察公益诉讼，维护妇女劳动和社会保障权益。强化工会劳动法律监督，推动职工权益保护法律法规贯彻落实。

（八）加强宣传引导和服务管理

（19）积极营造生育友好社会氛围。充分发挥各类媒体作用和群团组织优势，积极开展人口基本国情宣传教育，弘扬中华民族传统美德，提倡适龄婚育、优生优育，倡导尊重生育的社会价值、尊重父母、儿童优先、夫妻共担育儿责任。推进婚俗改革和移风易俗，破除婚嫁大操大办、高价彩礼等陈规陋习，倡导积极婚育观念。组织创作一批积极向上的文艺作品，讲好新时代美好爱情、和谐家庭、幸福生活的中国故事。推进儿童友好城市建设。开展全国生育友好工作先进单位表彰活动，评选一批工作扎实、成效明显、群众满意的先进典型，鼓励和带动基层积极创新，营造生育友好的社会环境。

（20）建立健全人口服务体系。以“一老一小”为重点，建立健全覆盖全生命周期的人口服务体系。加强政府和社会协同治理，强化乡镇（街道）、村（社区）等基层人口管理体系和服务能力建设。完善生育登记制度，全面落实出生医学证明、儿童预防接种、户口登记、医保参保、社保卡申领等“出生一件事”集成化办理。强化基层人口信息管理职责，促进入户、入学、婚姻登记、卫生健康等基础信息融合共享，科学研判生育形势和人口变动趋势。维护计划生育家庭合法权益，建立健全政府主导、社会组织参与的计划生育特殊家庭扶助关怀工作机制，建立健全生活、养老、医疗、精神慰藉等全方位帮扶保障制度，动员各级计划生育协会深入开展“暖心行动”。

各地各有关部门要深刻认识完善和落实积极生育支持措施的重要性和紧迫性，切实提高政治站位，把人口工作摆上重要议事日程，密切协同配合，加快完善积极生育支持措施。各地要坚持一把手亲自抓、负总责，加强统筹规划、政策协调和工作落实，结合实际及时完善具体政策措施，周密组织实施，确保责任到位、措施到位、投入到位、落实到位。各有关部门要加强对地方的指导，总结推广好的经验做法，及时细化配套措施，推动解决工作中面临的问题，不断完善服务管理制度。立足国情，加强评估论证，促进生育政策和相关经济社会政策配套衔接。完善跨部门协调机制，强化重要政策统筹研究和督促落实。完善优化生育政策目标管理责任制，研究建立指标体系，监测评估积极生育支持措施的成效。加强政策宣传解读，及时妥善回应社会关切，营造良好氛围。重要情况及时报告。

第二节　养老托育一体化政策

导入思考

当前，应对人口老龄化、优化生育正从战略层面加快走向执行层面。如何照顾好“一老一小”，是政府在保障民生、增强人民幸福感方面面临的重要社会课题。为构建普惠型养老托育一体化服务体系，全面推进养老育幼事业，温州市瓯海区先行先试、积极探索，采取多种创新模式推进养老托育一体化进程，打造了可复制、可推广的“瓯海样板”。

“1+X”联创模式是新时代多元一体“老幼共融”新格局下的瓯海实践。2022 年 7 月，瓯海区新桥街道两家“居家养老服务和婴幼儿成长双龄驿站”成功建立，服务辐射周边居民住宅区，并由瓯海区有关部门统筹协调资源，引入专业化第三方服务机构负责运营，以“亦机构，亦居家”的嵌入式服务模式，进行市场化、福利化探索。附近居民步行 5 分钟即可到达驿站，享受养老托育社区综合式服务。

思考：

1. 养老托育一体化的实践探索对当前相关社会问题的解决有何意义？
2. 你还知道哪些养老托育一体化的社会实践？

一、关于养老、托育、家政等社区家庭服务业税费优惠政策的公告

为支持养老、托育、家政等社区家庭服务业发展，财政部、税务总局、发展改革委、民政部、商务部、卫生健康委六个部门于2019年6月28日联合发布了《关于养老、托育、家政等社区家庭服务业税费优惠政策的公告》①（以下简称《公告》）。

（1）为社区提供养老、托育、家政等服务的机构，按照以下规定享受税费优惠政策：

① 提供社区养老、托育、家政服务取得的收入，免征增值税。

② 提供社区养老、托育、家政服务取得的收入，在计算应纳税所得额时，减按90%计入收入总额。

③ 承受房屋、土地用于提供社区养老、托育、家政服务的，免征契税。

④ 用于提供社区养老、托育、家政服务的房产、土地，免征不动产登记费、耕地开垦费、土地复垦费、土地闲置费；用于提供社区养老、托育、家政服务的建设项目，免征城市基础设施配套费；确因地质条件等原因无法修建防空地下室的，免征防空地下室易地建设费。

（2）为社区提供养老、托育、家政等服务的机构自有或其通过承租、无偿使用等方式取得并用于提供社区养老、托育、家政服务的房产、土地，免征房产税、城镇土地使用税。

（3）本公告所称社区是指聚居在一定地域范围内的人们所组成的社会生活共同体，包括城市社区和农村社区。

为社区提供养老服务的机构，是指在社区依托固定场所设施，采取全托、日托、上门等方式，为社区居民提供养老服务的企业、事业单位和社会组织。社区养老服务是指为老年人提供的生活照料、康复护理、助餐助行、紧急救援、精神慰藉等服务。

为社区提供托育服务的机构，是指在社区依托固定场所设施，采取全日托、半日托、计时托、临时托等方式，为社区居民提供托育服务的企业、事业单位和社会组织。社区托育服务是指为3周岁（含）以下婴幼儿提供的照料、看护、膳食、保育等服务。

为社区提供家政服务的机构，是指以家庭为服务对象，为社区居民提供家政服务的企业、事业单位和社会组织。社区家政服务是指进入家庭成员住所或医疗机构为孕产妇、婴幼儿、老人、病人、残疾人提供的照护服务，以及进入家庭成员住所提供的保洁、烹饪等服务。

（4）符合下列条件的家政服务企业提供家政服务取得的收入，比照《营业税改征增值税试点过渡政策的规定》（财税〔2016〕36号附件）第一条第三十一项规定，免征增值税。

① 与家政服务员、接受家政服务的客户就提供家政服务行为签订三方协议；

② 向家政服务员发放劳动报酬，并对家政服务员进行培训管理；

③ 通过建立业务管理系统对家政服务员进行登记管理。

（5）财政、税费征收机关可根据工作需要与民政、卫生健康、商务等部门建立信息共享和工作配合机制，民政、卫生健康、商务等部门应积极协同配合，保障优惠政策落实到位。

（6）本公告自2019年6月1日起执行至2025年12月31日。

---

① 关于养老、托育、家政等社区家庭服务业税费优惠政策的公告[EB/OL].(2019-07-04)[2024-08-30].https://www.gov.cn/xinwen/2019-07/04/content_5406294.htm.

二、国务院办公厅关于促进养老托育服务健康发展的意见

促进养老托育服务健康发展，有利于改善民生福祉，有利于促进家庭和谐，有利于培育经济发展新动能。为贯彻落实党中央、国务院决策部署，更好发挥各级政府作用，更充分激发社会力量活力，更好实现社会效益和经济效益相统一，持续提高人民群众的获得感、幸福感、安全感，经国务院同意，国务院办公厅于2020年12月31日发布了《国务院办公厅关于促进养老托育服务健康发展的意见》（国办发〔2020〕52号）[①]（以下简称《意见》）。

（一）健全老有所养、幼有所育的政策体系

（1）分层次加强科学规划布局。根据“一老一小”人口分布和结构变化，科学谋划“十四五”养老托育服务体系，促进服务能力提质扩容和区域均衡布局。省级人民政府要将养老托育纳入国民经济和社会发展规划统筹推进，并制定“十四五”养老托育专项规划或实施方案。建立常态化督查机制，督促专项规划或实施方案的编制和实施，确保新建住宅小区与配套养老托育服务设施同步规划、同步建设、同步验收、同步交付。

（2）统筹推进城乡养老托育发展。强化政府保基本兜底线职能，健全基本养老服务体系。优化乡村养老设施布局，整合区域内服务资源，开展社会化管理运营，不断拓展乡镇敬老院服务能力和辐射范围。完善老年人助餐服务体系，加强农村老年餐桌建设。探索在脱贫地区和城镇流动人口集聚区设置活动培训场所，依托基层力量提供集中托育、育儿指导、养护培训等服务，加强婴幼儿身心健康、社会交往、认知水平等方面早期发展干预。

（3）积极支持普惠性服务发展。大力发展成本可负担、方便可及的普惠性养老托育服务。引导各类主体提供普惠性服务，支持非营利性机构发展，综合运用规划、土地、住房、财政、投资、融资、人才等支持政策，扩大服务供给，提高服务质量，提升可持续发展能力。优化养老托育营商环境，推进要素市场制度建设，实现要素价格市场决定、流动自主有序、配置高效公平，促进公平竞争。

（4）强化用地保障和存量资源利用。在年度建设用地供应计划中保障养老托育用地需求，并结合实际安排在合理区位。调整优化并适当放宽土地和规划要求，支持各类主体利用存量低效用地和商业服务用地等开展养老托育服务。在不违反国家强制性标准和规定前提下，各地可结合实际制定存量房屋和设施改造为养老托育场所设施的建设标准、指南和实施办法。建立健全“一事一议”机制，定期集中处置存量房屋和设施改造手续办理、邻避民扰等问题。在城市居住社区建设补短板和城镇老旧小区改造中统筹推进养老托育服务设施建设，鼓励地方探索将老旧小区中的国企房屋和设施以适当方式转交政府集中改造利用。支持在社区综合服务设施开辟空间用于“一老一小”服务，探索允许空置公租房免费提供给社会力量供其在社区为老年人开展助餐助行、日间照料、康复护理、老年教育等服务。支持将各类房屋和设施用于发展养老托育，鼓励适当放宽最长租赁期限。非独立场所按照相关安全标准改造建设托育点并通过验收的，不需变更土地和房屋性质。

（5）推动财税支持政策落地。各地要建立工作协同机制，加强部门信息互通共享，确保税费优惠政策全面、及时惠及市场主体。同步考虑公建服务设施建设与后期运营保障，加强项目支出规划

① 国务院办公厅关于促进养老托育服务健康发展的意见[EB/OL].(2020-12-31)[2024-08-30].https://www.gov.cn/zhengce/content/2020-12/31/content_5575804.htm.

管理。完善运营补贴激励机制，引导养老服务机构优先接收经济困难的失能失智、高龄、计划生育特殊家庭老年人。对吸纳符合条件劳动者的养老托育机构按规定给予社保补贴。

（6）提高人才要素供给能力。加强老年医学、老年护理、社会工作、婴幼儿发展与健康管理、婴幼儿保育等学科专业建设，结合行业发展动态优化专业设置，完善教学标准，加大培养力度。按照国家职业技能标准和行业企业评价规范，加强养老托育从业人员岗前培训、岗位技能提升培训、转岗转业培训和创业培训。加大脱贫地区相关技能培训力度，推动大城市养老托育服务需求与脱贫地区劳动力供给有效对接。深化校企合作，培育产教融合型企业，支持实训基地建设，推行养老托育“职业培训包”和“工学一体化”培训模式。

（二）扩大多方参与、多种方式的服务供给

（7）增强家庭照护能力。支持优质机构、行业协会开发公益课程，利用互联网平台等免费开放，依托居委会、村委会等基层力量提供养老育幼家庭指导服务，帮助家庭成员提高照护能力。建立常态化指导监督机制，加强政策宣传引导，强化家庭赡养老年人和监护婴幼儿的主体责任，落实监护人对孤寡老人、遗弃儿童的监护责任。

（8）优化居家社区服务。发展集中管理运营的社区养老和托育服务网络，支持具备综合功能的社区服务设施建设，引导专业化机构进社区、进家庭。建立家庭托育点登记备案制度，研究出台家庭托育点管理办法，明确登记管理、人员资质、服务规模、监督管理等制度规范，鼓励开展互助式服务。

（9）提升公办机构服务水平。加强公办和公建民营养老机构建设，坚持公益属性，切实满足特困人员集中供养需求。建立入住综合评估制度，结合服务能力适当拓展服务对象，重点为经济困难的失能失智、高龄、计划生育特殊家庭老年人提供托养服务。完善公建民营机制，打破以价格为主的筛选标准，综合从业信誉、服务水平、可持续性等质量指标，引进养老托育运营机构早期介入、全程参与项目工程建设，探索开展连锁化运营。

（10）推动培训疗养资源转型发展养老服务。按照“应改尽改、能转则转”的原则，将转型发展养老服务作为党政机关和国有企事业单位所属培训疗养机构改革的主要方向。各地要加大政策支持和协调推进力度，集中解决资产划转、改变土地用途、房屋报建、规划衔接等困难，确保转养老服务项目2022年底前基本投入运营。鼓励培训疗养资源丰富、养老需求较大的中东部地区先行突破，重点推进。

（11）拓宽普惠性服务供给渠道。实施普惠养老托育专项行动，发挥中央预算内投资引领作用，以投资换机制，引导地方政府制定支持性“政策包”，带动企业提供普惠性“服务包”，建设一批普惠性养老服务机构和托育服务机构。推动有条件的用人单位以单独或联合相关单位共同举办的方式，在工作场所为职工提供托育服务。支持大型园区建设服务区内员工的托育设施。

（12）引导金融机构提升服务质效。鼓励政府出资产业投资基金及市场化的创业投资基金、私募股权基金等按照市场化、法治化原则，加大对养老托育领域的投资力度。创新信贷支持方式，在依法合规、风险可控、商业可持续前提下，推进应收账款质押贷款，探索收费权质押贷款，落实好信贷人员尽职免责政策。鼓励金融机构合理确定贷款期限，灵活提供循环贷款、年审制贷款、分期还本付息等多种贷款产品和服务。扩大实施养老产业专项企业债券和养老项目收益债券，支持合理灵活设置债券期限、选择权及还本付息方式，鼓励发行可续期债券。引导保险等金融机构探索开发有针对性的金融产品，向养老托育行业提供增信支持。支持保险机构开发相关责任险及养老托育机构运营相关保险。

（三）打造创新融合、包容开放的发展环境

（13）促进康养融合发展。支持面向老年人的健康管理、预防干预、养生保健、健身休闲、文化娱乐、旅居养老等业态深度融合。发挥中医药独特优势，促进中医药资源广泛服务老年人群体。支持各类机构举办老年大学、参与老年教育，推动举办“老年开放大学”、“网上老年大学”，搭建全国老年教育资源共享和公共服务平台。

（14）深化医养有机结合。发展养老服务联合体，支持根据老年人健康状况在居家、社区、机构间接续养老。为居家老年人提供上门医疗卫生服务，构建失能老年人长期照护服务体系。有效利用社区卫生服务机构、乡镇卫生院等基层医疗资源，开展社区医养结合能力提升行动。针对公共卫生突发事件，提升养老机构应急保障能力，增设隔离功能并配备必要的防控物资和设备，加强工作人员应急知识培训。

（15）强化产品研发和创新设计。健全以企业为主体的创新体系，鼓励采用新技术、新工艺、新材料、新装备，增强以质量和信誉为核心的品牌意识，建立健全企业知识产权管理体系，推进高价值专利培育和商标品牌建设，培育养老托育服务、乳粉奶业、动画设计与制作等行业民族品牌。促进“一老一小”用品制造业设计能力提升，完善创新设计生态系统。

（16）促进用品制造提质升级。逐步完善养老托育服务和相关用品标准体系，加强标准制修订，强化标准实施推广，探索建立老年用品认证制度。推进互联网、大数据、人工智能、5G 等信息技术和智能硬件的深度应用，促进养老托育用品制造向智能制造、柔性生产等数字化方式转型。推进智能服务机器人后发赶超，启动康复辅助器具应用推广工程，实施智慧老龄化技术推广应用工程，构建安全便捷的智能化养老基础设施体系。鼓励国内外多方共建养老托育产业合作园区，加强市场、规则、标准方面的软联通，打造制造业创新示范高地。

（17）培育智慧养老托育新业态。创新发展健康咨询、紧急救护、慢性病管理、生活照护、物品代购等智慧健康养老服务。发展“互联网+养老服务”，充分考虑老年群体使用感受，研究开发适老化智能产品，简化应用程序使用步骤及操作界面，引导帮助老年人融入信息化社会，创新“子女网上下单、老人体验服务”等消费模式，鼓励大型互联网企业全面对接养老服务需求，支持优质养老机构平台化发展，培育区域性、行业性综合信息平台。发展互联网直播互动式家庭育儿服务，鼓励开发婴幼儿养育课程、父母课堂等。

（18）加强宜居环境建设。普及公共基础设施无障碍建设，鼓励有条件的地区结合城镇老旧小区改造加装电梯。加强母婴设施配套，在具备条件的公共场所普遍设置专席及绿色通道。引导房地产项目开发充分考虑养老育幼需求。指导各地加快推进老年人居家适老化改造。以满足老年人生活需求和营造婴幼儿成长环境为导向，推动形成一批具有示范意义的活力发展城市和社区。

（四）完善依法从严、便利高效的监管服务

（19）完善养老托育服务综合监管体系。以养老托育机构质量安全、从业人员、运营秩序等方面为重点加强监管。落实政府在制度建设、行业规划、行政执法等方面的监管责任，实行监管清单式管理，明确监管事项、监管依据、监管措施、监管流程，监管结果及时向社会公布。养老托育机构对依法登记、备案承诺、履约服务、质量安全、应急管理、消防安全等承担主体责任。健全行业自律规约，加强正面宣传引导和社会舆论监督，加快构建以信用为基础的新型监管机制。

（20）切实防范各类风险。加强突发事件应对，建立完善养老托育机构突发事件预防与应急准

备、监测与预警、应急处置与救援、事后恢复与重建等工作机制。将养老托育纳入公共安全重点保障范围，支持服务机构安全平稳运转。完善退出机制，建立机构关停等特殊情况应急处置机制。严防“一老一小”领域以虚假投资、欺诈销售、高额返利等方式进行的非法集资，保护消费者合法权益。

（21）优化政务服务环境。完善机构设立办事指南，优化办事流程，实施并联服务，明确办理时限，推进“马上办、网上办、就近办”。制定养老托育政务服务事项清单，推进同一事项无差别受理、同标准办理，力争实现“最多跑一次”。推进养老托育政务服务的“好差评”工作，完善评价规则，加强评价结果运用，改进提升政务服务质量。

（22）积极发挥多方合力。支持公益慈善类社会组织参与，鼓励机构开发志愿服务项目，建立健全“一老一小”志愿服务项目库。引导互联网平台等社会力量建立养老托育机构用户评价体系。以普惠为导向建立多元主体参与的养老和托育产业合作平台，在要素配置、行业自律、质量安全、国际合作等方面积极作为。发挥行业协会商会等社会组织积极性，开展机构服务能力综合评价，引领行业规范发展，更好弘扬尊老爱幼社会风尚。

（23）强化数据资源支撑。依据养老产业统计分类，开展养老产业认定方法研究，推进重要指标年度统计。探索构建托育服务统计指标体系。利用智库和第三方力量加强研究，开展人口趋势预测和养老托育产业前景展望，通过发布年度报告、白皮书等形式，服务产业发展，引导社会预期。

坚持党委领导、政府主导，地方各级政府要建立健全“一老一小”工作推进机制，结合实际落实本意见要求，以健全政策体系、扩大服务供给、打造发展环境、完善监管服务为着力点，促进养老托育健康发展，定期向同级人民代表大会常务委员会报告服务能力提升成效。国务院各部门要根据职责分工，制定具体落实举措，推动各项任务落地。国家发展改革委要建立“一老一小”服务能力评价机制，加强对本意见落实工作的跟踪督促，及时向国务院报告。

三、“十四五”积极应对人口老龄化工程和托育建设实施方案

为贯彻积极应对人口老龄化国家战略，推动人口高质量发展，完善养老托育服务体系，不断满足人民日益增长的美好生活需要，国家发展改革委、民政部、国家卫生健康委对《“十四五”积极应对人口老龄化工程和托育建设实施方案》（发改社会〔2021〕895号）进行了修订，并于2024年3月11日印发了修订后的《“十四五”积极应对人口老龄化工程和托育建设实施方案》①（以下简称《实施方案》）。

（一）实施背景

党中央、国务院高度重视保障和改善民生工作，习近平总书记多次就养老、托育作出重要指示批示，要求抓住重点难点问题，补齐养老托育短板弱项。近年来，党中央、国务院印发了一系列政策文件，为长期做好相关工作奠定了基础。人口老龄化是今后较长一段时期我国的基本国情，“十四五”时期我国养老、托育服务体系建设面临的需求更为迫切。主要表现为，老龄化程度持续加深，高龄和失能失智老人数量不断增多，养老服务需求持续增长，对服务能力和质量提出更高要求；托育服务对于减轻家庭生育养育负担，促进人口长期均衡发展的作用日益凸显，而当前托育服务仍处

① 国家发展改革委民政部国家卫生健康委关于修订印发《“十四五”积极应对人口老龄化工程和托育建设实施方案》的通知［EB/OL］.（2024-04-04）［2024-08-30］.https://www.gov.cn/zhengce/zhengceku/202404/content_6943517.htm.

于起步阶段，既面临需求不断扩大、投资快速增长的发展机遇，也面临设施缺口大、运营成本高、人才供给不足等挑战。“十四五”时期是实现“两个一百年”奋斗目标的历史交汇期，是全面建成小康社会后迈向基本实现社会主义现代化的关键阶段，是积极应对人口老龄化的重要战略机遇期。加强养老、托育服务体系建设，是在发展中保障和改善民生的基础性工程，是贯彻落实全面建设社会主义现代化强国任务要求的具体实践，对于实现老有所养、幼有所育，不断满足人民日益增长的美好生活需要具有重要意义。

（二）总体思路

1. 指导思想

以习近平新时代中国特色社会主义思想为指导，全面贯彻党的二十大和历次全会精神，坚持以人民为中心的发展思想，深入实施积极应对人口老龄化国家战略，落实二十届中央财经委员会第一次会议以人口高质量发展支撑中国式现代化的要求，进一步深化养老托育领域供给侧结构性改革，注重普惠性、基础性、兜底性，扩大服务供给，提升服务质量，完善服务体系，更好实现社会效益和经济效益相统一，逐步满足人民群众多层次、多样化需求，促进广大家庭和谐幸福、经济社会持续发展。

2. 发展目标

到 2025 年，在中央和地方共同努力下，坚持补短板、强弱项、提质量，进一步改善养老、托育服务基础设施条件，推动设施规范化、标准化建设，增强兜底保障能力，增加普惠性服务供给，提升养老、托育服务水平，逐步构建居家社区机构相协调、医养康养相结合的养老服务体系，健全县乡村衔接的三级养老服务网络，不断发展和完善托育服务体系。

3. 基本原则

（1）坚持统筹规划，科学布局。充分考虑本地国土空间规划、服务人口和半径等情况，优化资源配置，统筹“一老一小”服务设施数量、规模和布局，推动人民群众就近就便享受服务。

（2）坚持保障基本，适度普惠。强化政府保基本兜底线职能，补齐重点人群、重点领域、重点地区设施建设短板。引导发展质量有保障、价格可承受、方便可及的普惠养老、托育服务。

（3）坚持地方为主，中央支持。地方要切实履行好“一老一小”服务体系建设的主体责任。中央预算内投资发挥引导和带动作用，尽力而为、量力而行，建立激励机制，鼓励地方真抓实干。

（4）坚持改革创新，整体推进。创新优化中央预算内投资安排方式，以投资换机制，带动地方制定实施“一老一小”整体解决方案，明确目标责任，健全工作机制，优化发展环境。

（三）建设任务和建设标准

1. 建设任务

（1）养老服务体系。一是建设连锁化、标准化的居家社区养老服务网络，提供失能照护、老年食堂以及助浴助洁助医助行等服务。二是公办机构能力提升。新建或改扩建公办养老服务机构，提升公办养老服务机构护理能力，强化对失能失智特困老年人的兜底保障。支持医疗资源富余地区的病床使用率较低的公立医疗卫生机构通过新建或改扩建医养结合服务设施，提供医养结合服务。三是扩大普惠性养老服务供给，支持示范项目建设，支持培训疗养机构改革转型发展养老。

（2）托育服务体系。一是新建或利用现有机构设施、空置场地等改扩建，支持建设托育综合服务中心和公办托育服务网络。二是扩大普惠性托育服务供给，支持示范项目建设，探索发展家庭育儿共享平台等新模式新业态。

（3）落实重大决策部署的建设项目。党中央、国务院做出重大决策部署以及中央领导同志要求国家发展改革委落实的养老、托育服务重大工程和重大项目，现有建设任务暂未覆盖的，可另行制定具体实施方案，纳入积极应对人口老龄化工程和托育建设统筹实施。

2. 建设标准

各地要科学规划公办养老、托育服务设施建设的用地、面积、功能和装备结构，参照《老年人照料设施建筑设计标准》（JGJ 450—2018）、《老年养护院建设标准》（建标 144—2010）、《托儿所、幼儿园建筑设计规范》（JGJ 39）、《托育综合服务中心建设指南（试行）》、《托育服务机构设置标准（试行）》等标准规范，合理确定项目建设内容和建设规模，避免铺张浪费、贪大求洋。普惠养老服务设施建设的功能布局、参数设置等可参考《老年养护院建设标准》（建标 144—2010）相关规定，普惠托育服务设施建设的功能布局、参数设置等可参考相关标准规范，结合本地实际合理设定建设内容和建设规模。建筑环境及消防设施配置要符合《建筑设计防火规范》（GB 50016—2018版）、《建筑灭火器配置设计规范》（GB 50140）、《消防安全标志》（GB 13495）、《消防控制室通用技术要求》（GB 25506—2010）、《养老机构消防安全管理规定》（民发〔2023〕37 号）、《养老机构重大事故隐患判定标准》（民办发〔2023〕13 号）、《托育机构消防安全指南（试行）》（国卫办人口函〔2022〕21 号）等相关标准规范要求。

（四）项目遴选要求

积极应对人口老龄化工程和托育建设专项项目遴选过程中，优先考虑京津冀协同发展、长江经济带发展、粤港澳大湾区建设、长三角一体化发展、海南全面深化改革开放、黄河流域生态保护和高质量发展等国家区域重大战略以及成渝地区双城经济圈建设要求，并积极向脱贫地区、民族地区、边境地区、革命老区等重点地区倾斜。同时，还要符合以下项目建设和测算要求。

1. 公办养老服务能力提升项目

（1）公办居家社区养老服务网络建设项目。支持多个公办社区养老服务机构组网建设运营，单个机构建设（含新建、改扩建）床位不少于 30 张护理型床位，床均面积宜在 30~40 平方米之间。有条件的机构可结合需求适当增加建设面积，拓展面向社会的老年助餐、老年大学等服务功能。鼓励采取公建民营、购买服务等方式，提升养老服务运营效率。

（2）公办养老服务机构（含特困人员供养服务机构）建设项目。建设（含新建、改扩建）床位宜在 500 张以内，床均面积宜在 42.5~50 平方米之间。有条件的机构可结合需求适当增加建设面积，拓展面向社会的老年助餐、老年大学等服务功能。除土建工程外，在相关部门研究制订服务设施配置设备选配清单后，可结合实际从清单中购置设备包，一般不超过项目总投资的 30%。鼓励采取公建民营、购买服务等方式，提升养老服务运营效率。

（3）公立医疗卫生机构医养结合服务能力建设项目。支持医疗资源富余地区的病床使用率较低的公立医疗卫生机构开展医养结合服务，建设（含新建、改扩建）的医养结合服务设施应相对独立，床均面积宜在 42.5~50 平方米之间。鼓励有条件的机构提供居家和社区医养结合服务。除土建工程外，在相关部门研究制订服务设施配置设备选配清单后，可结合实际从清单中购置设备包，一般不超过项目总投资的 30%。以上公办养老服务能力提升项目的设计及实施要坚持兜底性、普惠性导向，平均投资参照 5 000 元/平方米的标准测算，不足测算标准的按实际计算。

2. 普惠养老城企联动专项行动

通过新建养老服务设施，以及改扩建适宜的培训疗养设施、厂房、医院、闲置校舍、办公用房及其他设施等方式，中央预算内投资重点支持以下2类项目：

（1）支持示范性普惠养老服务机构建设。支持社会力量建设专业化、规模化、医养结合能力突出的养老服务机构，积极拓展老年助餐服务功能。各省优中选优，提供充分的支撑性材料，并完善事中事后监督管理，跟进掌握后续运营情况，适时组织调研评估工作，确保资金使用规范、发挥效益。项目所在城市要与参加主体签订合作协议，推动项目产生示范带动效应。

（2）支持党政机关和国有企事业单位所属培训疗养机构转型发展普惠养老项目。《关于党政机关和国有企事业单位培训疗养机构改革的指导意见》（中办发〔2016〕60号）提出，通过改革有效盘活国有资产存量，加快转型发展，促进公共资源向社会开放，支持转向健康养老等新型服务业。《关于推进党政机关和国有企事业单位培训疗养机构转型为养老服务设施的实施意见》（发改体改〔2020〕156号）进一步明确将培训疗养机构转型为养老服务设施作为改革的主要方向。按照以上文件要求，对于中央所属培训疗养机构转型项目，可通过完成“先接后交”手续，视同资产承接方已具备项目产权或使用权，组织申报中央预算内投资，各地要加大政策支持和协调推进力度。同时，对于完成资产交接、前期手续完备、符合中央预算内投资相关要求的地方所属培训疗养机构转型项目，成熟一批、储备一批，积极纳入支持范围。

3. 公办托育服务能力建设项目

（1）托育综合服务中心建设项目。以托育综合服务中心为枢纽，支持各地加快形成“1+N”托育服务体系。参照《托育综合服务中心建设指南（试行）》，结合本地实际合理确定项目建设内容和建设规模，设置一定规模的托位，并提供托育从业人员培训、托育机构管理咨询、托育产品研发和创新设计、家庭养育指导及婴幼儿早期发展等服务。除土建工程外，在相关部门研究制订服务设施配置设备选配清单后，可结合实际从清单中购置设备包，一般不超过项目总投资的30%。

（2）公办托育服务网络建设项目。支持公办托育服务机构建设，支持机关事业单位利用自有土地或设施新建、改扩建托育服务设施。支持依托多个社区组网建设的连锁化、专业化公办托育服务机构项目。支持符合条件的公办幼儿园整体改扩建为公办托育服务机构或建设（含新建、改扩建）托育服务设施实行“一园两制”（同时备案托育机构）。以上公办托育服务能力建设项目，平均投资参照5000元/平方米的标准测算，不足测算标准的按实际计算。鼓励采取公建民营、购买服务等方式，提升托育服务运营效率。

4. 普惠托育服务专项行动

培育承担一定指导功能的示范性托育服务机构，新建、改扩建一批连锁化、专业化的托育服务设施，提供全日托、半日托、计时托、临时托等多样化的普惠托育服务，发展互联网直播互动式家庭育儿服务，鼓励开发婴幼儿养育课程、父母课堂等。各省优中选优，提供充分的支撑性材料，并完善事中事后监督管理，跟进掌握后续运营情况，适时组织调研评估工作，确保资金使用规范、发挥效益。项目所在城市要与参加主体签订合作协议，推动项目产生示范带动效应。

5. 产粮大县养老托育服务设施项目

支持产粮大县的公办养老服务机构（含特困人员供养服务机构）建设项目和公办托育服务机构建设项目。具体支持范围、项目遴选和补助标准等参照《积极应对人口老龄化工程和托育建设中央预算内投资专项管理办法产粮大县方向补充管理规定》执行。

（五）资金安排

1. 资金渠道

“十四五”积极应对人口老龄化工程和托育建设相关项目的实施责任主体负责落实建设资金，国家发展改革委将根据国家财力状况统筹安排中央预算内投资，逐年安排，滚动实施。建设任务可根据中央预算内投资安排情况和项目执行情况展期实施。地方政府、项目单位等要发挥主体责任，多渠道筹措资金，加大投入，加强规划组织实施。原则上，中央预算内投资重点布局支持省、市级（含区）养老托育服务体系建设。为推动完成《中华人民共和国国民经济和社会发展第十四个五年规划和2035年远景目标纲要》关于托育服务发展的目标要求，中央预算内投资支持县城公办托育服务能力建设项目。为贯彻落实党中央、国务院决策部署，健全县乡村衔接的三级养老服务网络，中央预算内投资支持三级养老服务网络中的县级养老服务中心建设，为贯彻落实党中央、国务院决策部署，健全粮食主产区利益补偿机制，中央预算内投资支持产粮大县的公办养老服务机构和公办托育服务机构项目。

2. 中央预算内投资支持标准

（1）公办养老服务能力提升项目，中央预算内投资原则上按照东、中、西、东北地区（含根据国家相关政策享受中、西部政策的地区）分别不超过平均总投资的40%、60%、80%、80%的比例进行支持（产粮大县方向另行规定）。其中，对低于平均总投资的项目，按照实际投资给予相应比例的补助；对高于平均总投资的项目，超出部分投资由各地自行解决。对于南疆四地州、涉藏地区、享受中西部待遇等政策地区的项目按有关规定执行。

（2）普惠养老城企联动专项行动，采用定额补助的方式，按每张养老床位5万元的标准给予支持。

（3）公办托育服务能力建设项目，中央预算内投资原则上按照东、中、西、东北地区（含根据国家相关政策享受中、西部政策的地区）分别不超过平均总投资的40%、60%、80%、80%的比例进行支持（产粮大县方向另行规定）。其中，对低于平均总投资的项目，按照实际投资给予相应比例的补助；对高于平均托位建设投资或平均总投资的项目，超出部分投资由各地自行解决。对于南疆四地州、涉藏地区、享受中西部待遇等政策地区的项目按有关规定执行。

（4）普惠托育服务专项行动建设项目，采用定额补助的方式，按每个新增托位2万元的标准给予支持。

3. 资金下达方式

积极应对人口老龄化工程和托育建设专项中央预算内投资全部按项目下达。

（六）创新机制

1. 鼓励制定并承诺实施一揽子解决方案

各地要统一规划养老、托育服务体系建设，制定城市“一老一小”等整体解决方案，区分基本公共服务和非基本公共服务，对于基本养老服务，明确受益范围和基础标准，体现政府责任；对于非基本公共服务，提出发展目标，加大对社会力量的支持，谋划一批普惠养老和普惠托育服务项目，明确项目的类型、规模、融资方式、服务人群及计划开工时间等内容，扩大有效供给；引导社会力量提供适老化技术和产品，推广老年人居家适老化改造。普惠养老、普惠托育参与城市要出台政策支持包，与参加主体签订合作协议，将政策支持包落实到城企联动具体项目，保障参加主体享受到承诺的优惠政策，并明确参加主体责任。各地加强对整体解决方案的组织实施，列入方案的项目可集中申请中央预算内投资支持。

2. 鼓励明确项目运行方案

申请中央预算内投资支持的养老、托育项目要“软”“硬”结合，统筹考虑项目建设和运行，根据规定的标准和程序开展项目建设，鼓励在项目实施前形成项目运行方案，明确服务对象、内容、价格、模式以及人员、资金、设备设施保障等，确保项目建成后服务设施持续运行和良性发展。

3. 鼓励培育运营能力强的服务机构

鼓励通过公建民营、民办公助等方式，引导社会力量参与推动养老、托育服务设施建设和运营，通过开展运营能力评价等方式，支持实力雄厚、项目优质、诚实守信的龙头机构，推动提升服务质量。

4. 引进金融机构降低企业成本

引导金融机构对普惠养老、普惠托育企业和机构提供金融支持，鼓励银行、保险、基金等各类金融机构参与合作，充分发挥“投贷债租证”协同作用，对普惠养老、普惠托育专项行动提供多样化金融服务，降低企业和机构建设运营成本。引导战略合作机构积极对接项目，并针对性开展金融产品创新。

（七）保障措施

1. 加强组织领导

国家发展改革委、民政部、国家卫生健康委等负责实施方案编制、组织实施和监督检查。国家发展改革委和民政部负责推进公办居家社区养老服务网络建设项目和公办养老服务机构能力提升项目。国家发展改革委、国家卫生健康委和民政部负责推进公立医疗卫生机构医养结合服务能力建设项目。国家发展改革委、民政部和国家卫生健康委负责推进普惠养老城企联动专项行动。国家发展改革委和国家卫生健康委负责推进公办托育服务能力建设项目和普惠托育服务专项行动。各地要充分发挥政府主导作用，将积极应对人口老龄化工程和托育建设摆上政府重要议事日程，纳入政府目标管理。各级民政、卫生健康部门要加强各自领域内项目建设管理，确保养老、托育设施规范运行、发挥效益。

2. 严格项目管理

按照《国家发展改革委关于加强政府投资项目储备编制三年滚动投资计划的通知》（发改投资〔2015〕2463 号）、《国家发展改革委办公厅关于使用国家重大建设项目库加强项目储备编制三年滚动投资计划有关问题的通知》（发改办投资〔2015〕2942 号）要求，做好与三年滚动投资计划的衔接，并录入重大建设项目库，对不符合条件的项目不列入年度投资计划。按照国家发展改革委社会领域相关专项管理办法要求做好各项工作。项目单位被列入严重失信主体名单的，国家发展改革委不予受理其资金申请报告。严格执行项目法人责任制、招标投标制、工程监理制和合同管理制等建设管理的法律法规，加强设施建设监管，项目建设资金应足额及时到位，保证建设质量。完善项目事中事后监督管理，持续跟进掌握项目后续运营情况，适时组织项目调研、评估工作。各地要加强项目竣工验收，适时将年度投资计划竣工验收情况上报国家发展改革委、民政部、国家卫生健康委。

3. 强化多元投入

各地要切实履行主体责任，多渠道筹措资金，用好地方政府专项债、地方财政性建设资金等，积极引导社会资本有序投入，加强“一老一小”服务体系建设。要切实履行公立医疗卫生机构开展医养结合服务的投入和保障主体责任，多渠道落实建设资金，杜绝公立医疗卫生机构负债建设，减轻医疗卫生机构经济运营压力。

4. 建立保障机制

各地要贯彻落实国家养老、托育服务政策措施，进一步制定出台相关保障措施。要管好用好养老、托育服务设施，完善配套服务功能。要健全综合监管体系，增加人力资源供给，健全服务规范，保障运行经费，发挥项目建设效益。

5. 加强监督评估

各地要建立项目动态监督检查机制。国家发展改革委将会同民政部、国家卫生健康委按照有关规定加强项目督查，推动开展投资成本和效益的综合评估，及时总结各地实施情况。国家发展改革委将对各省年度专项绩效执行情况进行检查，对绩效目标完成情况较差、投资计划分解进度和执行情况综合评价排名靠后、审计查出问题较多或问题严重的省份，视情况扣减下一年度投资下达规模。

四、养老托育服务业纾困扶持若干政策措施

促进养老托育服务健康发展，解决好“一老一小”问题，对保障和改善民生、促进人口长期均衡发展具有重要意义。受新型冠状病毒感染疫情等因素影响，养老托育服务业面临较多困难。为切实推动养老托育服务业渡过难关、恢复发展，更好满足人民群众日益增长的养老托育服务需求，经国务院同意，国家发展改革委、教育部、科技部、民政部、财政部、人力资源社会保障部等 13 个部门于 2022 年 8 月 29 日联合印发了《养老托育服务业纾困扶持若干政策措施》①（以下简称《政策措施》）。

（一）房租减免措施

（1）养老服务机构和托育服务机构（以下简称养老托育服务机构）属于中小微企业和个体工商户范畴、承租国有房屋的，一律免除租金到 2022 年底。其中承租国有经营用房的，各地区可在此基础上研究出台进一步减免措施。教育、科研等系统的有关单位和机构出租房屋的，鼓励其对养老托育服务小微企业和个体工商户进行租金减免。出租人减免租金的可按规定减免当年房产税、城镇土地使用税，对减免养老托育小微企业和个体工商户承租人房屋租金的出租人，鼓励国有银行按照其资质水平和风险水平给予优惠利率质押贷款等支持。因减免租金影响国有企事业单位业绩的，在考核中根据实际情况予以认可。

（2）鼓励非国有房屋租赁主体在平等协商的基础上合理分担疫情带来的损失。非国有房屋减免租金的出租人可同等享受上述各项政策优惠。有条件的地方要采取管用举措，支持非国有房屋出租人减免租金。

（3）鼓励各地探索将街道社区公共服务设施、国有房屋等物业以适当方式转交政府集中改造利用，免费或低价提供场地，委托专业化养老托育服务机构经营。对存在房屋租金支付困难的养老托育服务机构，鼓励合同双方通过平等协商方式延期收取。探索允许空置公租房免费提供给社会力量供其在社区为老年人开展助餐助行、日间照料、康复护理、老年教育等服务。

（二）税费减免措施

（4）2022 年，各地对符合条件的养老托育服务机构按照 50%税额顶格减征资源税、城市维护建

① 国家发展改革委等部门印发《养老托育服务业纾困扶持若干政策措施》的通知[EB/OL].(2022-08-31)[2024-08-30].https://www.gov.cn/zhengce/zhengceku/2022-08/31/content_5707518.htm。

设税、房产税、城镇土地使用税、印花税（不含证券交易印花税）、耕地占用税和教育费附加、地方教育附加等“六税两费”。

（5）养老托育服务机构可按规定享受《关于养老、托育、家政等社区家庭服务业税费优惠政策的公告》（财政部税务总局发展改革委民政部商务部卫生健康委公告 2019 年第 76 号）规定的税费优惠政策。

（6）养老托育行业纳税人可按规定享受按月全额退还增量留抵税额、一次性全额退还存量留抵税额的留抵退税政策。

（7）严格落实养老托育服务机构用电、用水、用气、用热按居民生活类价格执行的政策，鼓励地方 2022 年视情给予进一步减免优惠。落实对受疫情影响封闭管理的养老托育服务机构用电、用水、用气“欠费不停供”政策，设立 6 个月费用缓缴期，并可根据本地实际进一步延长，缓缴期间免收欠费滞纳金。养老托育服务机构申请办理电、水、气、热等业务，实行限时办结制度。

（三）社会保险支持措施

（8）延续实施阶段性降低失业保险、工伤保险费率政策。对不裁员、少裁员的养老托育服务机构，实施普惠性失业保险稳岗返还政策。

（9）受疫情影响经营出现暂时困难的养老托育服务机构，可申请阶段性缓缴养老保险、失业保险、工伤保险单位缴费部分，缓缴期间免收滞纳金。对符合条件的养老托育服务机构，“免申即享”缓缴职工医保单位缴费 3 个月，缓缴期间免收滞纳金。

（10）以个人身份参加企业职工基本养老保险的养老托育服务机构从业人员、养老服务从业人员等各类灵活就业人员，2022 年缴纳费款确有困难的，可自愿暂缓缴费，2022 年未缴费月度可于 2023 年底前进行补缴，缴费基数在 2023 年当地个人缴费基数上下限范围内自主选择，缴费年限累计计算。

（四）金融支持措施

（11）开展普惠养老专项再贷款试点，支持金融机构通过融资信用服务平台网络向普惠养老服务机构提供贷款，根据试点情况，在对政策进行评估完善后进一步扩大试点范围。

（12）引导商业银行等金融机构继续按市场化原则与养老托育领域的中小微企业（含中小微企业主）和个体工商户自主协商，对其贷款实施延期还本付息，努力做到应延尽延，延期还本付息日期原则上不超过 2022 年底。

（13）鼓励地方结合财力实际，给予养老托育服务机构贷款贴息支持，缓解养老托育服务机构融资困难。

（14）鼓励政府性融资担保机构按市场化原则为养老托育服务机构提供融资增信支持，积极为受疫情影响企业提供融资担保支持。支持地方结合财力实际向政府性融资担保机构注资、提供融资担保费用补贴。

（15）养老服务机构的综合责任保险承保机构，2022 年对养老服务机构提升理赔效率、应赔尽赔。鼓励地方通过政府购买服务，按照竞争择优原则，为托育服务机构提供相关保险。对 2022 年被列为疫情中高风险区所在的县级行政区域内的养老托育服务机构，鼓励保险机构在风险可控、市场化和商业自愿前提下，根据实际情况适当延长保单到期日或延期收取保费。

（16）支持符合条件的养老企业发行公司信用类债券，拓宽养老企业多元化融资渠道。

（五）防疫支持措施

（17）地方各级人民政府应在物资调配、转运隔离、医疗救治等疫情防控工作部署方面对养老托育服务机构予以倾斜，提供技术支持和必要保障。

（18）地方各级人民政府根据疫情防控规定组织辖区内养老托育服务机构定期开展核酸检测，并视情况增加检测频次。养老托育服务机构按规定储备必备防疫物资，引导公益慈善组织为养老托育服务机构捐赠防疫物资。

（19）对因疫情防控要求实施封闭管理、无法正常运营的养老托育服务机构的防疫物资、消杀支出，地方人民政府可给予适当支持。

（20）地方各级民政部门视疫情情况，除涉及安全管理情况外，适度考虑疫情对养老服务机构满意度评价的影响，合理调整运营补贴发放条件，推动及时足额发放运营补贴。

（六）其他支持措施

（21）中央预算内投资加大对养老托育设施建设支持力度，将养老托育设施建设项目纳入地方政府专项债券支持范围。鼓励各地优先通过公建民营方式，引导运营能力强的机构参与养老托育设施建设和运营，减轻养老托育服务机构建设投入成本，提升服务质量。

（22）地方各级人民政府组织心理医生、社会工作者等团队，通过现场或视频方式，根据需要及时为不具备心理咨询条件的养老服务机构提供心理疏导服务，帮助缓解入住老年人及员工因长期封闭出现的焦虑等心理健康问题。

（23）鼓励餐饮企业为不具备餐饮自制能力的养老服务机构和居家养老的老年人提供助餐服务，地方可结合实际因地制宜对老年人助餐服务给予适当支持。

（24）鼓励家政企业积极参与规范化居家上门养老托育服务，有效提升社区居家养老托育服务水平。鼓励地方探索对参与养老托育服务的家政企业给予适当支持。

（25）支持养老托育服务机构探索新业态、发展新模式。地方各级人民政府引导养老托育服务机构线上线下融合发展，支持养老领域企业发展智慧养老模式，帮助对接互联网医疗、康复辅助器具制造等资源，提供智慧化服务；支持托育服务机构创新服务形式，发展互联网直播互动式家庭育儿服务，鼓励开发婴幼儿养育课程、父母课堂等，拓展线上服务。有条件的地方可结合实际探索发放养老托育服务消费券。

（26）支持养老托育服务机构依托职业院校共建产教融合实训基地，中央预算内投资按照“十四五”教育强国推进工程有关要求予以支持。探索工学一体化的培训模式，推动解决养老托育行业用工难问题。

各地区要结合实际情况和养老托育服务业领域特点，抓好政策贯彻落实，明确各项政策措施申请条件和实施路径，充分发挥全国一体化政务服务平台“助企纾困服务专区”等数字化平台作用，及时跟踪研判相关困难行业恢复情况，出台有针对性的专项配套支持政策，确保政策有效传导至市场主体。各有关部门要各负其责、加强配合，及时协调解决政策落实中的难点堵点问题，主动回应社会关切。国家发展改革委、民政部、国家卫生健康委等部门牵头统筹协调，会同相关方面做好政策解读和宣传引导，加大力度推动政策措施细化落实，不断做好行业运行形势分析和政策储备研究。充分发挥行业组织桥梁纽带作用，做好相关指导服务工作，反馈行业发展共性问题和政策落实情况。

本章习题

第一节习题

一、填空题

1.《指导意见》指出，到2025年，婴幼儿照护服务的________体系和________体系基本健全，______化、______化、覆盖______的婴幼儿照护服务体系基本形成。

2. 人的社会化进程始于________，儿童监护抚养是父母的______和______，家庭对婴幼儿照护负________责任。

3.《指导意见》指出，各类婴幼儿照护服务机构可根据家庭的实际需求，提供______、______、______、______等多样化的婴幼儿照护服务。

4.《实施方案》指出，支持面向________的普惠性托育服务项目，为婴幼儿家庭提供______有保障、______可承受、______可及的托育服务。

5.《实施方案》指出，3岁以下托育服务属于________________服务范围，是地方政府事权，要坚持社会化发展托育服务，围绕“____________、____________、____________、____________”，深入开展城企合作。

二、单项选择题

1.《指导意见》指出，鼓励支持有条件的幼儿园开设托班，招收（　　）的幼儿。

A. 0至3岁　　B. 1至2岁　　C. 1至3岁　　D. 2至3岁

2.（　　）对婴幼儿照护负主体责任。

A. 家庭　　B. 父母　　C. 监护人　　D. 托育机构

3.《指导意见》指出，大力推动婴幼儿照护服务发展，（　　）支持普惠性婴幼儿照护服务机构。

A. 积极　　B. 持续　　C. 优先　　D. 重点

4. 根据《指导意见》，到2025年，婴幼儿照护服务的政策法规体系和标准规范体系（　　）。

A. 初步建立　　B. 逐步完善　　C. 基本健全　　D. 健全完善

5.《指导意见》指出，以（　　）为重点，建立健全覆盖全生命周期的人口服务体系。

A. “一大一小”　　B. “一老一小”　　C. “老小兼顾”　　D. “老小同步”

三、多项选择题

1.《指导意见》指出，遵循婴幼儿成长特点和规律，促进婴幼儿在身体发育、（　　）等方面的全面发展。

A. 动作　　B. 语言　　C. 认知　　D. 情感与社会性

2. 国家通过中央预算内投资，重点支持（　　）托育服务设施建设。

A. 承担一定指导功能的示范性托育服务机构

B. 妇女儿童活动中心

C. 早期教育指导中心

D. 社区托育服务设施

3. 高等院校和职业院校（含技工院校）要根据需求开设婴幼儿照护相关专业，合理确定（　　），将安全照护等知识和能力纳入教学内容，加快培养婴幼儿照护相关专业人才。

A. 招生规模　　B. 课程设置　　C. 教学内容　　D. 教师学历

4. 根据《实施方案》，关于 3 岁以下托育服务属于何种性质范围说法错误的是（　　）。

A. 公共服务　　B. 教育服务　　C. 基本公共服务　　D. 非基本公共服务

5. 大力发展多种形式的普惠服务，包括（　　）等形式。

A. 支持有条件的用人单位为职工提供托育服务

B. 鼓励国有企业等主体积极参与各级政府推动的普惠托育服务体系建设

C. 支持家政企业扩大育儿服务

D. 鼓励和支持有条件的幼儿园招收 2 至 3 岁幼儿

四、判断题

1. 儿童监护抚养是父母的法定责任和义务。（　　）

2. 将婚嫁、生育、养育、教育一体考虑，体现了以人民为中心理念。（　　）

3. 3 岁以下托育服务是地方政府事权。（　　）

4. 《决定》指出，提倡适龄婚育、优生优育，实施三孩生育政策。（　　）

5. 在“十四五”期间，中央预算内投资支持开展 10 个左右儿科类国家区域医疗中心建设项目。（　　）

五、简答题

1. 《指导意见》提出的 3 岁以下婴幼儿照护服务发展的基本原则是什么？

2. 进一步适应人口形势新变化和推动高质量发展新要求，实施三孩生育政策及配套支持措施有哪些重要意义？

第二节习题

一、填空题

1. 《公告》要求，提供社区养老、托育、家政服务取得的收入，免征______税。承受房屋、土地用于提供社区养老、托育、家政服务的，免征______税。

2. 《公告》指出，社区托育服务是指为 3 周岁（含）以下婴幼儿提供的________、________、________、________等服务。

3.《意见》指出，深化校企合作，培育________型企业，支持________建设，推行养老托育“____________”和“____________”培训模式。

4. 促进养老托育服务健康发展，有利于改善________，有利于促进家庭________，有利于培育经济发展________。

5.《政策措施》规定，养老托育行业纳税人可按规定享受按月全额退还____________、一次性全额退还________________的留抵退税政策。

二、单项选择题

1. 提供社区养老、托育、家政服务取得的收入，在计算应纳税所得额时，减按（　　）计入收入总额。

A. 80%　　B. 85%　　C. 90%　　D. 95%

2 为社区提供养老、托育、家政等服务的机构自有或其通过承租、无偿使用等方式取得并用于提供社区养老、（　　）、家政服务的房产、土地，免征房产税、城镇土地使用税。

A. 托育　　B. 公益　　C. 卫生健康　　D. 餐饮业

3. 支持在社区综合服务设施开辟空间用于“（　　）”服务，探索允许空置公租房免费提供给社会力量供其在社区为老年人开展助餐助行、日间照料、康复护理、老年教育等服务。

A. 养老　　B. 托育　　C. 卫生健康　　D. 一老一小

4. 为社区提供家政服务的机构，是指以（　　）为服务对象，为社区居民提供家政服务的企业、事业单位和社会组织。

A. 老人　　B. 婴幼儿　　C. 家庭　　D. 一老一小

5. 加强公办和公建民营养老机构建设，坚持（　　）属性，切实满足特困人员集中供养需求。建立入住综合评估制度，结合服务能力适当拓展服务对象，重点为经济困难的失能失智、高龄、计划生育特殊家庭老年人提供托养服务。

A. 营利　　B. 非营利　　C. 公益　　D. 社会

三、多项选择题

1. 提供社区（　　）服务取得的收入，免征增值税。

A. 养老　　B. 托育　　C. 家政　　D. 餐饮业

2. 财政、税费征收机关可根据工作需要与（　　）等部门建立信息共享和工作配合机制。

A. 民政　　B. 卫生健康　　C. 行政　　D. 商务

3. 推进（　　）等信息技术和智能硬件的深度应用，促进养老托育用品制造向智能制造、柔性生产等数字化方式转型。

A. 互联网　　B. 大数据　　C. 人工智能　　D. 5G

4. 建立常态化督查机制，督促专项规划或实施方案的编制和实施，确保新建住宅小区与配套养老托育服务设施（　　）。

A. 同步规划　　B. 同步建设　　C. 同步验收　　D. 同步交付

5.《实施方案》指出，支持依托多个社区组网建设（　　）公办托育服务机构项目。

A. 一体化　　B. 连锁化　　C. 专业化　　D. 标准化

四、判断题

1.《公告》所称社区是指城市社区，不包括农村社区。（　　）

2. 《意见》指出，强化政府保基本兜底线职能，健全基本养老服务体系。(　　)

3. 《意见》指出，强化家庭赡养老年人和监护婴幼儿的主体责任，落实监护人对孤寡老人、遗弃儿童的监护责任。(　　)

4. 养老、托育服务机构是履行好“一老一小”服务体系建设的主体。(　　)

5. 政府引导发展质量有保障、价格可接受、方便可及的普惠养老、托育服务。(　　)

五、简答题

1. 根据《意见》，简要说明健全老有所养、幼有所育的政策体系的具体措施。

2. 根据《意见》，说明拓宽普惠性服务供给渠道有哪些。

第三章 婴幼儿托育服务标准规范体系

第一节 托育机构设置与管理标准规范

为加强托育机构专业化、规范化建设，按照《国务院办公厅关于促进 3 岁以下婴幼儿照护服务发展的指导意见》（国办发〔2019〕15 号）的要求，国家卫生健康委等相关部门制定了托育机构设置与管理、托育机构建筑设计、保育指导、消防与安全、人员培训、托育机构质量评估、发展服务指南等方面的标准与规范，从制度上推进了托育机构的高质量发展。

导入思考

2022 年某日，有群众向天津市河东区卫健委反映，某托育机构未经许可私自营业。执法人员当日即对该机构进行监督检查并了解相关情况。该机构营业执照经营范围为“一般项目：托育服务”。现场见该机构正在为 3 岁以下幼儿提供托育服务，但该机构不能出示向区卫健委备案的证明。据此，执法人员固定证据，下达《卫生监督意见书》，责令其立即停止托育服务，尽快完备手续。经过调查核实，该机构未向卫生健康主管部门备案开展托育服务，其行为不符合《托育机构管理规范（试行）》第四条的要求。依据《中华人民共和国人口与计划生育法》第二十八条第三款之规定，卫生健康主管部门对该机构立案，依据《中华人民共和国人口与计划生育法》第四十一条第一款的规定下达了《行政处罚决定书》，给予警告的行政处罚。

思考：

1. 《中华人民共和国人口与计划生育法》《托育机构管理规范（试行）》对托育机构的备案是如何规定的？

2. 根据《中华人民共和国人口与计划生育法》，托育机构违反备案要求应承担哪些法律责任？

一、托育机构设置标准（试行）

为加强托育机构专业化、规范化建设，按照《国务院办公厅关于促进 3 岁以下婴幼儿照护服务发展的指导意见》（国办发〔2019〕15 号）的要求，国家卫生健康委于 2019 年 10 月 8 日发布了《托育机构设置标准（试行）》《托育机构管理规范（试行）》①。其中，《托育机构设置标准（试行）》（以下简称《设置标准》）包括总则、设置要求、场地设施、人员规模、附则五章共二十四条，于发布之日起施行。

（一）总则

1. 制定目的和依据

第一条　为建立专业化、规范化的托育机构，根据《中华人民共和国未成年人保护法》等法律法规以及《国务院办公厅关于促进 3 岁以下婴幼儿照护服务发展的指导意见》，制定本标准。

2. 托育机构设置原则

第二条　坚持政策引导、普惠优先、安全健康、科学规范、属地管理、分类指导的原则，充分调动社会力量积极性，大力发展托育服务。

3. 适用范围

第三条　本标准适用于经有关部门登记、卫生健康部门备案，为 3 岁以下婴幼儿提供全日托、半日托、计时托、临时托等托育服务的机构。

（二）设置要求

1. 规划布局

第四条　托育机构设置应当综合考虑城乡区域发展特点，根据经济社会发展水平、工作基础和群众需求，科学规划，合理布局。

第五条　新建居住区应当规划建设与常住人口规模相适应的托育机构。老城区和已建成居住区应当采取多种方式完善托育机构，满足居民需求。

第六条　城镇托育机构建设要充分考虑进城务工人员随迁婴幼儿的照护服务需求。

第七条　在农村社区综合服务设施建设中，应当统筹考虑托育机构建设。

2. 设置形式

第八条　支持用人单位以单独或联合其他单位共同举办的方式，在工作场所为职工提供福利性托育服务，有条件的可向附近居民开放。

第九条　鼓励通过市场化方式，采取公办民营、民办公助等多种形式，在就业人群密集的产业聚集区域和用人单位建设完善托育机构。

第十条　发挥城乡社区公共服务设施的婴幼儿照护服务功能，加强社区托育机构与社区服务中心（站）及社区卫生、文化、体育等设施的功能衔接。

（三）场地设施

1. 场地要求

第十一条　托育机构应当有自有场地或租赁期不少于 3 年的场地。

第十二条　托育机构的场地应当选择自然条件良好、交通便利、符合卫生和环保要求的建设用地，远离对婴幼儿成长有危害的建筑、设施及污染源，满足抗震、防火、疏散等要求。

---

① 国家卫生健康委关于印发托育机构设置标准（试行）和托育机构管理规范（试行）的通知[EB/OL].(2019-10-14)[2024-08-30].https://www.nhc.gov.cn/rkjcyjtfzs/c100148/201910/59d0571f0f3e4aa98d099ad32ef968d5.shtml.

2. 建筑要求

第十三条　托育机构的建筑应当符合有关工程建设国家标准、行业标准，设置符合标准要求的生活用房，根据需要设置服务管理用房和供应用房。

第十四条　托育机构的房屋装修、设施设备、装饰材料等，应当符合国家相关安全质量标准和环保标准，并定期进行检查维护。

3. 家具、用具、玩具、图书和游戏材料等要求

第十五条　托育机构应当配备符合婴幼儿月龄特点的家具、用具、玩具、图书和游戏材料等，并符合国家相关安全质量标准和环保标准。

4. 室外活动场地要求

第十六条　托育机构应当设有室外活动场地，配备适宜的游戏设施，且有相应的安全防护设施。

在保障安全的前提下，可利用附近的公共场地和设施。

5. 安全防护设施设备要求

第十七条　托育机构应当设置符合标准要求的安全防护设施设备。

（四）人员规模

1. 人员资质及职责

第十八条　托育机构应当根据场地条件，合理确定收托婴幼儿规模，并配置综合管理、保育照护、卫生保健、安全保卫等工作人员。

托育机构负责人负责全面工作，应当具有大专以上学历、有从事儿童保育教育、卫生健康等相关管理工作 3 年以上的经历，且经托育机构负责人岗位培训合格。

保育人员主要负责婴幼儿日常生活照料，安排游戏活动，促进婴幼儿身心健康，养成良好行为习惯。保育人员应当具有婴幼儿照护经验或相关专业背景，受过婴幼儿保育相关培训和心理健康知识培训。

保健人员应当经过妇幼保健机构组织的卫生保健专业知识培训合格。

保安人员应当取得公安机关颁发的《保安员证》，并由获得公安机关《保安服务许可证》的保安公司派驻。

2. 托班规模

第十九条　托育机构一般设置乳儿班（6~12 个月，10 人以下）、托小班（12~24 个月，15 人以下）、托大班（24~36 个月，20 人以下）三种班型。

18 个月以上的婴幼儿可混合编班，每个班不超过 18 人。

每个班的生活单元应当独立使用。

3. 保育人员配备标准

第二十条　合理配备保育人员，与婴幼儿的比例应当不低于以下标准：乳儿班 1∶3，托小班 1∶5，托大班 1∶7。

4. 其他人员配备要求

第二十一条　按照有关托儿所卫生保健规定配备保健人员、炊事人员。

第二十二条　独立设置的托育机构应当至少有 1 名保安人员在岗。

（五）附则

第二十三条　各省、自治区、直辖市卫生健康行政部门可根据本标准制订具体实施办法。

第二十四条　本标准自发布之日起施行。

二、托育机构管理规范（试行）

为加强托育机构专业化、规范化建设，按照《国务院办公厅关于促进3岁以下婴幼儿照护服务发展的指导意见》（国办发〔2019〕15号）的要求，国家卫生健康委于2019年10月8日发布了《托育机构设置标准（试行）》《托育机构管理规范（试行）》①。其中，《托育机构管理规范（试行）》（以下简称《管理规范》）包括总则、备案管理、收托管理、保育管理、健康管理、安全管理、人员管理、监督管理和附则九章共四十二条，于发布之日起施行。

（一）总则

1. 制定目的和依据

第一条　为加强托育机构管理，根据《中华人民共和国未成年人保护法》等法律法规以及《国务院办公厅关于促进3岁以下婴幼儿照护服务发展的指导意见》，制定本规范。

2. 管理原则

第二条　坚持儿童优先的原则，尊重婴幼儿成长特点和规律，最大限度地保护婴幼儿，确保婴幼儿的安全和健康。

3. 适用范围

第三条　本规范适用于经有关部门登记、卫生健康部门备案，为3岁以下婴幼儿提供全日托、半日托、计时托、临时托等托育服务的机构。

（二）备案管理

1. 备案所需材料

第四条　托育机构登记后，应当向机构所在地的县级以上卫生健康部门备案，提交评价为“合格”的《托幼机构卫生评价报告》、消防安全检查合格证明、场地证明、工作人员资格证明等材料，填写备案书（见附件1）和承诺书（见附件2）。提供餐饮服务的，应当提交《食品经营许可证》。

2. 备案回执及告知书

第五条　卫生健康部门应当对申请备案的托育机构提供备案回执（见附件3）和托育机构基本条件告知书（见附件4）。

3. 备案变更及注销

第六条　托育机构变更备案事项的，应当向原备案部门办理变更备案。

第七条　托育机构终止服务的，应当妥善安置收托的婴幼儿和工作人员，并办理备案注销手续。

4. 备案公示

第八条　卫生健康部门应当将托育服务有关政策规定、托育机构备案要求、托育机构有关信息在官方网站公开，接受社会查询和监督。

（三）收托管理

1. 签订托育服务协议

第九条　婴幼儿父母或监护人（以下统称婴幼儿监护人）应当主动向托育机构提出入托申请，

---

① 国家卫生健康委关于印发托育机构设置标准（试行）和托育机构管理规范（试行）的通知[EB/OL].(2019-10-14)[2024-08-30].https://www.nhc.gov.cn/rkjcyjtfzs/c100148/201910/59d0571f0f3e4aa98d099ad32ef968d5.shtml.

并提交真实的婴幼儿及其监护人的身份证明材料。

第十条　托育机构应当与婴幼儿监护人签订托育服务协议，明确双方的责任、权利义务、服务项目、收费标准以及争议纠纷处理办法等内容。

2. 入托健康检查

第十一条　婴幼儿进入托育机构前，应当完成适龄的预防接种，经医疗卫生机构健康检查合格后方可入托；离开机构 3 个月以上的，返回时应当重新进行健康检查。

3. 收托婴幼儿信息管理采集、报送

第十二条　托育机构应当建立收托婴幼儿信息管理制度，及时采集、更新，定期向备案部门报送。

4. 家托合作、社区合作

第十三条　托育机构应当建立与家长联系的制度，定期召开家长会议，接待来访和咨询，帮助家长了解保育照护内容和方法。

托育机构应当成立家长委员会，事关婴幼儿的重要事项，应当听取家长委员会的意见和建议。托育机构应当建立家长开放日制度。

第十四条　托育机构应当加强与社区的联系与合作，面向社区宣传科学育儿知识，开展多种形式的服务活动，促进婴幼儿早期发展。

5. 托育服务信息公示

第十五条　托育机构应当建立信息公示制度，定期公示收费项目和标准、保育照护、膳食营养、卫生保健、安全保卫等情况，接受监督。

（四）保育管理

1. 生活管理

第十六条　托育机构应当科学合理安排婴幼儿的生活，做好饮食、饮水、喂奶、如厕、盥洗、清洁、睡眠、穿脱衣服、游戏活动等服务。

2. 喂养管理

第十七条　托育机构应当顺应喂养，科学制定食谱，保证婴幼儿膳食平衡。有特殊喂养需求的，婴幼儿监护人应当提供书面说明。

3. 户外活动管理

第十八条　托育机构应当保证婴幼儿每日户外活动不少于 2 小时，寒冷、炎热季节或特殊天气情况下可酌情调整。

4. 游戏活动

第十九条　托育机构应当以游戏为主要活动形式，促进婴幼儿在身体发育、动作、语言、认知、情感与社会性等方面的全面发展。

5. 情感交流

第二十条　游戏活动应当重视婴幼儿的情感变化，注重与婴幼儿面对面、一对一的交流互动，动静交替，合理搭配多种游戏类型。

6. 经验获取

第二十一条　托育机构应当提供适宜刺激，丰富婴幼儿的直接经验，支持婴幼儿主动探索、操作体验、互动交流和表达表现，发挥婴幼儿的自主性，保护婴幼儿的好奇心。

7. 日常记录和反馈制度

第二十二条　托育机构应当建立照护服务日常记录和反馈制度，定期与婴幼儿监护人沟通婴幼儿发展情况。

（五）健康管理

1. 环境卫生管理

第二十三条　托育机构应当按照有关托儿所卫生保健规定，完善相关制度，切实做好婴幼儿和工作人员的健康管理，做好室内外环境卫生。

2. 晨午检和全日健康观察

第二十四条　托育机构应当坚持晨午检和全日健康观察，发现婴幼儿身体、精神、行为异常时，应当及时通知婴幼儿监护人。

3. 家暴报案

第二十五条　托育机构发现婴幼儿遭受或疑似遭受家庭暴力的，应当依法及时向公安机关报案。

4. 疾病护理及预防

第二十六条　婴幼儿患病期间应当在医院接受治疗或在家护理。

第二十七条　托育机构应当建立卫生消毒和病儿隔离制度、传染病预防和管理制度，做好疾病预防控制和婴幼儿健康管理工作。

5. 工作人员健康体检

第二十八条　托育机构工作人员上岗前，应当经医疗卫生机构进行健康检查，合格后方可上岗。

托育机构应当组织在岗工作人员每年进行 1 次健康检查。在岗工作人员患有传染性疾病的，应当立即离岗治疗；治愈后，须持病历和医疗卫生机构出具的健康合格证明，方可返岗工作。

（六）安全管理

1. 安全管理主体责任

第二十九条　托育机构应当落实安全管理主体责任，建立健全安全防护措施和检查制度，配备必要的安保人员和物防、技防设施。

2. 婴幼儿接送制度

第三十条　托育机构应当建立完善的婴幼儿接送制度，婴幼儿应当由婴幼儿监护人或其委托的成年人接送。

3. 突发事件应急预案

第三十一条　托育机构应当制订重大自然灾害、传染病、食物中毒、踩踏、火灾、暴力等突发事件的应急预案，定期对工作人员进行安全教育和突发事件应急处理能力培训。

托育机构应当明确专兼职消防安全管理人员及管理职责，加强消防设施维护管理，确保用火用电用气安全。

托育机构工作人员应当掌握急救的基本技能和防范、避险、逃生、自救的基本方法，在紧急情况下必须优先保障婴幼儿的安全。

4. 建立监控体系

第三十二条　托育机构应当建立照护服务、安全保卫等监控体系。监控报警系统确保 24 小时设防，婴幼儿生活和活动区域应当全覆盖。

监控录像资料保存期不少于 90 日。

（七）人员管理

1. 资格条件

第三十三条　托育机构工作人员应当具有完全民事行为能力和良好的职业道德，热爱婴幼儿，身心健康，无虐待儿童记录，无犯罪记录，并符合国家和地方相关规定要求的资格条件。

2. 岗前培训和定期培训制度

第三十四条　托育机构应当建立工作人员岗前培训和定期培训制度，通过集中培训、在线学习等方式，不断提高工作人员的专业能力、职业道德和心理健康水平。

3. 法治教育

第三十五条　托育机构应当加强工作人员法治教育，增强法治意识。对虐童等行为实行零容忍，一经发现，严格按照有关法律法规和规定，追究有关负责人和责任人的责任。

4. 签订劳动合同

第三十六条　托育机构应当依法与工作人员签订劳动合同，保障工作人员的合法权益。

（八）监督管理

第三十七条　托育机构应当加强党组织建设，积极支持工会、共青团、妇联等组织开展活动。

托育机构应当建立工会组织或职工代表大会制度，依法加强民主管理和监督。

第三十八条　托育机构应当制订年度工作计划，每年年底向卫生健康部门报告工作，必要时随时报告。

第三十九条　各级妇幼保健、疾病预防控制、卫生监督等机构应当按照职责加强对托育机构卫生保健工作的业务指导、咨询服务和监督执法。

第四十条　建立托育机构信息公示制度和质量评估制度，实施动态管理，加强社会监督。

（九）附则

第四十一条　各省、自治区、直辖市卫生健康行政部门可根据本规范制订具体实施办法。

第四十二条　本规范自发布之日起施行。

附件 1　托育机构备案书

________卫生健康委（局）：

经______________（登记机关名称）批准，______________（托育机构名称）已于________年______月______日依法登记成立，现向你委（局）进行备案。本机构备案信息如下：

机构名称：

机构住所：

登记机关：

统一社会信用代码：

机构负责人姓名：

机构负责人身份证件号码：

机构性质：□营利性　　□非营利性

服务范围：□全日托　　□半日托　　□计时托　　□临时托

服务场所性质：□自有　　□租赁

机构建筑面积：

室内使用面积：

室外活动场地面积：

收托规模：____________人

编班类型：□乳儿班　　□托小班　　□托大班　　□混合编班

联系人：

联系方式：

请予以备案。

备案单位：（章）

年　　月　　日

附件 2　备案承诺书

本单位承诺如实填报备案信息，并将按照有关要求，及时、准确报送后续重大事项变更信息。

承诺已了解托育机构管理相关法律法规和标准规范，承诺开展的服务符合《托育机构基本条件告知书》要求。

承诺按照诚实信用、安全健康、科学规范、儿童优先的原则和相关标准及规定，开展 3 岁以下婴幼儿托育服务，不以托育机构名义从事虐待伤害婴幼儿、不正当关联交易等损害婴幼儿及其监护人合法权益和公平竞争市场秩序的行为。

承诺主动接受并配合卫生健康部门和其他有关部门的指导、监督和管理。

承诺不属实，或者违反上述承诺的，依法承担相应法律责任。

备案单位：（章）

机构负责人签字：

年　　月　　日

附件 3　托育机构备案回执

编号：____________________

________年____月____日报我委（局）的《托育机构备案书》收到并已备案。

备案项目如下：

机构名称：

机构住所：

机构性质：

机构负责人姓名：

卫生健康委（局）（章）

年　　月　　日

附件 4　托育机构基本条件告知书

托育机构应当依照相关法律法规和标准规范开展服务活动，并符合下列基本条件：

一、应当符合《中华人民共和国未成年人保护法》《中华人民共和国建筑法》《中华人民共和国消防法》《托儿所幼儿园卫生保健管理办法》等法律法规，以及《托儿所、幼儿园建筑设计规范》《建筑设计防火规范》等国家标准或者行业标准。

二、应当符合《托育机构设置标准（试行）》《托育机构管理规范（试行）》等要求。

三、提供餐饮服务的，应当符合《中华人民共和国食品安全法》等法律法规，以及相应的食品安全标准。

四、法律法规规定的其他条件。

三、托育机构登记和备案办法（试行）

根据《国务院办公厅关于促进3岁以下婴幼儿照护服务发展的指导意见》（国办发〔2019〕15号）要求，为规范托育机构的登记和备案管理，国家卫生健康委办公厅、中央编办综合局、民政部办公厅、市场监管总局办公厅于2019年12月19日印发了《托育机构登记和备案办法（试行）》。①

（一）制定目的和依据

第一条　为贯彻落实《国务院办公厅关于促进3岁以下婴幼儿照护服务发展的指导意见》（国办发〔2019〕15号）精神，规范托育机构的登记和备案管理，依据《国家卫生健康委关于印发托育机构设置标准（试行）和托育机构管理规范（试行）的通知》（国卫人口发〔2019〕58号）及相关规定，制定本办法。

（二）适用范围

第二条　本办法适用于为3岁以下婴幼儿提供全日托、半日托、计时托、临时托等服务的托育机构。

（三）基本要求

第三条　举办托育机构的，应当按照本办法规定办理登记和备案。法律、行政法规另有规定的，依照有关规定执行。

（四）注册登记及管理

第四条　举办事业单位性质的托育机构的，向县级以上机构编制部门申请审批和登记。

举办社会服务机构性质的托育机构的，向县级以上民政部门申请注册登记。

举办营利性托育机构的，向县级以上市场监督管理部门申请注册登记。

第五条　托育机构申请登记时，应当在业务范围（或经营范围）中明确托育服务内容。托育机构申请登记的名称中可包含“托育”字样。

第六条　登记机关应当及时将托育机构登记信息通过共享、交换等方式推送至同级卫生健康部门。

（五）备案及管理

第七条　县级卫生健康部门负责辖区内已登记托育机构的备案。

---

① 关于印发托育机构登记和备案办法（试行）的通知[EB/OL].(2020-01-06)[2024-08-30].https://www.nhc.gov.cn/wjw/c100175/202001/c1e57d6042354040a71264a279625f9d.shtml.

知识链接

托育机构备案的法律要求与法律责任

《中华人民共和国人口与计划生育法》第二十八条规定，托育机构的设置和服务应当符合托育服务相关标准和规范。托育机构应当向县级人民政府卫生健康主管部门备案。

《中华人民共和国人口与计划生育法》第四十一条规定，托育机构违反托育服务相关标准和规范的，由卫生健康主管部门责令改正，给予警告；拒不改正的，处五千元以上五万元以下的罚款；情节严重的，责令停止托育服务，并处五万元以上十万元以下的罚款。

第八条　托育机构应当及时向机构所在地的县级卫生健康部门备案，登录托育机构备案信息系统，在线填写托育机构备案书、备案承诺书，并提交以下材料扫描件：

（1）营业执照或其他法人登记证书。

（2）托育机构场地证明。

（3）托育机构工作人员专业资格证明及健康合格证明。

（4）评价为“合格”的《托幼机构卫生评价报告》。

（5）消防安全检查合格证明。

（6）法律法规规定的其他相关材料。

提供餐饮服务的，应当提交《食品经营许可证》。

第九条　卫生健康部门在收到托育机构备案材料后，应当在 5 个工作日内提供备案回执和托育机构基本条件告知书。

卫生健康部门发现托育机构备案内容不符合设置标准和管理规范的，应当自接收备案材料之日起 15 个工作日内通知备案机构，说明理由并向社会公开。

第十条　托育机构变更登记、注销登记后，应当及时登录托育机构备案信息系统向卫生健康部门变更备案信息或报送注销信息。

（六）网站公示

第十一条　卫生健康、编制、民政、市场监管等部门应当将托育服务有关政策规定、托育机构登记和备案要求、托育机构有关信息在官方网站公开，接受社会查询和监督。

第十二条　省级卫生健康、编制、民政、市场监管部门可结合当地实际情况制定实施细则。

（七）施行时间

第十三条　本办法自印发之日起施行。

四、家庭托育点管理办法（试行）

为加强家庭托育点管理，按照《国务院办公厅关于促进养老托育服务健康发展的意见》（国办发〔2020〕52 号）要求，国家卫生健康委、住房和城乡建设部、应急管理部、市场监管总局、国家消防救援局制定并于2023年10月16日印发了《家庭托育点管理办法（试行）》。①

（一）制定目的和依据

第一条　为规范发展多种形式的托育服务，根据《中共中央 国务院关于优化生育政策促进人口长期均衡发展的决定》和《国务院办公厅关于促进养老托育服务健康发展的意见》，制定本办法。

（二）适用范围

第二条　本办法所称家庭托育点，是指利用住宅为3岁以下婴幼儿（以下简称婴幼儿）提供全日托、半日托、计时托、临时托等托育服务的场所。每个家庭托育点的收托人数不得超过5人。

知识链接

为什么将家庭托育点收托规模规定为5人？

从国际经验看，一些国家和地区将家庭托育点称为居家式托育点、客厅式托育点。这些家庭托育点利用居民住宅提供婴幼儿托育服务，大都将收托婴幼儿数量限定在5人及以下。从国内情况看，相较于机构式托育，利用居民住宅提供的托育服务具有资源富集、环境温馨、就近方便等优势。《家庭托育点管理办法（试行）》将家庭托育点收托规模规定为5人，且没有限制楼层，有利于盘活社会存量房产，扩大托育服务有效供给；有利于避免对现有房屋结构进行大的改造，减少对邻里的干扰；有利于充分利用社区现有的公共服务设施和资源。利用住宅开展托育服务且收托人数超过5人的，应按照托育机构相关要求办理登记备案。②

（三）登记备案

第三条　举办家庭托育点，应当符合所在地地方政府关于住宅登记为经营场所的有关规定，应当取得住宅所在本栋建筑物内或者同一平房院落内其他业主的一致同意。

第四条　家庭托育点名称中应当注明“托育”字样，在服务范围及经营范围中明确“家庭托育服务”。举办营利性家庭托育点的，向所在地市场监管部门依法申请注册登记，登记机关应当及时将家庭托育点登记信息推送至同级卫生健康部门。

第五条　家庭托育点登记后，应当及时向所在地的县级卫生健康部门备案，登录托育机构备案信息系统，在线填写家庭托育点备案书、备案承诺书（附件1、2），并提交以下材料扫描件或电子证照：

（1）营业执照或其他法人登记证书。

（2）房屋产权证、不动产权证或房屋租赁合同（租赁期限不少于3年）。

（3）照护人员身份证、健康合格证、无相关违法犯罪记录材料、婴幼儿照护相关学历证书或技能等级（培训）证书。

（4）房屋竣工验收合格或房屋安全鉴定合格有关材料（自建房）。

（5）住宅所在本栋建筑物内或者同一平房院落内其他业主一致同意的证明材料。

---

① 关于印发《家庭托育点管理办法（试行）》的通知[EB/OL].(2023-11-14)[2024-08-30].https://www.nhc.gov.cn/wjw/c100375/202311/218769ef780a491f80fc6165c564f943.shtml.

② 《家庭托育点管理办法（试行）》政策解读[EB/OL].(2023-11-14)[2024-08-30].https://www.nhc.gov.cn/wjw/c100379/202311/904fe8e745b64103b5ca14c802991d20.shtml.

（6）法律法规规定的其他相关材料。

知识链接

为什么举办家庭托育点需要住宅所在本栋建筑物内
或者同一平房院落内其他业主的一致同意？

《中华人民共和国民法典》第二百七十九条规定："业主将住宅改变为经营性用房的，除遵守法律、法规以及管理规约外，应当经有利害关系的业主一致同意。"《最高人民法院关于审理建筑物区分所有权纠纷案件适用法律若干问题的解释》第十一条规定："业主将住宅改变为经营性用房，本栋建筑物内的其他业主，应当认定为民法典第二百七十九条所称'有利害关系的业主'。"举办者在向卫生健康部门备案时，需在线填写《家庭托育点备案承诺书》。①

第六条　卫生健康部门在收到家庭托育点备案材料后，可以去现场核实相关信息，并提供备案回执。

第七条　家庭托育点变更备案事项的，应当向原备案部门更新备案信息；终止提供托育服务的，应当妥善安置收托的婴幼儿，并向卫生健康部门报告。卫生健康部门应当主动向社会公开家庭托育点备案状态。

（四）服务内容

第八条　家庭托育点应当为婴幼儿提供生活照料、安全看护、平衡膳食和早期学习机会，促进婴幼儿身心健康发展。

（五）人员资质

第九条　家庭托育点照护人员应当符合下列条件：

（1）具有保育教育、卫生健康等婴幼儿照护经验或相关专业背景。

（2）受过婴幼儿保育、心理健康、食品安全、急救和消防等培训。

（3）身体健康，无精神病史。

（4）无性侵害、虐待、拐卖、暴力伤害等违法犯罪记录。

家庭托育点举办者同时是照护人员的，应当符合上述条件。

第十条　家庭托育点每 1 名照护人员最多看护 3 名婴幼儿。

（六）房屋设施

第十一条　家庭托育点婴幼儿人均建筑面积不得小于 9 m^2。

第十二条　家庭托育点应当提供适宜婴幼儿成长的环境，通风良好、日照充足、温度适宜、照明舒适。家庭托育点不得设置在地下室或半地下室，不得设置在"三合一"场所和彩钢板建筑内，门窗不得设置影响逃生和消防救援的铁栅栏、防盗窗等障碍物。

第十三条　家庭托育点的房屋结构、设施设备、装饰装修材料、家具用具等，应当符合国家相关安全质量标准和环保标准，符合抗震、防火、疏散等要求。使用自建房开展家庭托育服务的，备案时应当向卫生健康部门提供房屋竣工验收合格或房屋安全鉴定合格有关材料。

① 《家庭托育点管理办法（试行）》政策解读[EB/OL].(2023-11-14)[2024-08-30].https://www.nhc.gov.cn/wjw/c100379/202311/904fe8e745b64103b5ca14c802991d20.shtml.

知识链接

“三合一”场所

《托育机构消防安全指南（试行）》指出，“三合一”场所即住宿与生产、储存、经营合用场所。在通常情况下，“三合一”场所的住宿场所与其他功能场所之间未能设置有效的防火分隔。这类场所大多较简陋、拥挤，由于生活用火用电和生产、仓储、经营混杂，存在极大火灾隐患。

（七）安全健康

第十四条　家庭托育点应当设置视频安防监控系统，对婴幼儿生活和活动区域进行全覆盖监控。监控录像资料保存期不少于 90 日。

第十五条　家庭托育点应当对在托婴幼儿的健康状况进行观察，发现婴幼儿疑似传染病或者其他疾病的，应当及时通知其监护人。

第十六条　家庭托育点应当与婴幼儿监护人签订书面协议，明确托育服务中双方的责任、权利义务以及争议处理等内容。

第十七条　家庭托育点不得歧视、侮辱、虐待、体罚、变相体罚婴幼儿或者实施其他侵害婴幼儿权益的行为。

有以上行为的，依法承担相应的法律责任。

（八）监督管理

第十八条　家庭托育点由卫生健康部门主管，住房城乡建设、市场监管等相关部门按照各自职责，加强对家庭托育点的指导、监督和管理。

卫生健康部门应当畅通备案渠道，严格监督管理家庭托育点的备案信息、收托人数、照护比例、托育场所等，会同相关部门做好日常监管工作。

第十九条　街道（乡镇）应当加强对家庭托育点的指导、监督和管理，发现问题及时督促整改，并报卫生健康部门。

第二十条　村（居）民委员会应当加强对家庭托育点的监督，引导家庭托育点尊重相邻业主权利，规范开展托育服务。

第二十一条　各省、自治区、直辖市可根据本办法制定实施细则。

（九）施行时间

第二十二条　本办法自印发之日起施行。

附件 1：家庭托育点备案书

________卫生健康委（局）：

根据《家庭托育点管理办法（试行）》，现向你委（局）进行备案。本家庭托育点备案信息如下：

托育点名称：

举办者姓名：

举办者身份证件号码：

联系方式：

住宅地址：

住宅类型：□高层住宅　□多层住宅　□低层住宅

住宅性质：□自有　□租赁

所在楼层：

建筑面积：

服务范围：□全日托　□半日托　□计时托　□临时托

收托婴幼儿数：______人

举办者承诺对以上信息的真实性、合法性负责，承担因信息不实而导致的法律责任。

举办者：

年　　月　　日

附件 2：家庭托育点备案承诺书

本人申请利用住宅开办家庭托育点，承诺如实填报备案信息，并将按照有关要求，及时、准确报送后续重大事项变更信息。

承诺按照《家庭托育点管理办法（试行）》有关要求，开展托育服务。

承诺主动接受所在街道（乡镇）的指导、监督和管理，接受村（居）民委员会监督，遵守业主委员会和物业服务企业关于社区治理和住宅物业管理的有关规定，已取得住宅所在本栋建筑物内或者同一平房院落内其他业主的一致同意，规范开展托育服务。

承诺不属实，或者违反上述承诺的，依法承担相应的法律责任。

举办者：

年　　月　　日

附件 3：家庭托育点备案回执

________________________：　　　　编号：________________

________年______月______日报我委（局）的《家庭托育点备案书》已收到。

备案项目如下：

托育点名称：

举办者姓名：

住宅地址：

服务范围：□全日托　□半日托　□计时托　□临时托

________卫生健康委（局）（章）

年　　月　　日

第二节 建筑设计规范及建设指南

导入思考

张某在街区拟选建筑面积500平方米的场所成立“星星托育中心”。在该机构向卫生健康部门备案前，张某向所在地消防队申请消防监督检查，结果消防队出具消防监督检查不合格的证明。无奈之下，张某重新选址。

思考：

1. 托育机构的选址有什么规定？
2. 托育机构的建筑应满足哪些安全要求？

一、托儿所、幼儿园建筑设计规范

住房和城乡建设部于2016年4月批准《托儿所、幼儿园建筑设计规范》为行业标准，编号为JGJ 39—2016，自2016年11月1日起实施，同时废止了原《托儿所、幼儿园建筑设计规范》（JGJ 39—87）。2019年8月，住房和城乡建设部批准了《托儿所、幼儿园建筑设计规范》（JGJ 39—2016）①（以下简称《建筑设计规范》）局部修订的条文，自2019年10月1日起实施，同时废止经此次修改的原条文。新建、扩建、改建的托儿所、幼儿园和相同功能的建筑设计都应符合《建筑设计规范》。

新修订的《建筑设计规范》包括总则、术语、基地和总平面、建筑设计、室内环境、建筑设备六个方面。由于规范内容较多，本教材选取主要内容进行介绍。

（一）托儿所、幼儿园的规模

托儿所、幼儿园的规模应符合表3-2-1的规定，托儿所、幼儿园的每班人数应符合表3-2-2的规定。

表3-2-1　托儿所、幼儿园的规模

单位：人

规模	托儿所（班）	幼儿园（班）
小型	1~3	1~4
中型	4~7	5~8
大型	8~10	9~12

① 住房和城乡建设部关于发布行业标准《托儿所、幼儿园建筑设计规范》局部修订的公告[EB/OL].(2019-08-29)[2024-08-30].https://www.mohurd.gov.cn/gongkai/zc/wjk/art/2019/art_17339_241708.html.

表 3-2-2　托儿所、幼儿园的每班人数

规模	班别	人数
托儿所	乳儿班（6~12 个月）	10 人以下
	托小班（12~24 个月）	15 人以下
	托大班（24~36 个月）	20 人以下
幼儿园	小班（3~4 岁）	20~25 人
	中班（4~5 岁）	26~30 人
	大班（5~6 岁）	31~35 人

（二）基地

（1）托儿所、幼儿园建设基地的选择应符合当地总体规划和国家现行有关标准的要求。

（2）托儿所、幼儿园的基地应符合下列规定：

① 应建设在日照充足、交通方便、场地平整、干燥、排水通畅、环境优美、基础设施完善的地段。

② 不应置于易发生自然地质灾害的地段。

③ 与易发生危险的建筑物、仓库、储罐、可燃物品和材料堆场等之间的距离应符合国家现行有关标准的规定。

④ 不应与大型公共娱乐场所、商场、批发市场等人流密集的场所相毗邻。

⑤ 应远离各种污染源，并应符合国家现行有关卫生、防护标准的要求。

⑥ 园内不应有高压输电线、燃气输油管道主干道等穿过。

（3）托儿所、幼儿园的服务半径宜为 300 m。

（三）总平面

（1）托儿所、幼儿园的总平面设计应包括总平面布置、竖向设计和管网综合等设计。总平面布置应包括建筑物、室外活动场地、绿化、道路布置等内容，设计应功能分区合理、方便管理、朝向适宜、日照充足，创造符合幼儿生理、心理特点的环境空间。

（2）四个班及以上的托儿所、幼儿园建筑应独立设置。三个班及以下时，可与居住、养老、教育、办公建筑合建，但应符合下列规定：

① 合建的既有建筑应经有关部门验收合格，符合抗震、防火等安全方面的规定，其基地应符合本规范基地规定。

② 应设独立的疏散楼梯和安全出口。

③ 出入口处应设置人员安全集散和车辆停靠的空间。

④ 应设独立的室外活动场地，场地周围应采取隔离措施。

⑤ 建筑出入口及室外活动场地范围内应采取防止物体坠落措施。

（3）托儿所、幼儿园应设室外活动场地，并应符合下列规定：

① 幼儿园每班应设专用室外活动场地，人均面积不应小于 2 m^2。各班活动场地之间宜采取分隔措施。

② 幼儿园应设全园共用活动场地，人均面积不应小于 2 m^2；托儿所室外活动场地人均面积不应小于 3 m^2；城市人口密集地区改、扩建的托儿所，设置室外活动场地确有困难时，室外活动场地人

均面积不应小于 2 m^2。

③ 地面应平整、防滑、无障碍、无尖锐突出物，并宜采用软质地坪。

④ 共用活动场地应设置游戏器具、沙坑、30 m 跑道等，宜设戏水池，储水深度不应超过 0.30 m。游戏器具下地面及周围应设软质铺装。宜设洗手池、洗脚池。

⑤ 室外活动场地应有 1/2 以上的面积在标准建筑日照阴影线之外。

（4）托儿所、幼儿园场地内绿地率不应小于 30%，宜设置集中绿化用地。绿地内不应种植有毒、带刺、有飞絮、病虫害多、有刺激性的植物。

（5）托儿所、幼儿园在供应区内宜设杂物院，并应与其他部分相隔离。杂物院应有单独的对外出入口。

（6）托儿所、幼儿园基地周围应设围护设施，围护设施应安全、美观，并应防止幼儿穿过和攀爬。在出入口处应设大门和警卫室，警卫室对外应有良好的视野。

（7）托儿所、幼儿园出入口不应直接设置在城市干道一侧；其出入口应设置供车辆和人员停留的场地，且不应影响城市道路交通。

（8）托儿所、幼儿园的活动室、寝室及具有相同功能的区域，应布置在当地最好朝向，冬至日底层满窗日照不应小于 3 h。需要获得冬季日照的婴幼儿生活用房窗洞开口面积不应小于该房间面积的 20%。

（9）夏热冬冷、夏热冬暖地区的幼儿生活用房不宜朝西向；当不可避免时，应采取遮阳措施。

（四）建筑设计

本教材主要介绍《建筑设计规范》一般规定，托儿所生活用房、幼儿园生活用房、服务管理用房和供应用房的设计要求不做具体介绍。

（1）托儿所、幼儿园建筑宜按生活单元组合方法进行设计，各班生活单元应保持使用的相对独立性。

（2）托儿所、幼儿园中的生活用房不应设置在地下室或半地下室。幼儿园生活用房应布置在三层及以下。托儿所生活用房应布置在首层。当布置在首层确有困难时，可将托大班布置在二层，其人数不应超过 60 人，并应符合有关防火安全疏散的规定。

（3）托儿所、幼儿园的建筑造型和室内设计应符合幼儿的心理和生理特点。

（4）托儿所、幼儿园建筑窗的设计应符合下列规定：

① 活动室、多功能活动室的窗台面距地面高度不宜大于 0.60 m。

② 当窗台面距楼地面高度低于 0.90 m 时，应采取防护措施，防护高度应从可踏部位顶面起算，不应低于 0.90 m。

③ 窗距离楼地面的高度小于或等于 1.80 m 的部分，不应设内悬窗和内平开窗扇。

④ 外窗开启扇均应设纱窗。

（5）活动室、寝室、多功能活动室等幼儿使用的房间应设双扇平开门，门净宽不应小于 1.20 m。

（6）严寒地区托儿所、幼儿园建筑的外门应设门斗，寒冷地区宜设门斗。

（7）幼儿出入的门应符合下列规定：

① 当使用玻璃材料时，应采用安全玻璃。

② 距离地面 0.60 m 处宜加设幼儿专用拉手。

③ 门的双面均应平滑、无棱角。

④ 门下不应设门槛；平开门距离楼地面 1.20 m 以下部分应设防止夹手设施。

⑤ 不应设置旋转门、弹簧门、推拉门，不宜设金属门。

⑥ 生活用房开向疏散走道的门均应向人员疏散方向开启，开启的门扇不应妨碍走道疏散通行。

⑦ 门上应设观察窗，观察窗应安装安全玻璃。

（8）托儿所、幼儿园的外廊、室内回廊、内天井、阳台、上人屋面、平台、看台及室外楼梯等临空处应设置防护栏杆，栏杆应以坚固、耐久的材料制作。防护栏杆的高度应从可踏部位顶面起算，且净高不应小于 1.30 m。防护栏杆必须采用防止幼儿攀登和穿过的构造，当采用垂直杆件做栏杆时，其杆件净距离不应大于 0.09 m。

（9）距离地面高度 1.30 m 以下，幼儿经常接触的室内外墙面，宜采用光滑易清洁的材料；墙角、窗台、暖气罩、窗口竖边等阳角处应做成圆角。

（10）楼梯、扶手和踏步等应符合下列规定：

① 楼梯间应有直接的天然采光和自然通风。

② 楼梯除设成人扶手外，应在梯段两侧设幼儿扶手，其高度宜为 0.60 m。

③ 供幼儿使用的楼梯踏步高度宜为 0.13 m，宽度宜为 0.26 m。

④ 严寒地区不应设置室外楼梯。

⑤ 幼儿使用的楼梯不应采用扇形、螺旋形踏步。

⑥ 楼梯踏步面应采用防滑材料，踏步踢面不应漏空，踏步面应做明显警示标识。

⑦ 楼梯间在首层应直通室外。

（11）幼儿使用的楼梯，当楼梯井净宽度大于 0.11 m 时，必须采取防止幼儿攀滑措施。楼梯栏杆应采取不易攀爬的构造，当采用垂直杆件做栏杆时，其杆件净距不应大于 0.09 m。

（12）幼儿经常通行和安全疏散的走道不应设有台阶，当有高差时，应设置防滑坡道，其坡度不应大于 1∶12。疏散走道的墙面距地面 2 m 以下不应设有壁柱、管道、消火栓箱、灭火器、广告牌等突出物。

（13）托儿所、幼儿园建筑走廊最小净宽不应小于表 3-2-3 的规定。

表 3-2-3　走廊最小净宽度

单位：m

房间名称	走廊布置	
	中间走廊	单面走廊或外廊
生活用房	2.4	1.8
服务、供应用房	1.5	1.3

（14）建筑室外出入口应设雨篷，雨篷挑出长度宜超过首级踏步 0.50 m 以上。

（15）出入口台阶高度超过 0.30 m，并侧面临空时，应设置防护设施，防护设施净高不应低于 1.05 m。

（16）托儿所睡眠区、活动区，幼儿园活动室、寝室，多功能活动室的室内最小净高不应低于表 3-2-4 的规定。

表 3-2-4　室内最小净高

单位：m

房间名称	最小净高
托儿所睡眠区、活动区	2.8
幼儿园活动室、寝室	3.0
多功能活动室	3.9

注：改、扩建的托儿所睡眠区和活动区室内净高不应小于 2.6 m。

① 厨房、卫生间、试验室、医务室等使用水的房间不应设置在婴幼儿生活用房的上方。

② 城市居住区按规划要求应按需配套设置托儿所。当托儿所独立设置有困难时，可联合建设。

（五）室内环境

1. 采光

（1）托儿所、幼儿园的生活用房、服务管理用房和供应用房中的厨房等均应有直接天然采光，其采光系数标准值和窗地面积比应符合表 3-2-5 的规定。

表 3-2-5　采光系数标准值和窗地面积比

采光等级	场所名称	采光系数标准值/%	窗地面积比
Ⅲ	活动室、寝室	3.0	1/5
	多功能活动室	3.0	1/5
	办公室、保健观察室	3.0	1/5
	睡眠区、活动区	3.0	1/5
Ⅴ	卫生间	1.0	1/10
	楼梯间、走廊	1.0	1/10

（2）托儿所、幼儿园建筑采光应符合现行国家标准《建筑采光设计标准》（GB 50033）的有关规定。

2. 隔声、噪声控制

（1）托儿所、幼儿园建筑室内允许噪声级应符合表 3-2-6 的规定。

表 3-2-6　室内允许噪声级

房间名称	允许噪声级（A 声级）/dB
生活单元、保健观察室	≤45
多功能活动室、办公室	≤50

（2）托儿所、幼儿园建筑主要房间的空气声隔声性能应符合表 3-2-7 的规定。

表 3-2-7　空气声隔声标准

房间名称	空气声隔声标准（计权隔声量）/dB	楼板撞击声隔声单值评价量/dB
生活单元、办公室、保健观察室与相邻房间之间	≥50	≤65
多功能活动室与相邻房间之间	≥45	≤75

（3）托儿所、幼儿园建筑的环境噪声应符合现行国家标准《民用建筑隔声设计规范》（GB 50118）的有关规定。

3. 空气质量

（1）托儿所、幼儿园的室内空气质量应符合现行国家标准《室内空气质量标准》（GB/T 18883）的有关规定。

（2）托儿所、幼儿园的幼儿用房应有良好的自然通风，其通风口面积不应小于房间地板面积的1/20。夏热冬冷、严寒和寒冷地区的幼儿用房应采取有效的通风设施。

（3）托儿所、幼儿园建筑使用的建筑材料、装修材料和室内设施应符合现行国家标准《民用建筑工程室内环境污染控制规范》（GB 50325）的有关规定。

（六）建筑设备

1. 给水排水

（1）托儿所、幼儿园建筑应设置给水排水系统，且设备选型和系统配置应适合幼儿需要。

（2）托儿所、幼儿园建筑给水系统的引入管上应设置水表。水表宜设置在室内便于抄表位置；在夏热冬冷地区及严寒地区，当水表设置于室外时，应采取可靠的防冻胀破坏措施。供水总进口管道上可设置紫外线消毒设备。

（3）托儿所、幼儿园建筑给水系统的压力应满足给水用水点配水器具的最低工作压力要求。当压力不能满足要求时，应设置系统增压给水设备。

（4）托儿所、幼儿园建筑给水系统入户管的给水压力不应大于0.35 MPa；当水压大于0.35 MPa时，应设置减压设施。

（5）托儿所、幼儿园建筑宜设置集中热水供应系统，也可采用分散制备热水或预留安装热水供应设施的条件。当设置集中热水供应系统时，应采用混合水箱单管供应定温热水系统。当采用太阳能、空气源热泵等制备热水时，热水温度低于60 ℃的系统应设置辅助加热设施。

（6）盥洗室、淋浴室、厕所、公共洗衣房应设置地漏，其水封深度不得小于50 mm，洗衣机排水应设置专用地漏或洗衣机排水存水弯。

（7）便池宜设置感应冲洗装置。

（8）托儿所、幼儿园建筑内单独设置的清扫间、消毒间应配备给水和排水设施。

（9）托儿所、幼儿园建筑厨房的含油污水，应经除油装置处理后再排入户外污水管道。

（10）消火栓系统、自动喷水灭火系统及气体系统灭火设计等，应符合国家现行有关防火标准的规定。当设置消火栓灭火设施时，消防立管阀门布置应避免幼儿碰撞，并应将消火栓箱暗装设置。单独配置的灭火器箱应设置在不妨碍通行处。

（11）托儿所、幼儿园建筑应设置饮用水开水炉，宜采用电开水炉。开水炉应设置在专用房间内，并应设置防止幼儿接触的保护措施。

（12）绿地可设置洒水栓，运动场地应设置排水设施。托儿所、幼儿园不应设置中水系统。托儿所、幼儿园不应设置管道直饮水系统。

2. 供暖通风和空气调节

（1）具备条件的托儿所、幼儿园建筑的供暖系统宜纳入区域集中供热管网，具备利用可再生能源条件且经技术经济合理时，应优先利用可再生能源为供暖热源。当符合现行国家标准《民用建筑供暖通风与空气调节设计规范》（GB 50736）的规定时，可采用电供暖方式。

（2）采用低温地面辐射供暖方式时，地面表面温度不应超过 28 ℃。热水地面辐射供暖系统供水温度宜采用 35 ℃～45 ℃，不应大于 60 ℃；供回水温差不宜大于 10 ℃，且不宜小于 5 ℃。

（3）严寒与寒冷地区应设置集中供暖设施，并宜采用热水集中供暖系统；夏热冬冷地区宜设置集中供暖设施；对于其他区域，冬季有较高室温要求的房间宜设置单元式供暖装置。

（4）用于供暖系统总体调节和检修的设施，应设置于幼儿活动室和寝室之外。

（5）当采用散热器供暖时，散热器应暗装。

（6）当采用电采暖时，应有可靠的安全防护措施。

（7）供暖系统应设置热计量装置，并应在末端供暖设施设置恒温控制阀进行室温调控。

（8）乡村托儿所、幼儿园建筑宜就地取材，采用可靠的能源形式供暖，并应保障环境安全。

（9）托儿所、幼儿园房间的供暖设计温度宜符合表 3-2-8 的规定。

表 3-2-8　托儿所、幼儿园房间的供暖设计温度

房间名称	室内设计温度/℃
活动室、寝室、保健观察室、晨检室（厅）、办公室	20
睡眠区、活动区、喂奶室	24
盥洗室、厕所	22
门厅、走廊、楼梯间、厨房	16
洗衣房	18
淋浴室、更衣室	25

（10）托儿所、幼儿园建筑与其他建筑共用集中供暖热源时，宜设置过渡季供暖设施。

（11）托儿所、幼儿园建筑通风设计应符合表 3-2-9、表 3-2-10 规定。

表 3-2-9　房间的换气次数

房间名称	换气次数/（次/h）
活动室、寝室、睡眠区、活动区、喂奶室	3～5
卫生间	10
多功能活动室	3～5

表 3-2-10　人员所需最小新风量

房间名称	新风量/［m^3/（h·人）］
活动室、寝室、活动区、睡眠区	30
保健观察室	38
多功能活动室	30

（12）公共淋浴室、无外窗卫生间等，应设置带防止回流措施的机械排风装置。

（13）对于夏热冬暖地区、夏热冬冷地区的托儿所、幼儿园建筑，当夏季依靠开窗不能实现基本热舒适要求，且幼儿活动室、寝室等房间不设置空调设施时，每间幼儿活动室、寝室等房间宜安装具有防护网且可变风向的吸顶式电风扇。

（14）最热月平均室外气温大于和等于 25 ℃地区的托儿所、幼儿园建筑，宜设置空调设备或预留安装空调设备的条件，并应符合下列规定：

① 空调房间室内设计参数应符合表 3-2-11 的规定。

表 3-2-11　空调房间室内设计参数

参数		冬季	夏季
温度/℃	活动室、寝室、保健观察室、晨检室（厅）、办公室	20	25
	睡眠区、活动区、喂奶室	24	25
风速（v）/（m/s）		0. 10≤v≤0. 20	0. 15≤v≤0. 30
相对湿度/%		30～60	40～60

② 当采用集中空调系统或集中新风系统时，应设置空气净化消毒装置和供风管系统清洗、消毒用的可开闭窗口。

③ 当采用分散空调方式时，应设置保证室内新风量满足国家现行卫生标准的装置。

（15）设置非集中空调设备的托儿所、幼儿园建筑，应对空调室外机的位置统一设计。空调设备的冷凝水应有组织排放。空调室外机应安装在室外地面或通道地面 2. 0 m 以上，且幼儿无法接触的位置。

3. 建筑电气

（1）活动室、寝室、图书室、美工室等幼儿用房宜采用细管径直管形三基色荧光灯，配用电子镇流器，也可采用防频闪性能好的其他节能光源，不宜采用裸管荧光灯灯具；保健观察室、办公室等可采用细管径直管形三基色荧光灯，配用电子镇流器或节能型电感镇流器，或采用 LED 等其他节能光源。睡眠区、活动区、喂奶室应采用漫光型灯具，光源应采用防频闪性能好的节能光源。寄宿制幼儿园的寝室宜设置夜间巡视照明设施。

（2）活动室、寝室、幼儿卫生间等幼儿用房宜设置紫外线杀菌灯，也可采用安全型移动式紫外线杀菌消毒设备。

（3）托儿所、幼儿园的紫外线杀菌灯的控制装置应单独设置，并应采取防误开措施。

（4）托儿所、幼儿园的房间照明标准值应符合表 3-2-12 的规定。

表 3-2-12　房间照明标准值

房间或场所	参考平面及其高度	照度标准值/lx	UGR	Ra
活动室	地面	300	19	80
多功能活动室	地面	300	19	
寝室、睡眠区、活动区	0. 5 m 水平面	100	19	
办公室、会议室	0. 75 m 水平面	300	19	
厨房	台面	200	—	
门厅、走道	地面	150	—	
喂奶室	0. 5 m 水平面	150	19	

注：lx 是照度的单位。UGR 为统一眩光值简称。Ra 代表显色指数。

（5）托儿所、幼儿园的房间内应设置插座，且位置和数量根据需要确定。活动室插座不应少于四组，寝室插座不应少于二组。插座应采用安全型，安装高度不应低于 1. 8 m。插座回路与照明回路应分开设置，插座回路应设置剩余电流动作保护，其额定动作电流不应大于 30 mA。

（6）幼儿活动场所不宜安装配电箱、控制箱等电气装置；当不能避免时，应采取安全措施，装置底部距地面高度不得低于 1.80 m。

（7）托儿所、幼儿园安全技术防范系统的设置应符合下列规定：

① 园区大门、建筑物出入口、楼梯间、走廊、厨房等应设置视频安防监控系统。

② 周界宜设置入侵报警系统、电子巡查系统。

③ 财务室应设置入侵报警系统；建筑物出入口、楼梯间、厨房、配电间等处宜设置入侵报警系统；园区大门、厨房宜设置出入口控制系统。

（8）大、中型托儿所、幼儿园建筑应设置电话系统、计算机网络系统、广播系统，并宜设置有线电视系统、教学多媒体设施。小型托儿所、幼儿园建筑应设置电话系统、计算机网络系统，宜设置广播系统、有线电视系统。

（9）托儿所、幼儿园建筑的应急照明设计、火灾自动报警系统设计、防雷与接地设计、供配电系统设计、安防设计等，应符合国家现行有关标准的规定。

二、托育综合服务中心的建设指南

根据《国务院办公厅关于促进 3 岁以下婴幼儿照护服务发展的指导意见》（国办发〔2019〕15 号）、《国家发展改革委民政部国家卫生健康委关于印发〈“十四五”积极应对人口老龄化工程和托育建设实施方案〉的通知》（发改社会〔2021〕895 号）等有关文件要求，依据《托育机构设置标准（试行）》《托育机构管理规范（试行）》及相关法律法规标准规范，国家卫生健康委组织制定了《托育综合服务中心的建设指南》①（以下简称《建设指南》），并于 2021 年 12 月 30 日印发。

《建设指南》包括总则、项目构成与建设规模、选址与规划布局、建筑与建筑设备、相关指标五章内容，为托育综合服务中心的建设提供技术指导。

（一）总则

1. 统筹规划，科学布局

托育综合服务中心的建设，应当综合考虑城乡区域发展特点，根据经济社会发展水平、本地工作基础和 3 岁以下婴幼儿家庭需求，优化资源配置，统筹设施数量、规模和布局。

2. 规范建设，示范引领

托育综合服务中心的建设，应发挥示范引领、带动辐射作用，为托育服务机构高质量建设提供技术支撑及样板标杆，努力做到规模适度、功能完善、环境安全、装备适宜、经济合理。

3. 创新机制，多方协作

托育综合服务中心的建设，积极争取地市级及以上政府发挥支持引导作用，充分调动社会力量积极参与，建立健全项目立项、建设、运营等机制，为托育服务健康发展提供综合保障。

（二）项目构成与建设规模

（1）托育综合服务中心建设项目由场地、房屋建筑和建筑设备组成。

① 场地包括建筑占地、道路、室外活动场地、绿地等。

① 国家卫生健康委办公厅关于印发托育综合服务中心建设指南（试行）的通知[EB/OL].(2022-01-10)[2024-08-30].http://www.nhc.gov.cn/rkjcyjtfzs/c100147/202201/7a3ebd0724e94c2a875c986a0a6e1279.shtml.

② 房屋建筑包括托育服务用房、托育从业人员培训用房、托育产品研发和标准设计用房、婴幼儿早期发展用房、监督管理用房和设备辅助用房等。

③ 建筑设备包括给排水系统、暖通空调系统、电气系统、智能化系统及电梯等。

（2）托育综合服务中心建筑面积宜为 3 000 m^2以上。根据项目建设的实际情况和具体要求，可调整相应建筑面积。

（3）托育综合服务中心的托位数可根据当地实际需要设置相应的托位，原则上建设托位规模在150个以内为宜，可相应设置乳儿班（6~12个月，10人以下）、托小班（12~24个月，15人以下）、托大班（24~36个月，20人以下）三种班型。18个月以上的婴幼儿可混合编班，每个班不超过18人。

（4）托育服务用房主要包括婴幼儿活动用房、服务管理用房和附属用房等，每托位建筑面积不应少于12 m^2。托育服务用房参照此部分用房相关标准和规范执行。

在托育机构建设标准正式发布前，公办托育服务机构可参照此部分用房进行建设。

各类用房主要包括以下内容：

① 婴幼儿活动用房包括但不限于班级活动单元和综合活动室；班级活动单元包括睡眠区、活动区、配餐区、清洁区、卫生间、储藏区等。

② 服务管理用房包括但不限于晨检接待厅、保健观察室、隔离室、母婴室、警卫室、办公室、财务室、会议室、储藏室等。

③ 附属用房包括但不限于设备机房、开水间、餐食准备区、卫生间、清洁间、车库等。

（5）托育从业人员培训用房可包括实训室、培训室、教师办公室等，并可根据需要设置绘画室、手工室、辅食制作室、讨论室、报告厅、教研室、远程示教室等。托育从业人员培训用房总建筑面积宜为1 000 m^2~2 000 m^2，可按10 m^2/学员（同期学员数量）计算。

（6）托育产品研发和标准设计用房可根据研发业务需要设置，可包括研发室、标准设计室、教具制作室、从业人员培训教材编写室、绘本创作室、影音制作室、模拟体验室、产品展示厅等，建筑面积宜为600 m^2~800 m^2。鼓励相邻城市或区域共建共享，集中进行产品研发和标准设计。

（7）婴幼儿早期发展用房可包括养育照护指导室、早期发展指导室、营养膳食指导室、婴幼儿情景体验区、互联网家长课堂、工作人员办公室等，建筑面积宜为1 000 m^2~1 200 m^2。

（8）监督管理用房可根据协助监管相关业务需要设置，可包括监控管理室、信息机房、资料存储室、办公室等，建筑面积宜为400 m^2~600 m^2。

（9）设备辅助用房包括变配电室、空调机房、进排风机房、消防水泵房、给水泵房、智能化系统机房、车库等。车库建筑面积应根据所在地区的相关要求确定并另行增加。

（三）选址与规划布局

（1）托育综合服务中心的选址应符合城乡总体发展规划要求，结合人口发展、群众需求等因素，合理布点，保障安全。

（2）托育综合服务中心的选址应满足以下要求：

① 宜交通便利、环境安静、符合卫生和环保要求。

② 宜远离对婴幼儿成长有危害的建筑、设施及污染源。

③ 应具有较好的工程地质条件和水文地质条件。

④ 周边应有便利的供水、供电、排水、通信及市政道路等公用基础设施。

⑤ 宜有良好的自然通风和采光条件。

（3）托育综合服务中心宜独立设置。当与其它建筑合并设置时，宜设置在低层区域，自成一区，并应设置独立的出入口。

（4）托育综合服务中心主入口不宜直接设在城市主干道或过境公路干道一侧，机构外宜设置人流缓冲区和安全警示标志，独立园区周围宜设置围墙。

（5）托育综合服务中心的规划布局应功能分区明确、方便管理、节约用地。

（6）托育综合服务中心应设置婴幼儿室外活动场地。室外活动场地面积每托位宜为 2 m^2~5 m^2，宜有良好的日照和通风条件，并应设置安全防护设施。当与其他设施共用活动场地时，应考虑共用时的安全防护措施，并方便照护。

（7）托育综合服务中心停车宜符合当地有关规定。场地内设汽车库（场）时，应与婴幼儿室外活动场地分开，并宜设置家长接送临时停车区域。

（8）托育综合服务中心绿化用地宜符合当地有关规定。绿化用地面积每托位不宜低于 1.5 m^2~3 m^2，绿地中严禁种植有毒、有刺、有飞絮、病虫害多、有刺激性的植物。

（四）建筑与建筑设备

（1）托育综合服务中心的建设，应贯彻安全、适用、经济、节能、环保的原则，应功能完善、分区明确，托育服务用房应适合婴幼儿身心健康发展。

（2）托育服务用房应为独立区域，宜有良好朝向；托育从业人员培训用房、托育产品研发和标准设计用房、婴幼儿早期发展用房及监督管理用房宜自成一区。

（3）托育服务用房应设置在二层及以下部分，应设独立出入口，婴幼儿活动用房不应设在地下室、半地下室，应满足婴幼儿生活、活动等功能需要。

（4）托育服务用房的室内装修和设施应符合下列规定：

① 入口晨检接待厅应宽敞明亮，有利于人流集散通行，宜设置家长等候区、婴儿车存放区。

② 每个婴幼儿应有一张床位，不应设双层床，床侧不宜紧靠外墙布置；睡眠和活动区合并设置的，应设置床位的收纳空间。

③ 婴幼儿活动区域的室内房间高度和走廊宽度应符合婴幼儿活动和照护的要求，楼梯扶手、栏杆、踏步高度和宽度应满足婴幼儿使用、保护婴幼儿安全的要求。

④ 婴幼儿卫生间宜临近活动区或睡眠区设置，宜分间或分隔设置；卫生间不宜设置台阶，应设婴儿护理台和婴儿冲洗设施；托小班和托大班宜设适合幼儿使用的卫生器具，每班宜设 2~4 个大便器、2~3 个小便器、3~5 个适合幼儿使用的洗手池或盥洗台水龙头，便器之间宜设隔断；可结合适合需求设置成人卫生间。

⑤ 母婴室宜临近婴幼儿生活空间，宜设尿布台、洗手池等设施。

⑥ 隔离室宜设置独立卫生间，具有良好通风。

⑦ 餐食准备区宜相对独立，与婴幼儿活动用房宜有一定距离。

（5）婴幼儿活动区域应满足以下要求：

① 宜设双扇平开门，不应设置弹簧门、推拉门、旋转门，不宜设置门槛，宜设置门扇固定装置。门应设置观察窗，采用安全玻璃。

② 婴幼儿活动区域宜采用柔性、易清洁的楼地面材料；有水房间地面应采用防滑材料；墙面宜选用环保、耐久、易清洁和美观的材料；宜选用吸声降噪材料，并适合婴幼儿心理特点的色彩；内

墙阳角、柱子及窗台宜做成小圆角。

③ 婴幼儿活动区域窗台距楼地面不宜高于 0.6 m，当窗台面距楼地面高度低于 0.9 m 时，应采取防护措施，防护高度应从可踏部位顶面起算，不应低于 0.9 m。

④ 婴幼儿活动区家具宜适合婴幼儿尺度、防蹬踏，边缘宜做成小圆角，桌椅和玩具柜等家具表面及婴幼儿手指可触及的隐蔽处，均不得有锐利的棱角、毛刺及小五金部件的锐利尖端。

⑤ 婴幼儿活动用房应有直接天然采光，并应满足相应的日照要求。卫生间、未设外窗的房间等宜设置通风设施。

（6）托育从业人员培训用房应满足以下要求：

① 实训室应按照睡眠、活动、饮食、如厕等婴幼儿活动内容分设不同的区域，在每个区域配置不同的家具和相应设施。

② 主要培训用房室内采光宜均匀明亮，采光应符合建筑采光设计标准的要求，严禁使用有色玻璃，并应防止眩光。

（7）托育产品研发和标准设计用房应满足以下要求：

① 影音制作用房应有相应的隔声措施，满足影音制作要求，并避免对周边用房的干扰。

② 标准设计用房应有标准化教具、器材展示、存放的空间。

③ 产生噪声的教具制作用房应相对独立，并有良好的隔声措施。

（8）婴幼儿早期发展用房应满足以下要求：

① 宜设置相对独立的出入口和等候区、婴儿车存放区等。

② 应按照活动类别，动静分区：咨询室、评估室、指导室、工作人员办公室宜设置在“静区”，婴幼儿情景体验区、多功能活动室、多媒体教室、亲子课堂宜设置在“动区”。

③ 宜结合成人卫生间设置婴幼儿卫生设施，或设置独立的婴幼儿卫生间。

④ 应设置母婴室，使用面积不应低于 10 m^2；母婴室应设置洗手盆、婴儿尿布台及桌椅等必要的家具。可与托育服务用房母婴室合并使用。

⑤ 灯具的选择和照度应满足各区域活动要求，并应防止眩光。

（9）监督管理用房应满足以下要求：

① 监督管理用房应相对独立、自成一区，宜设置在相对安静的区域，机房不应布置在用水区域的正下方，宜避免设置在顶层。

② 监控管理室、信息机房的设备布置应满足机房管理、人员操作和安全、设备散热、安装维护要求；宜采用防静电架空地面；新建项目净高应根据机柜高度及通风要求确定。

③ 监控管理室、信息机房的温度、相对湿度应满足电子信息设备的使用要求。

（10）托育综合服务中心的抗震、消防应符合现行国家相关标准的规定。

（11）托育综合服务中心的给水应符合现行国家标准《生活饮用水卫生标准》（GB 5749）的规定。婴幼儿活动区域的电热水器等应有防止幼儿接触的保护措施。

（12）设置集中采暖系统的婴幼儿活动用房，散热器宜暗装。采用电采暖，必须有可靠的安全防护措施。

（13）托育综合服务中心的供电设施应安全可靠。室内照明宜采用带保护罩的节能灯具，应安装应急照明灯。婴幼儿活动用房应采用安全型插座。

（14）托育综合服务中心应根据使用特点和需求，设置相适应的智能化及信息系统，充分利用互联网、大数据、物联网、人工智能等技术，推动线上实景教学、线下线上融合，加强安全监督和防控。

（五）相关指标

（1）托育综合服务中心的投资估算应按国家现行有关规定编制，并根据工程实际内容及价格变化的情况，按照动态管理的原则进行调整。

（2）新建独立托育综合服务中心应根据使用要求、区域特点，合理确定投资。

（3）托育综合服务中心的经济评价和后评估应按照国家现行有关建设项目经济评价方法与参数的规定执行。

第三节　托育机构保育指导大纲

为指导托育机构为3岁以下婴幼儿提供科学、规范的照护服务，按照《国务院办公厅关于促进3岁以下婴幼儿照护服务发展的指导意见》（国办发〔2019〕15号）的要求，国家卫生健康委于2021年1月印发了《托育机构保育指导大纲（试行）》（以下简称《大纲》）。① 《大纲》包括总则、目标与要求、组织与实施三章内容。

一、总则

（一）制定目的和依据

为贯彻《国务院办公厅关于促进3岁以下婴幼儿照护服务发展的指导意见》，依据国家卫生健康委《托育机构设置标准（试行）》《托育机构管理规范（试行）》，指导托育机构为3岁以下婴幼儿（以下简称婴幼儿）提供科学、规范的照护服务，促进婴幼儿健康成长，特制定本大纲。

（二）适用范围

《大纲》适用于经有关部门登记、卫生健康部门备案，为婴幼儿提供全日托、半日托等照护服务的托育机构。提供计时托、临时托等照护服务的托育机构可参照执行。

（三）托育机构保育的核心意义

托育机构保育是婴幼儿照护服务的重要组成部分，是生命全周期服务管理的重要内容。通过创设适宜环境，合理安排一日生活和活动，提供生活照料、安全看护、平衡膳食和早期学习机会，促进婴幼儿身体和心理的全面发展。

（四）托育机构保育应遵循的基本原则

托育机构保育应遵循以下基本原则：

（1）尊重儿童。坚持儿童优先，保障儿童权利。尊重婴幼儿成长特点和规律，关注个体差异，促进每个婴幼儿全面发展。

（2）安全健康。最大限度地保护婴幼儿的安全和健康，切实做好托育机构的安全防护、营养膳

---

① 国家卫生健康委关于印发托育机构保育指导大纲（试行）的通知[EB/OL].(2021-01-12)[2024-08-30].http://www.nhc.gov.cn/rkjcyjtfzs/s7785/202101/deb9c0d7a44e4e8283b3e227c5b114c9.shtml.

食、疾病防控等工作。

（3）积极回应。提供支持性环境，敏感观察婴幼儿，理解其生理和心理需求，并及时给予积极适宜的回应。

（4）科学规范。按照国家和地方相关标准和规范，合理安排婴幼儿的生活和活动，满足婴幼儿生长发育的需要。

二、目标与要求

托育机构保育工作应当遵循婴幼儿发展的年龄特点与个体差异，通过多种途径促进婴幼儿身体发育和心理发展。保育重点应当包括营养与喂养、睡眠、生活与卫生习惯、动作、语言、认知、情感与社会性等。每个重点包含目标、保育要点、指导建议三方面要求。

（一）营养与喂养

1. 目标

（1）获取安全、营养的食物，达到正常生长发育水平。

（2）养成良好的饮食行为习惯。

2. 保育要点

7~12 个月、13~24 个月、25~36 个月三个月龄段的婴幼儿营养与喂养保育要点有所不同，具体情况见表 3-3-1。

表 3-3-1　7~12 个月、13~24 个月、25~36 个月营养与喂养保育要点

婴幼儿月龄段	保育要点
7~12 个月	（1）继续母乳喂养，不能继续母乳喂养的婴儿使用配方奶喂养
	（2）及时添加辅食，从富含铁的泥糊状食物开始，遵循由一种到多种、由少到多、由稀到稠、由细到粗的原则。辅食不添加糖、盐等调味品
	（3）每引入新食物要密切观察婴儿是否有皮疹、呕吐、腹泻等不良反应
	（4）注意观察婴儿所发出的饥饿或饱足的信号，并及时、恰当回应，不强迫喂食
	（5）鼓励婴儿尝试自己进食，培养进餐兴趣
13~24 个月	（1）继续母乳或配方奶喂养，可以引入奶制品作为辅食，每日提供多种类食物
	（2）鼓励和协助幼儿自己进食，关注幼儿以语言、肢体动作等发出进食需求，顺应喂养
	（3）培养幼儿使用水杯喝水的习惯，不提供含糖饮料
25~36 个月	（1）每日提供多种类食物
	（2）引导幼儿认识和喜爱食物，培养幼儿专注进食习惯、选择多种食物的能力
	（3）鼓励幼儿参与协助分餐、摆放餐具等活动

3. 指导建议

（1）制定膳食计划和科学食谱，为婴幼儿提供与年龄发育特点相适应的食物，规律进餐，为有特殊饮食需求的婴幼儿提供喂养建议。

（2）为婴幼儿创造安静、轻松、愉快的进餐环境，协助婴幼儿进食，并鼓励婴幼儿表达需求、及时回应，顺应喂养，不强迫进食。

（3）有效控制进餐时间，加强进餐看护，避免发生伤害。

（二）睡眠

1. 目标

（1）获得充足睡眠。

（2）养成独自入睡和作息规律的良好睡眠习惯。

2. 保育要点

7~12 个月、13~24 个月、25~36 个月三个月龄段的睡眠保育要点有所不同，具体情况见表 3-3-2。

表 3-3-2　7~12 个月、13~24 个月、25~36 个月睡眠保育要点

婴幼儿月龄段	保育要点
7~12 个月	（1）识别婴儿困倦的信号，通过常规睡前活动，培养婴儿独自入睡
	（2）帮助婴儿采用仰卧位或侧卧位姿势入睡，脸和头不被遮盖
	（3）注意观察婴儿睡眠状态，减少抱睡、摇睡等安抚行为
13~24 个月	（1）固定幼儿睡眠和唤醒时间，逐渐建立规律的睡眠模式
	（2）坚持开展睡前活动，确保幼儿进入较安静状态
	（3）培养幼儿独自入睡的习惯
25~36 个月	（1）规律作息，每日有充足的午睡时间
	（2）引导幼儿自主做好睡眠准备，养成良好的睡眠习惯

3. 指导建议

（1）为婴幼儿提供良好的睡眠环境和设施，温湿度适宜，白天睡眠不过度遮蔽光线，设立独立床位，保障安全、卫生。

（2）加强睡眠过程巡视与照护，注意观察婴幼儿睡眠时的面色、呼吸、睡姿，避免发生伤害。

（3）关注个体差异及睡眠问题，采取适宜的照护方式。

（三）生活与卫生习惯

1. 目标

（1）学习盥洗、如厕、穿脱衣服等生活技能。

（2）逐步养成良好的生活卫生习惯。

2. 保育要点

7~12 个月、13~24 个月、25~36 个月三个月龄段的生活与卫生习惯保育要点有所不同，具体情况见表 3-3-3。

表 3-3-3　7~12 个月、13~24 个月、25~36 个月生活与卫生习惯保育要点

婴幼儿月龄段	保育要点
7~12 个月	（1）及时更换尿布，保持臀部和身体干爽清洁
	（2）生活照护过程中，注重与婴儿互动交流
	（3）识别及回应婴儿哭闹、四肢活动等表达的需求
13~24 个月	（1）鼓励幼儿及时表达大小便需求，形成一定的排便规律，逐渐学会自己坐便盆
	（2）协助和引导幼儿自己洗手、穿脱衣服等
	（3）引导和帮助幼儿学会咳嗽和打喷嚏的方法

续表

婴幼儿月龄段	保育要点
25~36 个月	（1）培养幼儿主动如厕
	（2）引导幼儿餐后漱口，使用肥皂或洗手液正确洗手，认识自己的毛巾并擦手
	（3）鼓励幼儿自己穿脱衣服

3. 指导建议

（1）保持生活场所的安全卫生，预防异物吸入、烧烫伤、跌落伤、溺水、中毒等伤害发生。

（2）在生活中逐渐养成婴幼儿良好习惯，做好回应性照护，引导其逐步形成规则和安全意识。

（3）注意培养婴幼儿良好的用眼习惯，限制屏幕时间。

（4）注意培养婴幼儿良好的口腔卫生习惯，预防龋齿。

（5）在各生活环节中，做好观察，发现有精神状态不良、烦躁、咳嗽、打喷嚏、呕吐等表现的婴幼儿，要加强看护，必要时及时隔离，并联系家长。

（四）动作

1. 目标

（1）掌握基本的大运动技能。

（2）达到良好的精细动作发育水平。

2. 保育要点

7~12 个月、13~24 个月、25~36 个月三个月龄段的动作保育要点有所不同，具体情况见表 3-3-4。

表 3-3-4　7~12 个月、13~24 个月、25~36 个月动作保育要点

婴幼儿月龄段	保育要点
7~12 个月	（1）鼓励婴儿进行身体活动，尤其是地板上的游戏活动
	（2）鼓励婴儿自主探索从躺位变成坐位，从坐位转为爬行，逐渐到扶站、扶走
	（3）提供适宜的玩具，促进抓、捏、握等精细动作发育
13~24 个月	（1）鼓励幼儿进行形式多样的身体活动，为幼儿提供参加爬、走、跑、钻、踢、跳等活动的机会
	（2）提供多种类活动材料，促进涂画、拼搭、叠套等精细动作发育
	（3）鼓励幼儿自己喝水、用小勺吃饭、自己翻书等
25~36 个月	（1）为幼儿提供参加走直线、跑、跨越低矮障碍物、双脚跳、单足站立、原地单脚跳、上下楼梯等活动的机会
	（2）提供多种类活动材料，促进幼儿搭建、绘画、简单手工制作等精细动作发育
	（3）鼓励幼儿自己用水杯喝水、用勺吃饭、协助收纳等

3. 指导建议

（1）在各个生活环节中，创造丰富的身体活动环境，确保活动环境和材料安全、卫生。

（2）充分利用日光、空气和水等自然条件，进行身体锻炼，保证充足的户外活动时间。

（3）安排类型丰富的活动和游戏，并保证每日有适宜强度、频次的大运动活动。做好运动中的观察及照护，避免发生伤害。

（4）关注患病婴幼儿。处于急慢性疾病恢复期的婴幼儿，及时调整活动强度和时间；发现运动发育迟缓婴幼儿，给予针对性指导，及时转介。

（五）语言

1. 目标

（1）对声音和语言感兴趣，学会正确发音。

（2）学会倾听和理解语言，逐步掌握词汇和简单的句子。

（3）学会运用语言进行交流，表达自己的需求。

（4）愿意听故事、看图书，初步发展早期阅读的兴趣和习惯。

2. 保育要点

7~12 个月、13~24 个月、25~36 个月三个月龄段的语言保育要点有所不同，具体情况见表 3-3-5。

表 3-3-5　7—12 个月、13—24 个月、25—36 个月语言保育要点

婴幼儿月龄段	保育要点
7~12 个月	（1）经常和婴儿说话，引导其对发音产生兴趣，模仿和学习简单的发音
	（2）向婴儿复述生活中常见物品和动作，帮助其逐渐理解简单的词汇
	（3）引导婴儿使用简单的声音、表情、动作、语言表达自己的需求
	（4）为婴儿选择合适的图画书，朗读简单的故事或儿歌
13~24 个月	（1）培养幼儿正确发音，逐步将语言与实物或动作建立联系
	（2）鼓励幼儿模仿和学习使用词语或短句表达自己的需求
13~24 个月	（3）引导幼儿学会倾听并乐意执行简单的语言指令，积极使用语言进行交流
	（4）提供机会让幼儿多读绘本、多听故事、学念儿歌
25~36 个月	（1）指导幼儿正确地运用词语说出简单的句子
	（2）鼓励幼儿用语言表达自己的需求和感受
	（3）创造条件和机会，使幼儿多听、多看、多说、多问、多想，谈论生活中的所见所闻
	（4）培养幼儿阅读的兴趣和能力，学讲故事、学念儿歌

3. 指导建议

（1）创设丰富和应答的语言环境，提供正确的语言示范，保持与婴幼儿的交流与沟通，引导其倾听、理解和模仿语言。

（2）为不同月龄婴幼儿提供和阅读适合的儿歌、故事和图画书，培养早期阅读兴趣和习惯。

（3）关注语言发展迟缓的婴幼儿，并给予个别指导。

（六）认知

1. 目标

1. 充分运用各种感官探索周围环境，有好奇心和探索欲。

2. 逐步发展注意、观察、记忆、思维等认知能力。

3. 学会想办法解决问题，有初步的想象力和创造力。

2. 保育要点

7~12 个月、13~24 个月、25~36 个月三个月龄段的认知保育要点有所不同，具体情况见表 3-3-6。

表 3-3-6　7～12 个月、13～24 个月、25～36 个月认知保育要点

婴幼儿月龄段	保育要点
7～12 个月	（1）提供有利于视、听、触摸等材料，激发婴儿的观察兴趣
	（2）鼓励婴儿调动各种感官，感知物体的大小、形状、颜色、材质等
	（3）引导婴儿观察周围的事物，模仿所看到的某些事物的声音和动作
13～24 个月	（1）引导幼儿运用各种感官探索周围环境，逐步发展注意、记忆、思维等认知能力
	（2）鼓励幼儿辨别生活中常见物体的大小、形状、颜色、软硬、冷热等明显特征
	（3）鼓励幼儿在操作、摆弄、模仿等活动中想办法解决问题
25～36 个月	（1）引导幼儿运用各种感官反复持续探索周围环境，逐步巩固和加深对周围事物的认识
	（2）启发幼儿观察辨别生活中常见物体的特征和用途，进行简单的分类，并感受生活中的数学
	（3）培养幼儿在感兴趣的事情上能够保持一定的专注力
	（4）通过各种游戏和活动，鼓励幼儿主动思考、积极提问并大胆猜想，激发幼儿的想象力和创造力

3. 指导建议

（1）创设环境，促进婴幼儿通过视、听、触摸等多种感觉活动与环境充分互动，丰富认识和记忆经验。

（2）保护婴幼儿对周围事物的好奇心和求知欲，耐心回应婴幼儿的问题，鼓励自己寻找答案。

（3）在确保安全健康的前提下，支持和鼓励婴幼儿的主动探索。

（七）情感与社会性

1. 目标

（1）有安全感，能够理解和表达情绪。

（2）有初步的自我意识，逐步发展情绪和行为的自我控制。

（3）与成人和同伴积极互动，发展初步的社会交往能力。

2. 保育要点

7～12 个月、13～24 个月、25～36 个月三个月龄段的情感与社会性保育要点有所不同，具体情况见表 3-3-7。

表 3-3-7　7～12 个月、13～24 个月、25～36 个月情感与社会性保育要点

婴幼儿月龄段	保育要点
7～12 个月	（1）观察了解不同月龄婴儿的需要，把握其情绪变化，尊重和满足其爱抚、亲近、搂抱等情感需求
	（2）引导婴儿理解和辨别高兴、喜欢、生气等不同情绪
	（3）敏感察觉婴儿情绪变化，理解其情感需求并及时回应
	（4）创设温暖、愉快的情绪氛围，促进婴儿交往的积极性
13～24 个月	（1）引导幼儿用表情、动作、语言等方式表达自己的情绪
	（2）培养幼儿愉快的情绪，及时肯定和鼓励幼儿适宜的态度和行为
	（3）拓展交往范围，引导幼儿认识他人不同的想法和情绪
	（4）引导幼儿理解并遵守简单的规则

续表

婴幼儿月龄段	保育要点
25～36 个月	（1）谈论日常生活中幼儿感兴趣的人和事，引导其通过语言和行为等方式表达情绪情感
	（2）鼓励幼儿进行情绪控制的尝试，指导其学会简单的情绪调节策略
	（3）创设人际交往的机会和条件，使幼儿感受与人交往的愉悦
	（4）帮助幼儿理解和遵守简单的规则，初步学习分享、轮流、等待、协商，尝试解决同伴冲突

3. 指导建议

（1）观察了解每个婴幼儿独特的沟通方式和情绪表达特点，正确判断其需求，并给予及时、恰当的回应。

（2）与婴幼儿建立信任和稳定的情感联结，使其有安全感。

（3）建立一日生活和活动常规，开展规则游戏，帮助婴幼儿理解和遵守规则，逐步发展规则意识，适应集体生活。

（4）创造机会，支持婴幼儿与同伴和成人的交流互动，体验交往的乐趣。

三、组织与实施

（1）托育机构是实施保育的场所，应当提供健康、安全、丰富的生活和活动环境，配置符合婴幼儿月龄特点的家具、用具、玩具、图书、游戏材料和安全防护措施，并根据场地条件合理确定收托规模，配备符合要求的保育人员。

（2）托育机构负责人负责保育的组织与管理，指导、检查和评估保育人员的工作。

（3）托育机构保育人员是保育工作的主要实施者，应当具有良好的职业道德和业务能力，身心健康。负责婴幼儿日常生活照料和活动组织，主动了解和满足婴幼儿不同的发展需求，平等对待每一个婴幼儿，呵护婴幼儿健康成长。

（4）保育工作应当根据婴幼儿身心发展特点和规律，制订科学的保育方案，合理安排婴幼儿饮食、饮水、如厕、盥洗、睡眠、游戏等一日生活和活动，支持婴幼儿主动探索、操作体验、互动交流和表达表现，丰富婴幼儿的直接经验。

（5）托育机构应当建立信息管理、健康管理、疾病防控和安全防护监控制度，制定安全防护、传染病防控等应急预案，切实做好室内外环境卫生，注意防范和避免伤害，确保婴幼儿的安全和健康。

（6）托育机构应当与家庭、社区密切合作，充分整合各方资源支持托育机构保育工作，向家庭、社区宣传科学的育儿理念和方法，提供照护服务和指导服务，帮助家庭增强科学育儿能力。

第四节　消防与安全指南

一、托育机构消防安全指南（试行）

为贯彻落实《国务院办公厅关于促进婴幼儿照护服务发展的指导意见》（国办发〔2019〕15

号），根据《托育机构管理规范（试行）》要求，进一步加强托育机构消防安全管理工作，确保婴幼儿的安全和健康，国家卫生健康委、应急管理部组织制定了《托育机构消防安全指南（试行）》①（以下简称《消防安全指南》），并于2022年1月14日印发。

《消防安全指南》包含消防安全基本条件、消防安全管理、用火用电用气安全管理、易燃可燃物安全管理、安全疏散管理、应急处置管理六个部分内容。

（一）消防安全基本条件

1. 场所条件

（1）托育机构不得设置在四层及四层以上、地下或半地下，具体设置楼层应符合《建筑设计防火规范》（GB 50016）的有关规定。

（2）托育机构不得设置在“三合一”场所（住宿与生产、储存、经营合用场所）和彩钢板建筑内，不得与生产、储存、经营易燃易爆危险品场所设置在同一建筑物内。

（3）托育机构与所在建筑内其他功能场所应采取有效的防火分隔措施，当需要局部连通时，墙上开设的门、窗应采用乙级防火门、窗。托育机构与办公经营场所组合设置时，其疏散楼梯应与办公经营场所采取有效的防火分隔措施。

（4）托育机构楼梯的设置形式、数量、宽度等设置要求应符合《建筑设计防火规范》（GB 50016）的有关规定。疏散楼梯的梯段和平台均应采用不燃材料制作。托育机构设置在高层建筑内时，应设置独立的安全出口和疏散楼梯。托育机构中建筑面积大于50平方米的房间，其疏散门数量不应少于2个。

2. 室内装修材料安全要求

托育机构室内装修材料应符合《建筑内部装修设计防火规范》（GB 50222）的有关规定，不得采用易燃可燃装修材料。为防止婴幼儿摔伤、碰伤，确需少量使用易燃可燃材料时，应与电源插座、电气线路、用电设备等保持一定的安全距离。

3. 消防设施、器材安全要求

托育机构应按照国家标准、行业标准设置消防设施、器材。大中型托育机构［参照《托儿所、幼儿园建筑设计规范》（JGJ 39）的有关规定］应按标准设置自动喷水灭火系统和火灾自动报警系统（可不安装声光报警装置）；其他托育机构应安装具有联网报警功能的独立式火灾探测报警器，有条件的可安装简易喷淋设施。建筑面积50平方米以上的房间、建筑长度大于20米的疏散走道应具备自然排烟条件或设置机械排烟设施。托育机构应设置满足照度要求的应急照明灯和灯光疏散指示标志。托育机构每50平方米配置1具5 kg以上ABC类干粉灭火器或2具6 L水基型灭火器，且每个设置点不少于2具。

托育机构使用燃气的厨房应配备可燃气体浓度报警装置、燃气紧急切断装置以及灭火器、灭火毯等灭火器材，并与其他区域采取防火隔墙和防火门等有效的防火分隔措施。

4. 简易防毒面具配备要求

托育机构应根据托育从业人员、婴幼儿的数量，配备简易防毒面具并放置在便于紧急取用的位置，满足安全疏散逃生需要。托育从业人员应经过消防安全培训，具备协助婴幼儿疏散逃生的能力。

① 关于印发托育机构消防安全指南（试行）的通知[EB/OL].(2022-01-19)[2024-08-30].https://www.nhc.gov.cn/rkjcyjtfzs/c100147/202201/e193d2709c8a455e825f35df56f68cb7.shtml.

婴幼儿休息床铺设置应便于安全疏散。

5. 监控配备要求

托育机构应安装 24 小时可视监控设备或可视监控系统，图像应能在值班室、所在建筑消防控制室等场所实时显示，视频图像信息保存期限不应少于 30 天。

6. 电气线路、燃气管路的设计、敷设要求

托育机构电气线路、燃气管路的设计、敷设应由具备电气设计施工资质、燃气设计施工资质的机构或人员实施，应采用合格的电气设备、电气线路和燃气灶具、阀门、管线。

（二）消防安全管理

1. 消防安全责任制的落实

（1）托育机构应落实全员消防安全责任制。法定代表人、主要负责人或实际控制人是本单位的消防安全第一责任人，消防安全管理人应负责具体落实消防安全职责。托育从业人员应落实本岗位的消防安全责任。托育机构与租赁场所的业主方、物业方在租赁协议中应明确各自的消防安全责任。

（2）托育机构应制定安全用火用电用气、防火检查巡查、火灾隐患整改、消防培训演练等消防安全管理制度。

2. 消防安全检查与培训

（1）托育机构应严格落实防火巡查、检查要求，及时发现并纠正违规用火用电用气和锁闭安全出口等行为，对检查发现的火灾隐患，应及时予以整改。

（2）托育机构应定期开展消防安全培训，从业人员培训合格后方可上岗，上岗后每半年至少接受一次消防安全培训，尤其是加强协助婴幼儿疏散逃生技能的培训。

（3）托育机构应定期检验维修消防设施，至少每年开展一次全面检测，确保消防设施完好有效，不得遮挡、损坏、挪用消防设施器材。

（三）用火用电用气安全管理

1. 禁止明火要求

（1）托育机构不得使用蜡烛、蚊香、火炉等明火，禁止吸烟，并设置明显的禁止标志。

（2）设在高层建筑内的托育机构厨房不得使用瓶装液化气，每季度应清洗排油烟罩、油烟管道。

2. 电气线路安全要求

（1）托育机构的电气线路应穿管保护，电气线路接头应采用接线端子连接，不得采用铰接等方式连接。不得采用延长线插座串接方式取电。

（2）托育机构不得私拉乱接电线，不得将电气线路、插座、电气设备直接敷设在易燃可燃材料制作的儿童游乐设施、室内装饰物等内部及表面。

（3）托育机构内大功率电热汀取暖器、暖风机、对流式电暖气、电热膜等取暖设备的配电回路，应设置与线路安全载流量匹配的短路、过载保护装置。

（4）托育机构内冰箱、冷柜、空调以及加湿器、通风装置等长时间通电设备，应落实有效的安全检查、防护措施。

3. 充电安全要求

电动自行车、电动平衡车及其蓄电池不得在托育机构的托育场所、楼梯间、走道、安全出口违规停放、充电；具有蓄电功能的儿童游乐设施，不得在托育工作期间充电。

（四）易燃可燃物安全管理

（1）托育机构的房间、走道、墙面、顶棚不得违规采用泡沫、海绵、毛毯、木板、彩钢板等易燃可燃材料装饰装修。

（2）托育机构不得大量采用易燃可燃物挂件、塑料仿真树木、海洋球、氢气球等各类装饰造型物。

（3）除日常用量的消毒酒精、空气清新剂外，托育机构不得存放汽油、烟花爆竹等易燃易爆危险品。

（4）托育机构应定期清理废弃的易燃可燃杂物。

（五）安全疏散管理

（1）托育机构应保持疏散楼梯畅通，不得锁闭、占用、堵塞、封闭安全出口、疏散通道。疏散门应采用向疏散方向开启的平开门，不得采用推拉门、卷帘门、吊门、转门和折叠门。

（2）托育机构的常闭式防火门应处于常闭状态，并设明显的提示标识。设门禁装置的疏散门应当安装紧急开启装置。

（3）托育机构疏散通道顶棚、墙面不得设置影响疏散的凸出装饰物，不得采用镜面反光材料等影响人员疏散。

（4）托育机构不得在门窗上设置影响逃生和灭火救援的铁栅栏等障碍物，必须设置时应保证火灾情况下能及时开启。

（六）应急处置管理

1. 灭火和应急疏散预案及消防演练

（1）托育机构应制定灭火和应急疏散预案，针对婴幼儿疏散应有专门的应急预案和实施方法，明确托育从业人员协助婴幼儿应急疏散的岗位职责。

（2）托育机构应每半年至少组织开展一次全员消防演练，尤其是要针对婴幼儿没有自主疏散能力的特点，加强应急疏散演练。

（3）托育机构应与所在建筑的消防控制室、志愿消防队或微型消防站建立联勤联动机制，建立可靠的应急通讯联络方式，并每年开展联合消防演练。

2. 从业人员消防基本技能

（1）托育机构的从业人员应掌握简易防毒面具和室内消火栓、消防软管卷盘、灭火器、灭火毯的操作使用方法，知晓“119”火警报警方法程序，具备初起火灾扑救和组织应急疏散逃生的能力。

（2）婴幼儿休息期间，托育机构应明确 2 名以上人员专门负责值班看护，确保发生火灾事故时能够快速处置、及时疏散。

二、托育机构婴幼儿伤害预防指南（试行）

为贯彻落实《国务院办公厅关于促进 3 岁以下婴幼儿照护服务发展的指导意见》（国办发〔2019〕15 号）精神，国家卫生健康委依据《托育机构设置标准（试行）》《托育机构管理规范（试行）》《托儿所、幼儿园建筑设计规范（2019 年版）》《儿童伤害预防与控制工作指南》等，组织编写了《托育机构婴幼儿伤害预防指南（试行）》① （以下简称《伤害预防指南》），并于2021年1月12日印发。《伤害预防指南》适用于经有关部门登记、卫生健康部门备案，为3岁以下婴幼儿提供全日托、半日托、计时托、临时托等托育服务的机构。

伤害是儿童面临的重要健康威胁，造成了沉重的疾病负担。婴幼儿伤害的发生与其自身生理和行为特点、被照护情况、环境等诸多因素有关。常见的伤害类型包括窒息、跌倒伤、烧烫伤、溺水、中毒、异物伤害、道路交通伤害等。大量证据表明，伤害不是意外，可以预防和控制。

托育机构应当最大限度地保护婴幼儿的安全健康，切实做好伤害防控工作，建立伤害防控监控制度，制定伤害防控应急预案，重点开展五方面工作：第一，根据现有法律和相关规定要求，落实安全管理的主体责任，健全细化安全防护制度，认真执行各项安全措施。第二，排查并去除托育机构内环境安全隐患，提升环境安全水平。第三，规范和加强对婴幼儿的照护。第四，开展针对工作人员、家长以及幼儿的伤害预防教育和技能培训。第五，加强对工作人员的急救技能培训，配备基本的急救物资。

《伤害预防指南》主要针对窒息、跌倒伤、烧烫伤、溺水、中毒、异物伤害、道路交通伤害等3岁以下婴幼儿常见的伤害类型，为托育机构管理者和工作人员在安全管理、改善环境、加强照护等方面开展伤害预防提供技术指导和参考。

（一）婴幼儿窒息预防

窒息是指呼吸道内部或外部障碍引起血液缺氧的状态。常见的婴幼儿窒息原因包括被床上用品、成人身体、塑料袋等罩住口鼻；吸入和咽下食物、小件物品、呕吐出的胃内容物等阻塞气道；绳带等绕颈造成气道狭窄；长时间停留在密闭空间导致缺氧等。

1. 安全管理

制定和落实预防婴幼儿窒息的管理细则，主要内容包括：婴幼儿生活环境和娱乐运动设备导致窒息风险的定期排查和清除；婴幼儿睡眠、喂养照护与管理；婴幼儿服饰、玩具安全管理；工作人员预防婴幼儿窒息的安全教育和技能培训。

2. 改善环境

（1）将绳带、塑料袋、小块食物、小件物品等可造成婴幼儿绕颈或窒息的物品放在婴幼儿不能接触的位置。

（2）使用玩具、儿童用品等前后，检查有无零件、装饰物、扣子等破损、脱落或丢失。

（3）排除护栏、家具、娱乐运动设备中可能卡住婴幼儿头颈部的安全隐患。

（4）在橱柜、工具房等密闭空间设置防护设施，防止婴幼儿进入。

3. 加强照护

（1）婴幼儿睡眠时，检查其口鼻是否被床上用品、衣物等覆盖，并及时清除。

（2）不喂食易引起窒息的食物；婴幼儿进食时保持安静，避免跑跳、打闹等行为。

（3）婴幼儿在娱乐运动设备上玩耍时，加强看护，避免拉绳、网格等造成窒息。

（二）婴幼儿跌倒伤预防

跌倒伤是指一个人因倒在地面、地板或其他较低平面上的非故意事件造成的身体损伤。常见的

---

① 国家卫生健康委办公厅关于印发托育机构婴幼儿伤害预防指南（试行）的通知[EB/OL].(2021-01-20)[2024-08-30].https://www.nhc.gov.cn/rkjcyjtfzs/c100147/202101/b74138de13904f1ab1c65302aaea4d79.shtml.

婴幼儿跌倒伤原因包括：滑倒；从家具、楼梯或娱乐运动设备上跌落；从阳台坠楼等。婴幼儿正处于运动能力的发展过程中，跌倒较常见，托育机构应加强防护，预防婴幼儿跌倒伤。

1. 安全管理

制定和落实预防婴幼儿跌倒伤的管理细则，主要内容包括：严格执行《托儿所、幼儿园建筑设计规范（2019 年版）》相关条文；婴幼儿生活环境和娱乐运动设备跌倒伤风险的定期排查和清除；婴幼儿玩耍娱乐、上下楼、睡眠等活动的安全照护与管理；婴幼儿服饰、玩具安全管理；工作人员预防婴幼儿跌倒伤的安全教育和技能培训。

2. 改善环境

（1）地面应平整、防滑、无障碍、无尖锐突出物，并宜采用软质地坪；清除可能绊倒婴幼儿的家具、电线、玩具等物品。

（2）楼梯处装有楼梯门，确保婴幼儿不能打开。

（3）规范安装娱乐运动设备，设备周围地面使用软质铺装。

（4）婴幼儿床有护栏。

（5）在窗户、楼梯、阳台等周围不摆放可攀爬的家具或设施。

（6）墙角、窗台、暖气罩、窗口竖边等阳角处应做成圆角，家具选择圆角或使用保护垫。

3. 加强照护

（1）工作人员与家长沟通，为婴幼儿选择适宜活动的鞋、衣服等服饰。

（2）为婴幼儿换尿布、衣物时，工作人员应专心看护，始终与其保持近距离，中途不能离开。

（3）婴幼儿使用娱乐运动设备过程中或上下楼梯时，工作人员应加强看护，与其保持较近距离并确保婴幼儿在视线范围内。

（4）婴幼儿玩耍运动前，对玩耍运动环境、设备设施进行安全性检查。

（三）婴幼儿烧烫伤预防

烧烫伤是由热辐射导致的对皮肤或者其他机体组织的损伤，包括皮肤或其他组织中的部分或全部细胞因热液（烫伤）、热的固体（接触烧烫伤）、火焰（烧伤）等造成的损伤以及由放射性物质、电能、摩擦或接触化学物质造成的皮肤或其他器官组织的损伤。常见的婴幼儿烧烫伤原因包括热粥、热水等烫伤，取暖设备等烫伤，蒸汽高温等烫伤，火焰烧伤等。

1. 安全管理

制定和落实预防婴幼儿烧烫伤的管理细则，主要内容包括：严格执行《托儿所、幼儿园建筑设计规范（2019 年版）》相关条文；婴幼儿生活环境烧烫伤风险的定期排查和清除；婴幼儿进食、玩耍娱乐、洗浴清洁等活动照护与管理；婴幼儿玩具用品、电器、取暖设备安全管理；工作人员预防婴幼儿烧烫伤的安全教育和技能培训。

2. 改善环境

（1）设置热水器出水最高温度应低于 45 摄氏度。

（2）设置专门区域存放热水、热饭菜、温奶器、消毒锅等物品，专用房间放置开水炉，并设置防护措施防止婴幼儿接触；使用门栏或护栏等防止婴幼儿误入厨房、浴室等可能造成烧烫伤的区域。

（3）桌子、柜子不使用桌布等覆盖物，以避免婴幼儿拉扯桌布，热源物倾倒、坠落。

（4）化学用品、打火机、火柴等物品专门保管并上锁；不使用有明火的蚊香驱蚊。

3. 加强照护

（1）婴幼儿饮食、盥洗前检查温度。

（2）加热、取放热物时观察周围有无婴幼儿，避免因碰撞、泼洒造成烫伤。

（3）安全使用暖水袋等可能造成婴幼儿烫伤的用品。

（四）婴幼儿溺水预防

溺水为一个因液体进入而导致呼吸损伤的过程。常见的婴幼儿溺水地点包括：浴缸、水盆、水桶等室内设施；池塘、游泳池等室外场所。

1. 安全管理

制定和落实预防婴幼儿溺水的管理细则，主要内容包括：婴幼儿生活环境溺水风险的定期排查和清除；婴幼儿洗浴清洁、玩耍等活动照护与管理；工作人员预防婴幼儿溺水的安全教育和技能培训。

2. 改善环境

（1）托育机构内的池塘、沟渠、井、鱼缸、鱼池、涉水景观等安装护栏、护网。

（2）水缸、盆、桶等储水容器加盖，并避免婴幼儿进入储水容器所在区域。使用完水池、浴缸、盆、桶后及时排水。

3. 加强照护

（1）保持婴幼儿在工作人员的视线范围内，避免婴幼儿误入盥洗室、厨房、水池边等有水区域。

（2）婴幼儿在水中或水边时，工作人员应专心看护，始终与其保持近距离，中途不能离开。

（五）婴幼儿中毒预防

中毒是指因暴露于一种外源性物质造成细胞损伤或死亡而导致的伤害。常见的毒物包括：农药、药物、日用化学品、有毒植物、有毒气体等。本指南的中毒指急性中毒，不包括慢性中毒。

1. 安全管理

制定和落实预防婴幼儿中毒的管理细则，主要内容包括：婴幼儿生活环境中毒风险的定期排查和清除；婴幼儿安全用药；工作人员预防婴幼儿中毒的安全教育和技能培训。

2. 改善环境

（1）将药物、日用化学品等存放在婴幼儿无法接触的固定位置。

（2）规范使用消毒剂、清洁剂。

（3）使用煤火取暖的房间应有窗户、风斗等通风结构，并保证正常工作；正确安装、使用符合标准的燃气热水器。

（4）托育机构内不种植有毒植物，不饲养有毒动物。

3. 加强照护

（1）玩具及生活用品应安全无毒，同时工作人员要关注婴幼儿的啃咬行为，避免婴幼儿因啃咬而导致中毒。

（2）避免有毒食物引起婴幼儿中毒，例如有毒蘑菇、未彻底加热煮熟的扁豆等。

（六）婴幼儿异物伤害预防

异物伤害是指因各种因素导致异物进入体内，并对机体造成一定程度损伤，出现了各种症状和体征，如食道穿孔、气道梗阻、脑损伤等。婴幼儿异物伤害多因异物通过口、鼻、耳等进入身体造成损伤，常见的异物包括：食物、硬币、尖锐异物、电池、小磁铁、气球、玩具零件及碎片等。

1. 安全管理

制定和落实预防婴幼儿异物伤害的管理细则，主要内容包括：婴幼儿生活环境异物伤害风险的定期排查和清除；婴幼儿饮食、玩耍等活动照护与管理；婴幼儿食物、玩具、儿童用品安全管理；工作人员预防婴幼儿异物伤害的安全教育和技能培训。

2. 改善环境

（1）将硬币、电池、小磁铁、装饰品（例如项链、皮筋、耳环等）、文具（例如笔帽、别针）等小件物品放置在婴幼儿接触不到的区域。

（2）使用玩具、儿童用品等前后，检查有无零件、装饰物、扣子等破损、脱落或丢失。

（3）定期检查家具、娱乐运动设备有无易掉落的零件、装饰物（例如螺丝钉、螺母等），并固定。

3. 加强照护

（1）及时收纳可能被婴幼儿放入口、鼻、耳等身体部位的小件物品。

（2）及时制止婴幼儿把硬币、电池等小件物品放入口、鼻、耳等身体部位的行为。

（3）选择适龄玩具，不提供含有小磁铁、小块零件的玩具。

（4）不提供易导致异物伤害的食物，如含有鱼刺、小块骨头的食物。

（七）婴幼儿道路交通伤害预防

道路交通伤害是指道路交通碰撞造成的致死或非致死性损伤。道路交通碰撞是指发生在道路上至少牵涉一辆行进中车辆的碰撞或事件。

1. 安全管理

制定和落实预防婴幼儿道路交通伤害的管理细则，主要内容包括：托育机构车辆安全要求和管理制度，携带婴幼儿出行安全管理制度；托育机构内车辆行驶、停放安全管理制度，运输婴幼儿出行车辆驾驶员的资质要求，儿童安全座椅安全使用要求；工作人员预防婴幼儿道路交通伤害的安全教育和技能培训。

2. 改善环境

（1）托育机构内将婴幼儿活动区域与车辆行驶和停靠区域隔离。

（2）托育机构出入口设立专门安全区域。

（3）托育机构出入口与道路间设置隔离设施。

3. 加强照护

（1）携带婴幼儿出行时，应严格遵守道路交通法规。

（2）携带婴幼儿出行时，密切看管并限制婴幼儿随意活动。

（3）携带婴幼儿出行时，给婴幼儿穿戴有反光标识的衣物。

（4）婴幼儿乘坐童车出行时，规范使用童车安全带。

（八）其他伤害预防

除上述伤害类型以外，还要注意动物伤、锐器伤、钝器伤、冻伤、触电等其他类型伤害的预防控制。托育机构应针对本地区 3 岁以下婴幼儿实际面临的伤害问题，开展伤害防控工作，最大程度地确保婴幼儿健康安全。

（九）婴幼儿伤害紧急处置提示

（1）日常加强工作人员的急救知识培训，掌握基本急救技能。

（2）发生严重婴幼儿伤害时，立即呼救并拨打“120”急救电话。等待救援期间，密切关注婴幼儿的生命体征，在掌握急救技能的前提下先予以现场急救。

（3）非严重婴幼儿伤害可先自行处置，并根据伤害情况决定是否送医。

（4）通知监护人。

第五节　人员培训大纲

为深入贯彻《国务院办公厅关于促进3岁以下婴幼儿照护服务发展的指导意见》（国办发〔2019〕15号）精神，切实加强托育服务人才队伍建设，国家卫生健康委组织制定了《托育机构负责人培训大纲（试行）》和《托育机构保育人员培训大纲（试行）》，并于2021年8月19日印发。①

一、托育机构负责人培训大纲（试行）

（一）培训对象

拟从事或正在从事托育机构管理工作的负责人。

（二）培训方式

采用理论和实践相结合、线上与线下相结合的方式。培训总时间不少于60学时，其中理论培训不少于40学时，实践培训不少于20学时。

（三）培训目标

通过培训，使参训托育机构负责人端正办托思想，正确理解贯彻党和国家的托育服务方针政策；规范办托行为，具备履行岗位职责必备的基本知识与能力；增强管理能力，能够科学组织与管理托育机构。

1. 端正办托思想

（1）熟悉并执行托育服务相关政策法规，增强法治意识，履行岗位职责，遵守行业规范。

（2）具备良好的职业道德，树立正确科学的儿童观、保育观。

2. 规范办托行为

（1）理解托育机构管理岗位要求，能够建立信息管理、健康管理、疾病防控和安全防护监控制度，制定安全防护、传染病防控等应急预案，确保婴幼儿的安全和健康。

（2）根据婴幼儿身心发展特点和规律，制订科学的保育方案，合理安排一日生活和活动，提供支持性环境，满足婴幼儿健康成长的需要。

3. 提升管理能力

（1）规划托育机构发展，加强保育的组织与管理，增强对保育人员的指导、检查和评估，引领托育机构质量提升。

① 国家卫生健康委办公厅关于印发托育机构负责人培训大纲（试行）和托育机构保育人员培训大纲（试行）的通知[EB/OL].(2021-08-23)[2024-08-30].https://www.nhc.gov.cn/rkjcyjtfzs/c100147/202108/854d0b63dbf343bda37e227b484f69e2.shtml.

（2）与家庭、社区密切合作，整合各方资源支持托育机构保育工作，向家长、社区提供照护服务和指导服务，帮助家庭增强科学育儿能力。

（四）培训内容

1. 理论培训内容

（1）法律法规和政策文件。《中华人民共和国未成年人保护法》《中华人民共和国母婴保健法》《中华人民共和国母婴保健法实施办法》《中华人民共和国食品安全法》《托儿所幼儿园卫生保健管理办法》等相关法律法规，《国务院办公厅关于促进3岁以下婴幼儿照护服务发展的指导意见》《托育机构设置标准（试行）》《托育机构管理规范（试行）》《托儿所、幼儿园建筑设计规范》《建筑设计防火规范》《托育机构登记和备案办法（试行）》《托育机构保育指导大纲（试行）》《托育机构婴幼儿伤害预防指南（试行）》《婴幼儿喂养健康教育核心信息》等相关政策文件。

（2）职业道德。职业认同、岗位职责、行业规范、儿童权利、婴幼儿家庭合法权益、心理健康知识。

（3）专业理念。儿童观，保育观，与家庭、社区合作共育观念，医育结合理念。

（4）规范发展。登记备案、托育服务协议签订、收托健康检查、收托信息管理、信息公示、机构发展规划、机构发展反思与改进。

（5）卫生保健知识。室内外环境卫生，设施设备、用品、材料等卫生消毒，婴幼儿常见疾病、传染病、伤害的预防与控制，科学喂养与膳食添加，睡眠环境与照护，晨午检与全日健康观察，体格锻炼，心理行为保健，工作人员健康管理。

（6）安全防护。安全消防知识，食品安全知识，场地设施，婴幼儿适龄的家具、用具、玩具、图书、游戏材料配备要求，安全防护措施和检查，突发事件应急预案与处理。

（7）保育管理。婴幼儿生理、心理发展知识，一日生活和活动安排与组织，生活与卫生习惯培养，动作、语言、认知、情感与社会性等方面保育要点，户外活动要求与组织，游戏安排与组织，环境创设与利用。

（8）人员队伍管理。人员配备与资格要求、人员劳动合同签订、人员合法权益保障、人员职位晋升与工作激励、人员岗前培训与定期培训、人员安全与法治教育、人员专业发展规划、人员心理健康管理。

（9）外部关系。家长会议、家长接待与咨询、家长委员会、家长开放日等与家庭合作相关的要求与策略，向家庭、社区提供照护服务和指导服务的内容与策略，配合主管部门业务指导的内容与要求。

2. 实践培训内容

（1）机构规范设置。托育机构场地、建筑设计、室内外环境、设施设备、图书与游戏材料等规范设置的实践观摩与学习。

（2）日常管理制度。信息管理、健康管理、膳食管理、疾病防控、安全防护、人员管理、人员培训、财务管理、家长与社区联系等制度的建立与实施，年度工作计划制定与定期报告，托育机构质量评估制度的建立与落实。

（3）保育活动组织。入托、晨检、饮食、饮水、如厕、盥洗、睡眠、游戏、离托等一日生活安排与指导，动作、语言、认知、情感与社会性等保育活动组织与指导，环境创设，照护服务日常记录和反馈，保育人员工作的检查和评估。

（4）应急管理训练。婴幼儿常见伤害急救基本技能，防范、避险、逃生、自救的基本方法，消防、安全保卫等演练，突发意外伤害的处理程序，安全突发事件应急处理程序。

（五）培训原则

1. 岗位胜任原则

培训应以托育机构负责人岗位要求为重点，通过系统培训引导与自主学习反思相结合的方式，促进托育机构负责人明晰岗位工作任务，具备胜任岗位职责的基本知识与能力。

2. 需求导向原则

培训应以托育机构负责人在管理工作中的重点与难点为出发点，综合考虑岗位需求和发展需要，按需施教，优化培训内容，确保托育机构负责人学以致用、用以促学、学用相长。

3. 多元方式原则

培训可通过专题讲座、网络研修、研讨交流、案例分析、返岗实践等多元方式，借助互联网等手段，推动托育机构负责人理论学习和现场观摩相结合、线上学习与线下研修相结合，提高培训的便捷性、有效性。

（六）培训考核

培训考核内容分为理论考试和实践技能考核两部分，各级卫生健康部门负责对培训效果进行抽查。

二、托育机构保育人员培训大纲（试行）

（一）培训对象

拟从事或正在从事托育机构保育工作的保育人员。

（二）培训方式及时间

采用理论和实践相结合、线上与线下相结合的方式。培训总时间不少于120学时，其中理论培训不少于60学时，实践培训不少于60学时。

（三）培训目标

通过培训，使参训保育人员熟悉托育服务法规与政策，树立法治意识与规范保育思想；学习保育工作的基本技能与方法，强化安全保育意识；掌握婴幼儿早期发展与回应性照护的知识与策略，提升科学保育素养。

1. 增强规范保育意识

（1）熟悉托育服务相关政策法规，遵守保育人员岗位职责和基本规范。

（2）具备良好的职业道德和专业认同感；树立正确的保育观念，坚持儿童优先，保障儿童权利。

2. 掌握安全保育方法

（1）切实做好安全防护工作，最大限度地保护婴幼儿的安全和健康。

（2）掌握婴幼儿卫生保健、生活照料等保育工作的基本方法和操作规范。

3. 提升科学保育能力

（1）合理安排婴幼儿的生活和活动，具备促进婴幼儿早期发展的能力，满足婴幼儿身体发育和心理发展的需要。

（2）掌握与家庭及社区沟通合作的技巧，提供科学育儿指导，及时进行专业反思。

（四）培训内容

1. 理论培训内容

（1）法律法规和政策文件。《中华人民共和国未成年人保护法》《中华人民共和国母婴保健法》《中华人民共和国母婴保健法实施办法》《托儿所幼儿园卫生保健管理办法》等相关法律法规；《国务院办公厅关于促进3岁以下婴幼儿照护服务发展的指导意见》《托育机构设置标准（试行）》《托育机构管理规范（试行）》《托育机构保育指导大纲（试行）》《托育机构婴幼儿伤害预防指南（试行）》《婴幼儿喂养健康教育核心信息》等相关政策文件。

（2）职业道德。职业规范、职业责任、儿童权利保护、专业认同、人文素养、心理健康等。

（3）专业理念。儿童观、保育观、医育结合理念等。

（4）卫生保健知识。卫生与消毒、物品管理、生长发育监测、体格锻炼、心理行为保健、婴幼儿常见病预防与管理、传染病预防与控制、健康信息收集。

（5）安全防护。食品安全知识、环境与设施设备防护安全、婴幼儿常见伤害预防与急救、意外事故报告原则与流程等。

（6）生活照料。各月龄营养与喂养要点、进餐照护、饮水照护、睡眠照护、生活卫生习惯培养、出行照护等。

（7）早期发展支持。婴幼儿生理、心理发展知识，婴幼儿个体差异与支持，特殊需要婴幼儿识别与指导，活动设计与组织等。

（8）沟通与反思。日常记录与反馈，与家庭、社区沟通合作，家庭、社区科学养育指导，保育实践反思等。

2. 实践培训内容

（1）卫生消毒。活动室、卧室等室内外环境卫生清扫、检查和预防性消毒，抹布、拖布等卫生洁具的清洗与存放，床上用品、玩具、图书、餐桌、水杯、餐巾等日常物品的清洁与预防性消毒。

（2）健康管理。晨午检及全日健康观察，运动和体格锻炼，健康行为养成，计划免疫宣传与组织等。

（3）疾病防控。发热、呕吐、腹泻、惊厥、上呼吸道感染等常见疾病的识别、预防与护理，手足口、疱疹性咽炎、水痘、流感等婴幼儿常见传染病的识别、报告与隔离，贫血、营养不良、肥胖等营养性疾病，先心病、哮喘、癫痫等疾病婴幼儿的登记和保育护理。

（4）安全防护。窒息、跌倒伤、烧烫伤、溺水、中毒、异物伤害、动物致伤、道路交通伤害等常见伤害急救技能，地震等重大自然灾害的逃生流程与演练，火灾、踩踏、暴力袭击等突发事件的预防与应急处理。

（5）饮食照护。膳食搭配，辅食添加，喂养方法，进餐环境创设，进餐看护与问题识别，独立进餐、专注进食、不挑食等饮食习惯培养，辅助婴幼儿水杯饮水等。

（6）睡眠照护。睡眠环境创设，困倦信号识别，睡眠全过程观察、记录与照护；规律就寝、独立入睡等睡眠习惯培养，睡眠问题的识别与应对，婴幼儿睡眠的个别化照护等。

（7）清洁照护。刷牙、洗手、洗脸、漱口和擦鼻涕等盥洗的方法，便器的使用方法，尿布/纸尿裤/污染衣物的更换，便后清洁的方法，如厕习惯培养，婴幼儿大、小便异常的处理等。

（8）活动组织与支持。一日生活和活动的安排，生活和活动环境的创设与利用，活动材料的配备，动作、语言、认知、情感与社会性等活动的组织与实施，游戏活动的支持与引导，婴幼儿行为观察与分析，婴幼儿需求的识别与回应等。

（五）培训原则

1. 岗位胜任原则

培训应以托育机构保育人员岗位要求为重点，通过系统培训引导与自主学习反思相结合的方式，促进保育人员明晰岗位工作任务，具备胜任岗位职责的基本知识与能力。

2. 需求导向原则

培训应以托育机构保育人员在保育工作中的重点和难点为出发点，综合考虑岗位需求和发展需要，按需施教，优化培训内容，确保保育人员所学即所需、所学即所用、学用相长。

3. 多元方式原则

培训应通过专题讲座、网络研修、研讨交流、案例分析、返岗实践等多元方式，借助互联网等手段，推动托育机构保育人员理论学习和实践观摩相结合、线上学习与线下研修相结合，提高培训实效性。

（六）培训考核

培训考核内容分为理论考试和实践技能考核两部分，各级卫生健康部门负责对培训效果进行抽查。

第六节 托育机构质量评估标准

《托育机构质量评估标准》（WS/T 821—2023）① （以下简称《评估标准》）是由中国儿童中心、中国疾病预防控制中心妇幼保健中心、北京师范大学中国基础教育质量监测协同创新中心、首都师范大学学前教育学院、北京中基智库教育咨询有限公司起草，由国家卫生健康委医疗管理服务指导中心负责技术审查、技术咨询、协调和格式审查，由国家卫生健康委人口监测与家庭发展司负责业务管理、法规司负责统筹管理。

一、《评估标准》颁布的重要意义

《评估标准》是托育服务标准规范体系中第一部以行业标准形式颁布的，其对我国托育服务行业具有以下重要意义。

首先，这一标准的出台为托育服务行业的高质量发展明确了规则和方向。通过设定具体的评估标准，包括办托条件、托育队伍、保育照护、卫生保健、养育支持、安全保障和机构管理等方面的内容，确保了托育机构的服务质量和安全性，从而提升了公众对托育服务的信任度和满意度。

其次，《评估标准》有助于推进托育机构的标准化、规范化和品牌化水平的提升。通过明确托育机构应具备的条件和要求，如安全设施设备的安装、工作人员的健康证明和无犯罪记录证明等，强化了托育机构的人员管理和硬件设施要求，进一步保障了婴幼儿的安全和健康。

---

① 关于发布推荐性卫生行业标准《托育机构质量评估标准》的通告[EB/OL].(2023-11-02)[2024-08-30].https://www.nhc.gov.cn/fzs/c100048/202311/57f6f5c484bf40b79d3fe84b590bd791.shtml.

此外，《评估标准》的实施还有助于降低托育行业的成本负担，加大投融资保障力度，为提升托育服务质量提供支撑。确立行业标准，可以为织密“幼有所育”的民生安全网提供政策兜底，促进婴幼儿照护服务体系多元化、多样化发展，覆盖城乡，满足不同家庭的需求。

综上所述，《评估标准》的颁布推动了行业的标准化和规范化发展，为婴幼儿照护服务的发展提供了重要的政策支持和保障。

二、《评估标准》适用范围

《评估标准》适用于对为3岁以下婴幼儿提供全日托照护服务的机构（含幼儿园的托班）的评估。对提供半日托、计时托、临时托等照护服务的托育机构的评估可参照执行。

三、《评估标准》规范相关术语的概念

托育机构：由单位（事业单位、社会组织、企业等）或个人举办，由专业人员为3岁以下婴幼儿提供全日托、半日托、计时托、临时托等照护服务的机构。

托育工作人员：托育机构中的所有工作人员。托育工作人员包括托育机构负责人、保育人员、卫生保健人员、保安人员、炊事人员等。

保育人员：在托育机构中通过创设适宜环境，合理安排一日生活和活动，为3岁以下婴幼儿提供生活照护、安全看护、平衡膳食和早期学习机会，促进婴幼儿身体和心理全面发展的人员。

照护服务：根据婴幼儿发展的年龄特点和个体差异，由托育工作人员在托育机构直接或间接为3岁以下婴幼儿提供生活照护、安全看护、平衡膳食和早期学习机会，为家庭和社区提供科学育儿指导服务，促进婴幼儿身体和心理的全面发展。

四、《评估标准》实施时间

《评估标准》于2023年10月21日发布，2024年4月1日开始实施。

五、《评估标准》主要内容

《评估标准》主要从办托条件、托育队伍、保育照护、卫生保健、养育支持、安全保障和机构管理七个方面进行评估。

（一）办托条件

1. 托育机构资质

（1）应取得提供托育服务的营业执照，营业范围中应明确注明“托育服务”或“3岁以下婴幼儿照护服务”。

（2）自制婴幼儿餐食的托育机构应具有经营期内《食品经营许可证》原件，外送婴幼儿餐食的托育机构应具有加盖外送餐单位公章的《食品经营许可证》（主体业态标注“集体用餐配送单位”字样）复印件、具有与外送餐单位签订的送餐合同，配有专门的备餐间。

（3）应按照国家卫生健康委《关于做好托育机构卫生评价工作的通知》要求，具有自我评价合格的托育机构卫生评价报告。

（4）应具备年度内的消防安全检查合格证明。

（5）应在托育机构所在地的县级卫生健康部门完成备案。

2. 环境空间

（1）设有满足婴幼儿生活游戏的生活用房及适当的辅助用房。婴幼儿生活用房应布置在3层及以下，不应布置在地下室或半地下室。配备保健观察室，建筑面积不少于6平方米，至少设有1张儿童观察床；保健观察室应与婴幼儿生活用房有适当的距离，并应与婴幼儿活动路线分开。有乳儿班（6~12个月）和托小班（12~24个月）的设有配奶的操作台或配奶室。乳儿班设有哺乳室或有布帘等遮挡的可供哺乳的空间，以及辅食调制台。设有机构的婴幼儿专用的盥洗室和厕所，盥洗室内有流动水洗手装置。有活动区、就餐区、睡眠区（可混用）。

（2）为婴幼儿提供与生活游戏相适宜的室内外活动场所，面积适宜。乳儿班（6~12个月）活动区的使用面积不低于15平方米。托小班（12~24个月）和托大班（24~36个月）活动室的使用面积不低于35平方米，睡眠区与活动区合用时使用面积不小于50平方米。室外活动场地地面平整、防滑、无障碍、无尖锐突出物，采用软质地坪。有独立室外活动场地的，婴幼儿人均使用面积不小于3平方米。无独立室外活动场地的，设室内运动场地。

（3）婴幼儿用房明亮，天然采光，生活用房窗洞开口面积不应小于该房间面积的20%。生活用房不宜朝西，当不可避免时，应采取遮阳措施。

（4）房屋空气质量应合格，符合现行国家标准GB/T 18883。室外活动场地如果使用合成材料，应符合现行国家标准GB 36246。

3. 设备设施

（1）应配置符合婴幼儿年龄特点和安全卫生要求的生活设备设施，婴幼儿桌椅符合现行国家标准GB/T 3976。

（2）婴幼儿的生活和游戏空间应安全，地面、窗户、防护栏、家具、家电等设备设施符合现行行业标准JGJ 39。

（3）婴幼儿用房通风，温度和湿度适宜，符合现行行业标准JGJ 39。

4. 玩具材料

（1）配备符合不同月龄婴幼儿动作、认知、语言、情感与社会性等各个领域发展特点的玩具，数量充足、多样，具有安全环保标识，符合现行国家标准GB 6675。鼓励结合地域特点和婴幼儿特点，利用自然材料或生活材料自制玩具，玩具安全、环保。

（2）配备符合不同月龄婴幼儿认知发展水平的图书，数量充足、种类多样。每名幼儿不少于1册，种类不少于4类，且干净环保。

（二）托育队伍

1. 人员配备

（1）负责人应具有大专及以上学历，有从事儿童保育教育、卫生健康等相关管理工作3年以上的经历。

（2）保育人员应具有中专或普通高中及以上学历，并具有婴幼儿照护经验或相关专业背景，具备良好职业道德。合理配备保育人员，与婴幼儿的比例应不低于以下标准：乳儿班1∶3，托小班1∶5，托大班1∶7。18个月以上的婴幼儿可混合编班，每个班不超过18人，且保育人员与婴幼儿的人数比例不低于1∶5。

（3）托育机构应配备卫生保健人员，卫生保健人员应具有高中以上学历，经过妇幼保健机构组织的卫生保健专业知识培训合格。收托50名及以下婴幼儿的，至少配备1名兼职卫生保健人员；收托50名以上、100名及以下婴幼儿的，至少配备1名专职卫生保健人员；收托100名以上婴幼儿的，至少配备1名专职和1名兼职卫生保健人员。卫生保健人员包括医师、护士和保健员。卫生保健人员工作期间应接受继续教育培训，且考核合格。

（4）自制婴幼儿餐食的托育机构，收托50名及以下婴幼儿的，应配备1名炊事人员；收托50名以上的，每增加50名婴幼儿应增加1名炊事人员。外送婴幼儿餐食的托育机构，应有食品安全管理人员。

（5）所有托育工作人员应具有健康证明，且在有效期内（每年至少健康检查一次，健康检查项目依据《托儿所幼儿园卫生保健工作规范》）；不带病上岗。精神病患者、有精神病史者不得在托育机构工作。

（6）所有托育工作人员应具有完全民事行为能力，有户籍地或者居住地公安派出所出具的无犯罪记录证明。

2. 队伍建设

（1）负责人应经过托育机构负责人岗位培训合格，培训总时间不少于60学时，其中理论培训不少于40学时，实践培训不少于20学时。保育人员应经过托育机构保育人员培训合格，培训总时间不少于120学时，其中理论培训不少于60学时，实践培训不少于60学时。

（2）支持托育工作人员的专业提升，鼓励通过各种途径（如教研、跟岗学习等）学习发展。

（3）通过建立制度、组织培训、监测、心理评估等方式，确保托育工作人员身心健康且具有良好的职业道德修养。所有托育工作人员应无任何暴力、虐待、损害婴幼儿身心健康的语言和行为（如辱骂、推搡、歧视、体罚或变相体罚、漠视等），托育机构等若发现托育工作人员有上述行为，应依法向公安、民政、卫生健康等部门报告。

3. 权益保障

应依法与所有托育工作人员签订劳动合同。所有托育工作人员的工资应按月足额及时发放，并为所有符合条件的托育工作人员办理缴纳社会保险费。

（三）保育照护

1. 情感氛围

创设安全、宽松、快乐的情感氛围。保育人员以温暖、尊重的态度与婴幼儿积极交流互动，尽可能及时回应婴幼儿的情感需求。

2. 生活照护

（1）根据婴幼儿的生理节律科学安排哺喂、饮水、进餐、换尿布、如厕、盥洗、睡眠、活动等一日生活，各项内容时间安排相对固定，保证作息的规律性。一日生活的过渡环节组织有序，把握过渡环节中蕴含的婴幼儿的学习与发展机会，基本无消极等待时间。

（2）婴幼儿的午睡或休息时间适宜，可保证不同月龄段婴幼儿有充足的睡眠时间。婴幼儿喝奶或进餐后有休息放松的时间。应为婴幼儿提供适宜、安全的睡眠环境。定期消毒婴幼儿睡眠用具，保证干净卫生。应在婴幼儿睡眠期间做好巡视和照护，并做好巡查记录。

（3）根据婴幼儿的月龄特点培养自主进餐的习惯和能力，为婴幼儿营造愉快的进餐氛围并加强进餐看护，培养婴幼儿良好饮食行为和习惯，引导婴幼儿均衡膳食、规律就餐。

（4）根据婴幼儿月龄特点和发展水平，提供自我照料的机会，鼓励婴幼儿发展生活自理能力，培养良好的卫生习惯。

3. 发展支持

（1）根据婴幼儿的月龄特点、实际发展情况和个体差异等特点，制订多种形式的活动计划（包括年度、半年、月、周计划等）和明确的发展性目标。活动计划以自由分散活动为主，统一组织的集体活动时间应适合不同月龄段婴幼儿的发展特点，托小班（13~24 个月）每次集体活动时间 5~8 分钟，托大班（25~36 个月）每次集体活动时间 10~15 分钟；内容涵盖动作、语言、认知、情感与社会性等方面，内容全面、相对均衡、贴近婴幼儿生活。

（2）婴幼儿每日室内外活动时间不少于 3 小时，其中户外活动不少于 2 小时。乳儿班及小月龄段婴幼儿，可酌情减少户外活动时间，寒冷、炎热季节或特殊天气情况下也可酌情调整户外活动时间。提供适宜且充足的材料，开展符合婴幼儿月龄特点的活动，锻炼婴幼儿的精细动作技能。

（3）在生活照护中积极地通过语言交流和非语言交流，激发婴幼儿与同伴或成人的交流互动，利用机会和婴幼儿共读图书、共念儿歌，促进婴幼儿的语言发展。

（4）为婴幼儿提供丰富的感知环境和操作材料，引导和支持婴幼儿利用视、听、触、嗅等各种感觉器官探索感知，获得丰富的直接经验。

（5）鼓励婴幼儿尝试完成力所能及的任务，使婴幼儿感受自己的能力，增强自信心和自主性。

（四）卫生保健

1. 卫生保健工作制度

（1）卫生保健工作制度内容应完整。包括一日生活制度（包含婴幼儿照护内容）、膳食管理制度、体格锻炼制度、卫生与消毒制度、健康检查制度、传染病预防与控制制度、常见疾病预防与管理制度、伤害预防制度、健康教育制度、卫生保健信息收集制度。

（2）机构对各项卫生保健工作制度落实情况定期检查和反馈，卫生保健人员、保育人员应掌握卫生保健基本要求（如消毒知识、全日观察的内容、传染病预防及处理等）。

2. 健康管理

（1）收托时查验全体入托婴幼儿的“预防接种证”和入托体检表。

（2）应为每名婴幼儿建立完整的健康档案。鼓励与辖区妇幼保健机构建立相关婴幼儿绿色转诊通道，及时进行评估干预。

（3）应做好每日晨检和午检，对婴幼儿进行全日健康观察及巡视，并做好记录，发现婴幼儿异常情况及时处理并完整记录。

（4）做好婴幼儿的视力保护，2 岁以下不宜接触屏幕。2~3 岁幼儿在托育机构一日生活中屏幕时间累计不超过半小时，每次不宜超过 10 分钟。内容应无暴力等不健康元素。

3. 膳食营养

（1）根据婴幼儿营养需要，编制营养食谱并且每周进行更换。提供符合婴幼儿月龄特点的正餐和加餐，保证食物品种多样、食物量适宜。

（2）食物烹调方式、食材加工大小等符合婴幼儿发育特点。

（3）对于存在明确食物过敏婴幼儿注意食物回避。鼓励有条件的机构为存在营养问题的婴幼儿提供特殊饮食。

（4）设有乳儿班的托育机构有标识清楚的奶瓶存放处和母乳储存的专用冰箱，并有专人管理，有专人负责对婴幼儿按需喂养。

4. 传染病管理

（1）应做好日常卫生和预防性消毒工作。

（2）有隔离观察空间。建立与属地疾病预防控制机构（农村乡镇卫生院防保组）的联动机制，建立传染病防控的有效沟通机制。

（3）有专人对缺勤婴幼儿进行患病追踪管理，并做好患病儿童记录。

（4）发现传染病或疑似传染病婴幼儿，应按有关规定及时采取措施，防止传染病续发或暴发。患传染病婴幼儿返回时须持医疗卫生机构出具的健康证明。

5. 常见病管理

（1）对贫血、营养不良、超重肥胖的婴幼儿进行登记和管理，并提供相应的照护。

（2）对药物过敏或食物过敏、先天性心脏病、哮喘、癫痫等疾病及心理行为异常的婴幼儿进行登记，督促家长依托社区或妇幼保健机构进行规范管理。

（五）养育支持

1. 与家长合作

（1）应与家长签订协议，明确双方责任、权利义务、服务项目、收费标准以及争议纠纷处理方法等；做好新生入托登记，了解婴幼儿的基本信息。

（2）应通过不同方式做好对家长的信息告知、与家长的日常沟通，在照护理念与方法上努力与家长达成共识，践行家托共育。

（3）采用不同方式（如讲座、家长会、科普资料推送等）向家长传播科学育儿知识和方法，根据家长的个别化需求提供育儿咨询服务。

（4）定期开展家长满意度调查，了解家长（或主要养护者）的意见与建议，并根据其意见改进托育工作。

2. 与社区联动

积极与社区联动，为社区婴幼儿及家长提供科学育儿支持（如亲子活动、育儿宣传活动、入户指导、早期干预等）。充分利用社区资源，支持托育机构照护服务。

（六）安全保障

1. 安全领导组织建设

机构法定代表人或机构负责人是机构安全第一责任人，负责托育机构的安全管理工作。各岗位安全职责明确，层层签订安全责任书，且安全工作有计划、有要求、有总结。

2. 安全制度建设

（1）建立外来人员出入登记制度、婴幼儿接送制度、婴幼儿出行及户外活动安全规范。

（2）建立消防设备检查制度、设施设备安全检查制度及维护检修制度、监控视频存储和调取制度、食品安全检查制度等。

3. 安全隐患排查

（1）每月有专人检查设备设施，并记录维护及维修情况。

（2）设有消防专责人员，每月定期检查消防设备，并做好记录。确保消防设备完好、有效，且位置摆放正确。

（3）设有食品安全检查专责人员。自制餐的托育机构，负责食品出入库、标准操作流程检查、食品留样、食堂卫生、饮用水质安全检查等；外送餐的托育机构，负责向送餐方索要相关凭证记录并留存，负责食品留样、分餐间卫生、饮用水质安全检查等。做好检查记录。

4. 安全防控体系建设

（1）完善人防建设。在入托和离托环节，有机构主要管理人员值班，有专人在现场维护秩序及确保婴幼儿安全，着装规范、装备齐全。

（2）完善物防建设。按执勤人数至少配备以下防卫器械：防暴头盔（1顶/人）、防护盾牌（1副/人）、橡胶警棍（1支/人）。

（3）完善技防建设。具备安全设施设备，安装一键式报警、配备必要的消防设施。婴幼儿生活场所安装监控设备且全覆盖。监控录像资料保存期不少于90天。

5. 应急管理

（1）制订防灾（自然灾害、事故灾难等）、防暴、预防传染性疾病等突发事件的应急预案，责任到人。

（2）定期组织防灾、防暴、传染病处理的应急演习。

（3）机构应配有急救物资，定期开展急救相关培训。托育工作人员掌握防范、避险、逃生、自救的基本方法，意外伤害发生时，熟悉上报流程。卫生保健人员掌握急救的基本技能（窒息、烫伤、磕碰伤、脱臼、骨折等），意外伤害发生时可按照规范进行应急处理，优先保障婴幼儿的安全。

6. 安全教育

（1）制订并落实婴幼儿安全教育工作计划，定期总结。

（2）在日常生活与活动中向婴幼儿渗透安全教育，应确保婴幼儿受教育率达到100%。定期面向婴幼儿家长开展安全教育。

7. 风险防控

（1）购买至少一种托育机构责任类保险。

（2）近三年未发生婴幼儿伤害事故。

（七）机构管理

1. 文化建设

注重文化建设，有明确的办托理念以及正确的照护理念。理念符合国家的婴幼儿照护工作方针和相关法律法规。

2. 组织架构与岗位职责

（1）设置合理、规范、健全的组织架构。组织架构包括但不限于保育照护、卫生保健、后勤保障与安全等，应有专兼职人员负责。

（2）所有托育工作人员岗位职责明确。

3. 人事管理

人事管理符合相关法律法规的要求，没有劳动纠纷，定期进行岗位考核，人事档案健全、信息翔实。

4. 费用公示

执行费用公示制度。对家长公开收费项目、收退费标准及膳食费专款专用情况。

六、等级评估

1. 评估原则

全面客观，质量为重，注重实效，独立公正，以评促建。

2. 评估方法

质量评估总分为 1 000 分，包括办托条件 100 分，托育队伍 140 分，保育照护 200 分，卫生保健 210 分，养育支持 80 分，安全保障 200 分，机构管理 70 分。

评估时按“A 级（优秀）”“B 级（合格）”“C 级（不合格）”“D 级（需要重大改进）”进行评估，评估内容见附录 A。

A 级（优秀）：16 项基础标准指标全部评为“通过”，同时根据附录 A 评估总得分不低于 900 且每一个一级指标得分不低于该一级指标总分的 60%。

B 级（合格）：16 项基础标准指标全部评为“通过”，同时根据附录 A 评估总得分不低于 600 且每一个一级指标得分不低于该一级指标总分的 60%。

C 级（不合格）：16 项基础标准指标全部评为“通过”，但根据附录 A 评估总得分低于 600 或某一个一级指标得分低于该一级指标总分的 60%。

D 级（需要重大改进）：16 项基础标准指标有任何 1 项被评为“不通过”。

3. 评估机构

具有专业性，熟悉办托规律和婴幼儿年龄特点，经主管部门认可或推荐的事业单位、高校、研究机构等。

4. 评估人员

（1）熟悉有关法律和政策，熟悉托育机构照护服务工作的卫生健康系统工作人员或经质量评估培训合格的第三方机构评估人员。

（2）具有维护质量评估工作客观、公平、公正的职业道德与操守。

（3）参与质量评估工作之前应向有关方面申明利益相关性。

5. 质量评估

评估机构根据托育机构质量评估标准（评估工具）（附录 A）开展评估，并出具评估报告。

附录 A　托育机构质量评价标准（评估工具）

第七节　婴幼儿早期发展服务指南

婴幼儿早期发展主要指 0~3 岁儿童大运动、精细动作、语言、认知和社会交往能力等方面的发展。0~3 岁是儿童生命的早期，也是儿童成长和发展的关键窗口期。这一时期大脑、神经系统、运动系统发育最快，可塑性最强。在这个阶段，开展促进婴幼儿早期发展服务，指导养育人建立科学正确的养育行为，可以促进婴幼儿身心充分发育，激发最佳发育潜能，大运动、精细动作、语言、认知和社会交往能力达到最佳状态，为一生发展奠定良好基础。联合国儿童基金会、世界卫生组织共同发布的《养育照护框架——促进儿童早期发展》明确提出，提供回应性照护和早期学习机会，是促进婴幼儿早期发展极为重要的措施。

为进一步加强婴幼儿早期发展服务，提高科学性和可及性，国家卫生健康委办公厅于 2024 年 12 月 5 日发布了《婴幼儿早期发展服务指南（试行）》① （以下简称《发展服务指南》）。《发展服务指南》由服务对象、服务内容、服务机构和人员、服务分工、服务指标、名词解释六个部分组成。

一、服务对象

辖区内常住的 0~3 岁婴幼儿及其养育人。

二、服务内容

针对婴幼儿养育人开展养育风险评估与指导，针对婴幼儿和养育人开展养育照护小组活动。

婴幼儿早期发展服务主要由乡镇卫生院、社区卫生服务中心以及县级妇幼保健机构提供，有利于提高服务的可及性。鼓励各级各类医疗机构结合实际开展婴幼儿早期发展服务。

（一）养育风险评估与指导

1. 评估与指导时机及频次

根据不同年龄段婴幼儿发育特点，结合 0~6 岁儿童健康管理服务时间和频次，在婴幼儿满 1、3、6、8、12、18、24、30、36 月龄时，共进行 9 次养育风险评估与指导。其中，新生儿期 1 次，在满月时；婴儿期 4 次，分别在 3、6、8、12 月龄时；1 至 3 岁幼儿期 4 次，分别在 18、24、30、36 月龄时。儿童保健人员在提供 0~6 岁儿童健康体检后，开展养育风险评估与指导服务。

2. 评估与指导内容

针对 0~3 岁婴幼儿养育人开展健康教育、养育风险评价及咨询指导。

（1）健康教育。

① 关于养育行为。0~3 岁为婴幼儿期。这一时期大脑发育速度最快，大脑细胞、神经元联系形成最旺盛，80%的大脑发育发生在 3 岁以前，且受遗传因素和环境因素共同影响。抓住 0~3 岁大脑发育的黄金时期，养育人有针对性地对儿童大脑和神经系统进行科学干预，通过良好的环境因素，可以促进婴幼儿大运动、精细动作、语言、认知和社会交往能力快速全面发展，主要干预措施就是为婴幼儿提供回应性照护和早期学习机会。

回应性照护指养育人注意观察婴幼儿的眼神、表情、动作、声音、手势和口头请求，积极予以回应，日常陪伴儿童一起交流嬉戏。这些互动能够刺激大脑内部神经元联系形成，帮助婴幼儿认识周围的世界，对人、关系和语言形成认知，促进大运动、精细动作发育。早期学习机会指养育人通过亲子游戏、亲子阅读、亲子交流（身体接触、肢体语言表达、语言表达）等方式，帮助婴幼儿习得人际交流的能力，习得情感表达，习得考虑他人感受的重要性，了解人、事物之间的联系。促进婴幼儿早期发展，重要的措施是提供回应性照护和早期学习机会，强调的是养育人对婴幼儿的陪伴，

---

① 国家卫生健康委办公厅关于印发婴幼儿早期发展服务指南（试行）的通知[EB/OL].(2024-12-05)[2025-02-10].https://www.nhc.gov.cn/wjw/c100212/202502/b9a091091ca44843b965059912f90123.shtml.

以及情感交流和行为互动，主要目的就是刺激婴幼儿大脑和神经系统更好地发育，促进儿童运动、语言、认知、社会交往能力发展达到最佳状态。

养育人对婴幼儿进行回应性照护，为孩子提供早期学习机会，不仅能够促进婴幼儿运动、语言、认知和社会交往能力发展，更重要的是可以与婴幼儿建立良好的亲子依恋关系。养育人给予婴幼儿适当、稳定、不间断的关怀照顾、哺育抚摸，儿童将获得心理和情感上的满足，建立起亲子依恋关系，形成安全感。婴幼儿期有安全感的孩子，情绪稳定，活泼开朗，注意力集中，能够与他人进行良好的交往，具有适应新环境的能力。未建立良好亲子依恋关系的儿童缺乏安全感，容易形成多疑、孤僻、冷漠、焦虑、自卑等负面情绪，对他人缺乏信任感，人际交往有困难。养育人要充分认识建立良好的亲子依恋关系的重要性。

日常养育过程中，养育人应注重为婴幼儿提供回应性照护和早期学习机会，提供高质量的亲子陪伴与互动，使婴幼儿的情感良好，运动、语言、认知、社会交往能力得到充分发展。家庭成员之间的相互交流、沟通和支持，有利于婴幼儿的早期发展。

② 关于养育环境。良好的家庭养育环境是促进婴幼儿大运动、精细动作、语言、认知和社会交往能力发展的有利条件。家庭为婴幼儿提供适合其年龄的玩具、图书，提供与同龄儿童玩耍和自由探索周围环境的机会，是促进婴幼儿生长发育、认知世界、形成创造力的重要前提和基础。玩具是婴幼儿成长过程中不可缺少的伙伴，丰富的玩具种类是开展多样化亲子游戏的基础。合适的玩具能为婴幼儿提供丰富的感官刺激。养育人利用玩具与儿童进行亲子游戏，有利于婴幼儿感知觉、动作、认知等能力的全面发展。图书是婴幼儿认识世界的重要途径之一，养育人与婴幼儿一起读图画书，亲子共同阅读，可以有效促进婴幼儿认知发展。与同龄人交往可以帮助婴幼儿习得与他人沟通合作和解决冲突的能力。大自然的各种声音、气味、触觉和视觉刺激，可以帮助婴幼儿发展感知能力，提高对外界环境的认知和理解能力。养育环境单调，缺少玩具和图书，缺少与同伴的交流，将限制婴幼儿获得学习机会和发展自身能力。因此，婴幼儿家庭要高度重视养育环境的建立，要为婴幼儿提供种类多样的玩具和图书，创造更多的机会让孩子与同龄儿童玩耍，在大自然中嬉戏探索。

不宜将视屏类产品，包括电视、电脑、手机、平板、游戏机等作为儿童的“玩伴”。如果养育人经常让婴幼儿使用视屏类产品，与孩子陪伴、交流、互动的时间就会减少，对儿童大脑和神经系统的正向刺激就会显著降低，对于婴幼儿大运动、精细动作、语言、认知和社会交往能力发展极为不利。使用视屏类产品，还会增加儿童近视的发生风险。0~3 岁的婴幼儿应当不接触任何形式的视屏类产品。

③ 关于养育人心理健康。养育人情绪良好、心理健康，可以为婴幼儿提供高质量的陪伴、交流和互动，提供安全、愉悦的养育环境。母亲作为主要的养育人，如果存在抑郁、焦虑等心理健康问题，将影响回应婴幼儿的各种请求，影响与婴幼儿的交流、互动，难以形成良好的亲子依恋关系，不利于婴幼儿生理、心理和社会适应能力的发展。产后抑郁是母亲心理健康的主要问题之一，会导致母婴互动不佳，妨碍正常的亲子依恋关系形成，影响后代的运动、语言、认知发展，增加情感和行为问题。产后抑郁的母亲，孩子更有可能出现过度哭泣、睡眠障碍和情绪问题，发生疾病的风险也会增加，儿童死亡的风险也会上升。因此针对存在心理健康问题的养育人，特别是婴幼儿母亲，及早发现问题，对症干预，不仅有利于改善养育人的心理健康状况，而且对婴幼儿的发育和健康具有重要意义。

（2）养育风险评价。

针对婴幼儿养育人，应用《3岁以下婴幼儿养育风险评估表》（附件1表1~表3），采用一对一方式询问8~10个问题，了解养育人过去1个月内的养育行为、家庭的养育环境和养育人心理健康状况，评估是否满足回应性照护和提供早期学习机会的各项要素，发现可能存在的养育风险，分析对儿童发育的影响，为进行咨询指导提供依据。

① 养育行为评价。评价养育人提供回应性照护和早期学习机会等促进儿童早期发展的方式方法。

a. 询问养育人是否很少恰当及时回应婴幼儿的声音和口头表达。如果回答为“是”，评价为存在风险。不能及时恰当回应婴幼儿的各种请求，与婴幼儿缺少交流互动，难以在养育人与儿童间建立亲密的依恋关系，婴幼儿缺乏安全感。同时，缺少交流互动，对婴幼儿有益的刺激减少，不利于婴幼儿语言、认知、社会交往能力的发展。

b. 询问养育人是否很少与婴幼儿说话、逗笑、讲故事或玩耍。如果回答为“是”，评价为存在风险。养育人不能经常性地与婴幼儿说话、逗笑、讲故事或玩耍，对儿童大脑、神经系统、运动系统的有效刺激就会减少，不利于婴幼儿语言、社会交往、运动等能力的发展。

c. 询问父亲母亲是否很少参与照护，或者养育人是否频繁更换。如果回答为“是”，评价为存在风险。缺少父母长期的陪伴，或者养育人频繁更换，这种情形将影响亲子依恋关系的建立，导致孩子缺乏安全感，出现孤独、焦虑、自卑等负面情绪和社会交往困难。

d. 询问家庭成员是否养育原则不一致，是否存在养育冲突。如果回答为“是”，评价为存在风险。这种情形会导致家庭氛围紧张，使婴幼儿难以获得安全感，感到困惑、焦虑或不安。

e. 询问养育人是否很少采用拥抱依偎、表扬鼓励的方式表达对婴幼儿的爱，是否经常对婴幼儿发脾气或使用暴力。如果回答为“是”，评价为存在风险。婴幼儿长期接收不到来自养育人的爱意表达、肯定性表达，心理上得不到支持，情感上得不到满足，很难建立安全感。婴幼儿经常目睹养育人发脾气或使用暴力，会产生深深的恐惧，容易形成焦虑、孤僻的性格，对他人缺乏信任感，人际交往易出现困难。

② 养育环境评价。评价为促进婴幼儿早期发展，家庭配备玩具、图书的情况，以及家庭成员之间互相沟通、支持的情况。

a. 询问家庭中适合婴幼儿的玩具和图书是否很少或没有。如果回答为“是”，评价为存在风险。家中缺少玩具和图书，亲子间将难以开展亲子游戏和亲子阅读，对婴幼儿的触觉、听觉、视觉等刺激减少，互动减少，不利于儿童运动、语言、认知和社会交往能力的发展。

b. 询问是否给婴幼儿使用视屏类电子产品，2岁以上是否超过1小时。如果回答为“是”，评价为存在风险。养育人允许婴幼儿经常使用视屏类电子产品，导致运动和亲子活动时间减少，会影响亲子陪伴质量，影响亲子间的交流互动，影响视力发育，不利于婴幼儿运动、语言、认知、社会交往能力的发展。

c. 询问养育人是否很少带婴幼儿接触大自然，很少带孩子与同龄人玩耍。如果回答为“是”，评价为存在风险。婴幼儿很少接触大自然，将减少认知世界的机会；很少与同龄儿童一起玩耍，难以培养与他人沟通交流和解决冲突的能力。

d. 询问养育人是否很少获得家庭成员、亲戚、朋友等在情感、经济和照顾孩子方面的支持。如果回答为“是”，评价为存在风险。在抚育婴幼儿的过程中，如果遇到问题和困难，养育人得不到近亲属和亲朋好友的社会支持，将在心理上形成较大的压力和焦虑，会感到疲惫和无助，影响心理健康，从而影响与孩子的交流互动，影响婴幼儿早期发展。

e. 询问家庭是否遭遇经济困难、夫妻离异、家人重病等不幸事件。如果回答为“是”，评价为存在风险。这些情形会对养育人的心理造成压力，严重时导致养育人焦虑抑郁，影响对婴幼儿的陪伴和与婴幼儿的交流互动，影响婴幼儿早期发展。

③ 养育人心理健康状况评价。询问婴幼儿养育人是否经常出现情绪低落、哭泣、过度担心或焦虑的情况。如果回答为“是”，评价为存在风险。养育人如果情绪不稳定，时常担心焦虑，将影响与婴幼儿的交流互动，难于在亲子间建立亲密的依恋关系，不利于婴幼儿大运动、精细动作、语言、认知和社会交往能力的发展。

通过养育风险评价，若发现养育人存在一个或多个风险因素，则风险评价结果为阳性。

（3）咨询指导。

在开展健康教育、养育风险评价的基础上，对养育人给予针对性咨询指导和普遍性咨询指导，帮助养育人纠正养育行为和养育环境中存在的问题，指导养育人掌握回应性照护、提供早期学习机会等促进婴幼儿早期发展的方法和技能。

① 针对性咨询指导。经养育风险评价，未发现养育风险因素的，对养育人给予肯定，鼓励继续保持良好的养育行为和养育环境。

经养育风险评价，发现存在养育风险因素的，结合《3 岁以下婴幼儿养育风险咨询表》（附件 2），给出针对性的咨询指导意见，纠正不良的养育行为、不适宜的养育环境。讲解 0~3 岁不同月龄提供回应性照护和早期学习机会的知识和具体行为。预约近期（1~2 个月）复查养育风险因素。如养育风险因素持续无法改进，或发现已导致婴幼儿出现疑似体格发育迟缓或神经心理发育迟缓等情况，应及时转介至县级妇幼保健机构或相关专业医疗机构进行专项检查。

② 普遍性咨询指导。经养育风险评估后，对所有养育人给予普遍性咨询指导，包括婴幼儿亲子交流与玩耍咨询指导、婴幼儿心理行为发育标志自评咨询指导。

a. 婴幼儿亲子交流与玩耍咨询指导。根据婴幼儿所处的不同月龄段，将养育人提供回应性照护和早期学习机会的具体操作归纳概括为《婴幼儿亲子交流与玩耍要点》（见附件 3），明确 0~3 岁期间，8 个关键月龄段亲子交流与玩耍的核心知识和具体操作。儿童保健人员据此指导养育人了解掌握不同月龄段与婴幼儿交流与玩耍的核心要义。不同月龄段交流与玩耍的要点如下：

0~1 月龄：这是新生儿脱离母体后适应周围环境的关键时期，应重点指导养育人在哺乳、日常照护中通过注视新生儿的眼睛、与新生儿说话、抚摸或怀抱新生儿等方式加强与新生儿互动，逐步形成情感连结，促进新生儿视听感知等方面发育。

1~6 月龄（1~3 月龄和 3~6 月龄）：婴儿的认知、大运动等能力开始迅速发展，应重点指导养育人通过模仿婴儿的声音、动作、进行母子（父子）交流等方式促进婴儿语言、社会交往能力发展；通过引导婴儿练习俯卧、抬头、翻身等方式促进婴儿大运动等发展。

6~12 月龄（6~9 月龄和 9~12 月龄）：婴儿在大运动、精细动作、语言等方面发展迅速，应重点指导养育人通过引导婴儿练习独坐、爬行、站立、扶走等动作，促进婴儿大运动发展；通过引导婴儿练习抓握、传递、敲打、捏取等操作，促进婴儿精细动作发展；通过与婴儿说话、做手势等方式促进婴儿语言发展。

12~36 月龄（12~18 月龄、18~24 月龄和 24~36 月龄）：幼儿活动范围不断扩大，语言、认知、动作、社会交往等能力全面发展，应重点指导养育人通过提出简单问题、阅读并讨论图画书等方式促进幼儿语言、认知等能力发展；通过引导幼儿练习独走、蹲起、上下台阶、单脚站立、双脚蹦跳、踢球等方式促进幼儿大运动发展，通过练习握笔、翻书、扣扣子等方式促进幼儿精细动作发展。

b. 婴幼儿心理行为发育标志自评咨询指导。这是针对养育人进行普遍性咨询指导的一项重要内容。婴幼儿心理行为发育遵循由简单到复杂、由低级到高级、由分化到统一的规律，每一月龄阶段都会出现标志性的发育特征，形成了连续递进的婴幼儿心理行为发育标志。指导养育人应用《3 岁以下婴幼儿心理行为发育标志自评表》（附件4），在3、6、8、12、18、24、30、36月龄时，对婴幼儿大运动、精细动作、语言、认知、社会交往能力等方面进行自评。婴幼儿能够达到相应发育特征，养育人在该项发育标志后选“是”，表示婴幼儿达到相应月龄大多数婴幼儿的能力发展水平。具体如下：

大运动方面，婴幼儿3月龄时竖抱头可以稳稳地立起，6月龄时可以自己坐一会儿，8月龄时可腹部贴着床面爬行，12月龄时可自己独站数秒以上，18月龄时可扶着墙或栏杆上楼梯，24月龄时可双脚同时离地跳起，30月龄时可双脚向前跳出一段距离，36月龄时可单脚站5秒以上。

精细动作方面，婴幼儿3月龄时可手握玩具，6月龄时可两手传递玩具，8月龄时可用两手拿小东西对敲，12月龄时可把小丸放进小瓶，18月龄时可用手拧瓶盖、上发条，24月龄时可一页页翻书，30月龄时可模仿大人画横线，36月龄时可用绳穿扣子或串珠。

语言方面，婴幼儿3月龄时可发声回应养育人，6月龄时叫名字时有反应，8月龄时可发出一连串重复的音节，12月龄时可听懂1个以上物品名，18月龄时可说出3个有意义的词，24月龄时可说简单的句子，30月龄时可回答简单问题，36月龄时可说出简单故事的大部分情节。

认知方面，婴幼儿3月龄时可用眼睛寻找声源，6月龄时看到物品掉落去找，8月龄时可注意到物品上的细节，12月龄时可模仿他人正在做的动作，18月龄时知道常用物品用途，24月龄时可玩装扮游戏，30月龄时可模仿他人用积木搭火车、小桥等，36月龄时可理解时间概念。

社会交往方面，婴幼儿3月龄时可以微笑回应他人的笑脸，6月龄时可区分熟人和生人，8月龄时对陌生人出现害怕的反应，12月龄时对他人面部表情有反应，18月龄时可与他人玩传球等互动游戏。2岁及以后幼儿逐步具备自理能力，24月龄时可主动示意大小便，30月龄时懂得轮流（如排队滑滑梯），36月龄时可自己穿鞋子或袜子等。

养育人如发现婴幼儿在相应月龄有1项发育标志未出现，应通过加强亲子交流与玩耍等促进发育，并向医务人员寻求指导和帮助；养育人如发现婴幼儿在相应月龄有2项及以上发育标志未出现，应带婴幼儿到医疗机构进行相关检查。

通过开展婴幼儿心理行为发育自评，促进养育人为婴幼儿持续提供回应性照护及早期学习机会。

（二）养育照护小组活动

1. 服务形式

在乡级和县级开展养育照护小组活动。如果村级具备条件，可在县级和乡级机构指导下，在村级开展养育照护小组活动。依据婴幼儿发育规律和特点，按照0~1岁、1~2岁、2~3岁分组组织活动。每组5~10名婴幼儿及其养育人，每次活动40~50分钟。

2. 服务频次

0~3岁期间共为婴幼儿及养育人提供12次养育照护小组活动，其中0~1岁4次，1~2岁4次，

2~3 岁 4 次。有条件的地区可增加活动内容和频次，为婴幼儿及其养育人提供更加密集的养育照护小组活动。

3. 服务内容

参考《养育照护小组活动主题一览表》（附件 5）安排每次活动，包括健康宣教、育儿分享、亲子活动等环节。

其中，亲子活动是最重要、最核心的内容，包括亲子游戏、亲子阅读、亲子同唱等。亲子活动针对不同月龄婴幼儿心理行为发育特点，设计了差异化的游戏、阅读、同唱活动，旨在针对性促进婴幼儿大运动、精细动作、语言、认知和社会交往能力达到相应月龄发育标志。亲子活动通过先进行现场示教，然后组织家长和儿童进行练习的方式，面对面指导养育人进一步掌握回应性照护和提供早期学习机会的具体方法和技能。

养育照护小组活动为婴幼儿养育人提供了学习养育方法和技能的场所，养育人将在此学习到的方法和技能带回家中，在日常养育照料中应用，促进婴幼儿大运动、精细动作、语言、认知、社会交往能力不断发育，达到发育标志，促进婴幼儿早期发展。

三、服务机构和人员

（一）场地和设备要求

乡镇卫生院、社区卫生服务中心及县级妇幼保健机构应当设置开展养育风险评估和咨询指导的独立空间，房屋布局合理，功能符合需要，室内环境温馨、舒适，设施设备符合安全、便利要求。配备必要的桌椅和玩具、婴幼儿养育风险评估与咨询指导工具，用于开展服务。

用于开展养育照护小组活动的场地应安全卫生、通风良好、环境安静，面积不少于 20 平方米，地面宜采用防滑、软质材料，玩教具及公用设施应定期清洗消毒。有条件的地区，可配备母婴室等相关设施。

有条件的地区可以利用村卫生室、村委会活动室、社区卫生服务站、居委会活动室、幼儿园、托育机构或小学校舍等场地，开展养育照护小组活动，方便婴幼儿及养育人参与活动，提高服务可及性。

（二）人员要求

1. 养育风险评价及咨询指导

乡镇卫生院、社区卫生服务中心及县级妇幼保健机构至少配备 1 名接受过早期发展专业技术培训并合格的儿童保健人员从事养育风险评价与咨询指导服务。

2. 养育照护小组活动

由经培训并合格的儿童保健医生、护士、幼教老师等担任养育指导员，开展养育照护小组活动。每次活动由 1~2 名养育指导员组织。

四、服务分工

（一）县级妇幼保健机构

（1）开展科普宣传，普及回应性照护和提供早期学习机会等促进婴幼儿早期发展的知识和技能。

（2）开展养育风险评估，及时发现养育人的养育问题并给予针对性指导，同时开展婴幼儿亲子交流与玩耍指导及婴幼儿心理行为发育标志自评指导。

（3）开展养育照护小组活动。

（4）针对乡镇卫生院、社区卫生服务中心及其他医疗机构，提供专业人力支持，开展人员培训、技术指导和质量控制。

（5）接受乡镇卫生院、社区卫生服务中心转诊的疑似体格发育迟缓或神经心理发育迟缓的婴幼儿。

（二）乡镇卫生院、社区卫生服务中心

（1）开展科普宣传，普及回应性照护和提供早期学习机会等促进婴幼儿早期发展的知识和技能。

（2）开展养育风险评估，及时发现养育人的养育问题并给予针对性指导，同时开展婴幼儿亲子交流与玩耍指导及婴幼儿心理行为发育标志自评指导。

（3）开展养育照护小组活动。

（4）将养育风险评估中发现的疑似体格发育迟缓或神经心理发育迟缓的婴幼儿，及时转介至县级妇幼保健机构或相应专业医疗机构进行专项检查。

（三）村卫生室

配合乡镇卫生院、社区卫生服务中心及县级妇幼保健机构开展养育风险评估及咨询指导，配合开展养育照护小组活动。

五、服务指标

（一）婴幼儿养育风险评估率

统计期限内辖区 3 岁以下儿童系统接受养育风险评估人数/统计期限内辖区 3 岁以下儿童数×100%。

其中，3 岁以下儿童系统接受养育风险评估人数：指 3 岁以下儿童按年龄要求 0~1 岁接受 5 次、1~2 岁接受 2 次、2~3 岁接受 2 次养育风险评估的人数之和。

（二）婴幼儿养育风险咨询指导率

统计期限内辖区 3 岁以下儿童系统接受养育风险咨询指导人数/统计期限内辖区 3 岁以下儿童数×100%。

其中，3 岁以下儿童系统接受养育风险咨询指导人数：指 3 岁以下儿童按年龄要求 0~1 岁接受 5 次、1~2 岁接受 2 次、2~3 岁接受 2 次养育风险咨询指导的人数之和。

（三）婴幼儿养育照护小组活动参与率

统计期限内辖区 3 岁以下儿童参加 1 次及以上养育照护小组活动人数/统计期限内辖区 3 岁以下儿童数×100%。

六、名词解释

（1）大运动：是身体对大动作的控制，使儿童能够在周围环境中进行日常活动和游戏，如抬头、坐、爬、站、走、跑、跳等。

（2）精细动作：是指涉及手臂前部较小肌肉的运动，主要包括手和手指的动作，通过手眼协调实现对物体的操控，如抓取、捡拾、握、捏等动作。

（3）语言：是人类特有的高级神经活动，通过包含特定意思的有声符号用以传递思想和观念，包括文字、声音、视觉信号、手势等。语言发展是指儿童逐步理解和使用语言进行交流的动态发育

过程，包括发出语音（声音）、理解语义（词义）、使用语法（句子结构）和应用语言社交等方面技能的发展。

（4）认知：是个体对客观世界的认识。大脑对来自客观世界的信息进行加工处理，分析总结，把握规律，并作出判断和决策的系列过程。涉及感知觉、记忆、思维、想象等方面。

（5）社会交往：是个体对他人的认识。个体在与他人接触中相互影响、相互作用，是个体适应和融入社会环境的重要过程，也是儿童早期发展的重要方面。

（6）感知觉：是指人体通过眼、耳、鼻、舌、肢体等感觉器官从外部世界获取信息并分析研判指导行动的过程，包括视、听、触、嗅、味，以及个体对空间、大小、形状、时间的感知等。感觉是人体对物体个别属性的反映，知觉是在感觉的基础上，对物体整体属性的综合反映。

附件 1（表 1、表 2、表 3）

附件 2　3 岁以下婴幼儿养育风险咨询表

附件 3　婴幼儿亲子交流与玩耍要点

附件 4　3 岁以下婴幼儿心理行为发育标志自评表

附件 5　养育照护小组活动主题一览表

本章习题

第一节习题

一、填空题

1. 托育机构应当与婴幼儿监护人签订托育服务协议，明确双方的________、________、________、________以及________等内容。

2. 托育机构一般设置________班、________班、________班三种班型。

3. 托育机构应当配备符合婴幼儿月龄特点的家具、用具、玩具、图书和游戏材料等，并符合国家相关安全________标准和________标准。

4. 托育机构应当以________为主要活动形式，促进婴幼儿在________、________、________、________、________等方面的全面发展。

5. 家庭托育点是指利用________为 3 岁以下婴幼儿提供托育服务的场所。家庭托育点收托婴幼儿数不得超过________人。

二、单项选择题

1. 托育机构应合理配备保育人员，乳儿班保育人员与婴幼儿的比例为（　　）。

A. 不低于 1∶3　　B. 不低于 1∶4　　C. 不低于 1∶5　　D. 不低于 1∶7

2. 托育机构应当保证婴幼儿每日户外活动不少于（　　）小时，在寒冷、炎热季节或特殊天气情况下可酌情调整。

A. 1　　B. 1.5　　C. 2　　D. 2.5

3. 下列有关托育机构场地的说法错误的是（　　）。

A. 托育机构应当有自有场地或租赁期不少于3年的场地

B. 托育机构的场地应当选择自然条件良好、交通便利、符合卫生和环保要求的建设用地

C. 托育机构的场地应当远离对婴幼儿成长有危害的建筑、设施及污染源，满足抗震、防火、疏散等要求

D. 托育机构可以设置在“三合一”场所

4. 托育机构工作人员应当掌握急救的基本技能和防范、避险、逃生、自救的基本方法，在紧急情况下必须优先保障（　　）的安全。

A. 财产　　B. 婴幼儿　　C. 工作人员　　D. 托育机构负责人

5. 举办营利性托育机构的，向（　　）申请注册登记。

A. 县级以上机构编制部门　　B. 县级以上市场监督管理部门

C. 县级以上民政部门　　D. 县级卫生健康部门

三、多项选择题

1. 下列关于托育机构监控报警系统、监控录像资料说法正确的是（　　）。

A. 应当建立照护服务、安全保卫等监控体系　　B. 监控报警系统确保24小时设防

C. 婴幼儿生活和活动区域应当全覆盖　　D. 监控录像资料保存期不少于30日

2. 根据《托育机构管理规范（试行）》要求，游戏活动应当（　　）。

A. 重视婴幼儿的情感变化　　B. 动静交替

C. 合理搭配多种游戏类型　　D. 注重与婴幼儿面对面、一对一的交流互动

3. 下列场所不得设置家庭托育点的有（　　）。

A. 地下室或半地下室　　B. “三合一”场所

C. 彩钢板建筑内　　D. 门窗设置铁栅栏、防盗窗等障碍物的建筑物

四、判断题

1. 保育人员应当具有婴幼儿照护经验或相关专业背景，受过婴幼儿保育相关培训和心理健康知识培训。（　　）

2. 托育机构发现婴幼儿遭受或疑似遭受家庭暴力的，应当依法及时向公安机关报案。（　　）

3. 托育机构的室外活动场地不可利用附近的公共场地和设施。（　　）

4. 家庭托育点每1名照护人员最多看护3名婴幼儿。（　　）

5. 家庭托育点只能使用自有住宅。（　　）

五、简答题

1. 《托育机构设置标准（试行）》对保育人员职责和资质有哪些要求？

2. 托育机构备案需提供哪些材料的扫描件？

第二节习题

一、填空题

1. 小型托儿所班数为________班，中型托儿所班数为________班，大型托儿所班数为________班。

2. 幼儿经常通行和安全疏散的走道不应设有________，当有高差时，应设置________，其坡度不应大于________。

3. 托育综合服务中心生活单元、保健观察室允许噪声级≤________ dB，多功能活动室允许噪声级≤________ dB。

4. 托育综合服务中心的选址应符合城乡________要求，结合________、________等因素，合理布点，保障安全。

5. 托育综合服务中心的建设应贯彻________、________、________、________、________的原则，应功能完善、分区明确，托育服务用房应适合婴幼儿身心健康发展。

二、单项选择题

1. 托育综合服务中心的托位数原则上建设托位规模在（　　）个以内为宜。

A. 140　　B. 150　　C. 180　　D. 200

2. 托育综合服务中心建筑面积宜为（　　）m^2 以上。

A. 1 000　　B. 2 000　　C. 3 000　　D. 4 000

3. 托儿所、幼儿园的服务半径宜为（　　）m。

A. 300　　B. 400　　C. 500　　D. 600

4. 需要获得冬季日照的婴幼儿生活用房窗洞开口面积不应小于该房间面积的（　　）。

A. 10%　　B. 15%　　C. 20%　　D. 25%

5. 楼梯栏杆应采取不易攀爬的构造，当采用垂直杆件做栏杆时，其杆件净距不应大于(　　）m。

A. 0.06　　B. 0.07　　C. 0.08　　D. 0.09

三、多项选择题

1. 下列关于托育服务用房设置说法正确的是（　　）。

A. 应设置在二层及以下部分　　B. 应满足婴幼儿生活、活动等功能需要

C. 不应设在地下室、半地下室　　D. 应设独立出入口

2. 托育机构幼儿出入的门应符合以下规定：（　　）。

A. 宜设双扇平开门，距离地面 0.60 m 处宜加设幼儿专用拉手

B. 不应设置旋转门、弹簧门、推拉门，不宜设金属门

C. 宜设置门槛

D. 门上应设观察窗，观察窗应安装安全玻璃

3. 托育综合服务中心疏散走道的墙面距地面 2 m 以下不应设有（　　）及广告牌等突出物。

A. 壁柱　　B. 管道　　C. 消火栓箱　　D. 灭火器

四、判断题

1. 托育机构开水炉应设置在专用房间内，并应设置防止幼儿接触的保护措施。（　　）

2. 托育机构睡眠区、活动区、喂奶室室内温度宜为 24 ℃。（　　）

3. 托育综合服务中心必须独立设置。（　　）

4. 托育服务用房每托位建筑面积不应少于 10 m^2。（　　）

5. 托育综合服务中心可以为婴幼儿设双层床。（　　）

五、简答题

1. 根据《建筑设计规范》要求，三个班及以下的托儿所，可与居住、养老、教育、办公建筑合建，但应符合哪些规定？

2. 根据《建设指南》，托育综合服务中心的选址应满足哪些要求？

第三节习题

一、填空题

1. 托育机构保育应遵循______、______、______、______四项基本原则。

2. 保育重点应当包括________、________、生活与卫生习惯、________、________、________、________等。

3. 托育机构保育工作应当遵循婴幼儿发展的__________与__________，通过多种途径促进婴幼儿______发育和______发展。

4. 在生活中逐渐养成婴幼儿良好习惯，做好回应性照护，引导其逐步形成________和________意识。

5. 托育机构保育人员是保育工作的主要________者，应当具有良好的______________和______________能力，________健康。

二、单项选择题

1. 下列关于《托育机构保育指导大纲（试行）》适用托育机构的说法最准确的是（　　）。

A. 为婴幼儿提供全日托照护服务的托育机构

B. 为婴幼儿提供半日托照护服务的托育机构

C. 为婴幼儿提供全日托、半日托等照护服务的托育机构。提供计时托、临时托等照护服务的托育机构不适用

D. 为婴幼儿提供全日托、半日托等照护服务的托育机构。提供计时托、临时托等照护服务的托育机构可参照执行

2. 培养幼儿使用水杯喝水的习惯属于（　　）月龄段的婴幼儿保育要求。

A. 3~4 个月　　B. 7~12 个月　　C. 13~24 个月　　D. 25~36 个月

3. 下列婴幼儿睡眠保育做法错误的是（　　）。

A. 为婴幼儿提供良好的睡眠环境和设施，温湿度适宜

B. 固定幼儿睡眠和唤醒时间，逐渐建立规律的睡眠模式

C. 婴幼儿午睡过程中，保育人员可以睡眠休息

D. 培养幼儿独自入睡的习惯

4. 情感与社会性保育目标不包含（　　）。

A. 学会想办法解决问题，有初步的想象力和创造力

B. 有安全感，能够理解和表达情绪

C. 有初步的自我意识，逐步发展情绪和行为的自我控制

D. 与成人和同伴积极互动，发展初步的社会交往能力

5. 保育工作应当根据婴幼儿（　　），制订科学的保育方案。

A. 年龄　　B. 兴趣

C. 喜好　　D. 身心发展特点和规律

三、多项选择题

1. 每个保育重点均包含（　　）三方面要求。

A. 意义　　B. 目标　　C. 保育要点　　D. 指导建议

2. 语言保育目标包含（　　）。

A. 学会正确发音　　B. 学会倾听和理解语言

C. 学会运用语言进行交流　　D. 愿意听故事、看图书

3. 认知保育指导建议包含（　　）。

A. 促进婴幼儿通过视、听、触摸等多种感觉活动与环境充分互动

B. 保护婴幼儿对周围事物的好奇心和求知欲

C. 在确保安全健康的前提下，支持和鼓励婴幼儿的主动探索

D. 有选择地回应婴幼儿的问题，简单问题让幼儿自己寻找答案

四、判断题

1. 托育机构保育是生命全周期服务管理的重要内容。（　　）

2. 针对 25~36 个月婴幼儿，鼓励其自己喝水、用小勺吃饭、自己翻书等。（　　）

3. 保育人员要学会引导幼儿用表情、动作、语言等方式表达自己的情绪。（　　）

4. 支持婴幼儿主动探索、操作体验、互动交流和表达表现，丰富婴幼儿的间接经验。(　　)

5. 针对 25~36 个月婴幼儿，鼓励其参与协助分餐、摆放餐具等活动。(　　)

五、简答题

1. 托育机构保育的核心意义是什么？

2. 托育机构保育应遵循的基本原则是什么？

第四节习题

一、填空题

1. 电动自行车、电动平衡车及其蓄电池不得在托育机构的________、________、________、________违规停放、充电。

2. 托育机构疏散门应采用向疏散方向开启的________门，不得采用________门、________门、________门、________门和________门。

3. 托育机构与办公经营场所组合设置时，其疏散楼梯应与办公经营场所采取有效的________措施。

4. 3 岁以下婴幼儿常见的伤害类型有________、________、________、________、________、________、道路交通伤害等。

5. 《伤害预防指南》为托育机构管理者和工作人员在________、________、________等方面开展伤害预防提供技术指导和参考。

二、单项选择题

1. 托育机构中建筑面积大于 50 平方米的房间，其疏散门数量不应少于（　　）个。

A. 2　　B. 3　　C. 4　　D. 5

2. 婴幼儿休息期间，托育机构应明确（　　）人员专门负责值班看护，确保发生火灾事故时能够快速处置、及时疏散。

A. 1 名　　B. 2 名以上　　C. 2 名保安　　D. 全体

3. 托育机构应（　　）至少组织开展一次全员消防演练。

A. 每月　　B. 每季度　　C. 每半年　　D. 每年

4. 下列不属于预防婴幼儿烧烫伤照护措施的是（　　）。

A. 婴幼儿饮食、盥洗前检查温度

B. 加热、取放热物时观察周围有无婴幼儿

C. 使用有明火的蚊香驱蚊

D. 安全使用暖水袋等可能造成婴幼儿烫伤的用品

5. 发生严重婴幼儿伤害时，下列做法错误的是（　　）。

A. 立即拨打家长电话，带回孩子自行就医

B. 立即呼救并拨打“120”急救电话

C. 等待救援期间，密切关注婴幼儿的生命体征

D. 在掌握急救技能的前提下先予以现场急救

三、多项选择题

1. 根据《消防安全指南》要求，托育机构不得设置在（　　）。

A. 首层　　B. 四层及四层以上　　C. 地下或半地下　　D. “三合一”场所

2. 下列属于托育机构消防安全第一责任人的是（　　）。

A. 法定代表人　　B. 主要负责人或实际控制人

C. 消防安全管理人　　D. 保育人员

3. 托育机构从业人员消防基本技能包括（　　）。

A. 掌握简易防毒面具的操作使用方法

B. 掌握室内消火栓、消防软管卷盘、灭火器、灭火毯的操作使用方法

C. 知晓“119”火警报警方法程序

D. 具备初起火灾扑救和组织应急疏散逃生的能力

四、判断题

1. 托育机构应落实全员消防安全责任制。（　　）

2. 托育机构设置在高层建筑内时，应设置独立的安全出口和疏散楼梯。（　　）

3. 具有蓄电功能的儿童游乐设施可以在托育工作期间充电。（　　）

4. 大量证据表明，伤害不是意外，可以预防和控制。（　　）

5. 《伤害预防指南》中所说的中毒指急性中毒，不包括慢性中毒。（　　）

五、简答题

1. 托育机构应当最大限度地保护婴幼儿的安全健康，重点开展哪几个方面的工作？

2. 婴幼儿跌倒较常见。托育机构应如何加强照护，预防婴幼儿跌倒伤？

第五节习题

一、填空题

1.《托育机构负责人培训大纲（试行）》《托育机构保育人员培训大纲（试行）》培训原则包括________原则、________原则、________原则。

2.《托育机构负责人培训大纲（试行）》《托育机构保育人员培训大纲（试行）》培训方式包括________相结合、________相结合的方式。

3.《托育机构负责人培训大纲（试行）》规定培训总时间不少于________学时，其中理论培训不少于________学时，实践培训不少于________学时。

4.《托育机构保育人员培训大纲（试行）》规定职业道德培训内容包括职业________、职业________、________保护、________认同、________素养、________健康等。

5.《托育机构负责人培训大纲（试行）》《托育机构保育人员培训大纲（试行）》的培训考核内容分为________和________两部分。

二、单项选择题

1.《托育机构保育人员培训大纲（试行）》规定培训总时间不少于（　　）学时。

A. 20　　B. 40　　C. 60　　D. 120

2. 同时属于《托育机构保育人员培训大纲（试行）》理论培训内容和实践培训内容的是（　　）。

A. 职业道德　　B. 安全防护　　C. 沟通与反思　　D. 饮食照护

3. 不属于《托育机构负责人培训大纲（试行）》培训目标的是（　　）。

A. 使参训托育机构负责人端正办托思想

B. 使参训托育机构负责人规范办托行为

C. 使参训托育机构负责人增强管理能力

D. 使参训托育机构负责人掌握保育工作的基本技能与方法

4. 托育机构保育人员须切实做好安全防护工作，（　　）保护婴幼儿的安全和健康。

A. 按照正常措施　　B. 力所能及地　　C. 尽量　　D. 最大限度地

5.（　　）负责对保育人员培训效果进行抽查。

A. 各级卫生健康部门　　B. 托育机构所在地卫生健康部门

C. 托育机构　　D. 培训组织者

三、多项选择题

1. 关于《托育机构负责人培训大纲（试行）》《托育机构保育人员培训大纲（试行）》培训对象，下列说法准确的是（　　）。

A. 前者是拟从事托育机构管理工作的负责人，后者是拟从事托育机构保育工作的保育人员

B. 前者是正在从事托育机构管理工作的负责人，后者是正在从事托育机构保育工作的保育人员

C. 前者培训对象是拟从事或正在从事托育机构管理工作的负责人

D. 后者培训对象是拟从事或正在从事托育机构保育工作的保育人员

2. 属于《托育机构保育人员培训大纲（试行）》专业理念培训内容的有（　　）。

A. 专业认同　　B. 儿童观　　C. 保育观　　D. 医育结合理念

3. 属于《托育机构保育人员培训大纲（试行）》理论培训内容的是（　　）。

A. 法律法规和政策文件　　B. 早期发展支持

C. 睡眠照护　　D. 活动组织与支持

四、判断题

1.《托育机构保育人员培训大纲（试行）》规定实践培训不少于 40 学时。（　　）

2. 托育机构负责人、保育人员培训内容均有法律法规和政策文件。（　　）

3. 托育机构负责人、保育人员应该采用线下培训方式。（　　）

4. 保育人员需要树立正确的保育观念，坚持儿童优先，保障儿童权利。（　　）

5. 饮食照护属于保育人员实践培训内容。（　　）

五、简答题

1.《托育机构保育人员培训大纲（试行）》的培训目标是什么？

2.《托育机构保育人员培训大纲（试行）》的实践培训包括哪些内容？

第六节习题

一、填空题

1.《评估标准》的评估原则是________、________、________、________、________。

2. 保育人员是指在托育机构中通过创设________，合理安排一日生活和活动，为 3 岁以下婴幼儿提供________、________、________和________，促进婴幼儿身体和心理全面发展的人员。

3. 托育机构负责人应具有________及以上学历，有从事儿童保育教育、卫生健康等相关管理工作________年以上的经历。

4.《评估标准》中卫生保健评估内容主要从__________、__________、__________、__________、__________几个方面进行评估。

5. 通过________、________、________、________等方式，确保托育工作人员身心健康且具有良好的职业道德修养。

二、单项选择题

1.《评估标准》中质量评估总分为（　　）。

A. 100　　B. 500　　C. 800　　D. 1 000

2. 《评估标准》附件表格中设置有（　　）项基础标准指标。

A. 10　　B. 16　　C. 18　　D. 20

3. 《评估标准》A级（优秀）是指基础标准指标全部评为“通过”，同时根据附录A评估总得分（　　）。

A. 不低于900且每一个一级指标得分不低于该一级指标总分的80%

B. 不低于900且每一个一级指标得分不低于该一级指标总分的60%

C. 不低于600且每一个一级指标得分不低于该一级指标总分的60%

D. 不低于600且每一个一级指标得分不低于该一级指标总分的80%

4. 收托50名及以下婴幼儿的，至少配备（　　）卫生保健人员。

A. 1名兼职　　B. 1名专职　　C. 2名兼职　　D. 2名专职

5. 《评估标准》中不属于保育照护评估内容的是（　　）。

A. 情感氛围　　B. 生活照护　　C. 膳食营养　　D. 发展支持

三、多项选择题

1. 托育工作人员包括（　　）等。

A. 托育机构负责人　　B. 保育人员

C. 卫生保健人员　　D. 保安人员、炊事人员

2. 保育人员应具有（　　）等条件。

A. 中专或普通高中及以上学历　　B. 良好的职业道德

C. 婴幼儿照护经验或相关专业背景　　D. 初级及以上职称

3. 所有托育工作人员应无任何（　　）行为。

A. 暴力　　B. 虐待

C. 请假　　D. 损害婴幼儿身心健康的语言和行为

4. 配备符合不同月龄婴幼儿认知发展水平的图书，数量充足、种类多样。下列关于每名幼儿配备的图书册数和种类的说法错误的是（　　）。

A. 不少于1册，种类不少于1类　　B. 不少于1册，种类不少于2类

C. 不少于1册，种类不少于3类　　D. 不少于1册，种类不少于4类

5. 下列关于托育机构配备玩具的说法正确的是（　　）。

A. 配备符合不同月龄婴幼儿动作、认知、语言、情感与社会性等各个领域发展特点的玩具

B. 配备的玩具数量充足、多样，具有安全环保标识

C. 鼓励结合地域特点和婴幼儿特点，利用自然材料自制玩具

D. 鼓励结合地域特点和婴幼儿特点，利用生活材料自制玩具

四、判断题

1. 《评估标准》不适用于幼儿园托班。（　　）

2. 收托50名以上、100名及以下婴幼儿的，至少配备1名兼职卫生保健人员。（　　）

3. 所有托育工作人员应有户籍地或者居住地公安派出所出具的无犯罪记录证明。（　　）

4. 一日生活的过渡环节组织有序，把握过渡环节中蕴含的婴幼儿的学习与发展机会，基本无消极等待时间。（　　）

5. 意外伤害发生时可按照规范进行应急处理，优先保障婴幼儿的安全。（　　）

五、简答题

1. 简要说明《评估标准》中的评估方法。

2. 《评估标准》中安全保障从哪几个方面进行评估？

第七节习题

一、填空题

1. 《发展服务指南》评估与指导内容指出，针对 0~3 岁婴幼儿养育人开展________、________及________。

2. 养育人有针对性地对儿童大脑和神经系统进行科学干预，通过良好的环境因素，可以促进婴幼儿________、________、________、________和________快速全面发展。

3. 养育照护小组安排的活动包括________、________、________等环节。

4. 由经培训并合格的________、________、________等担任养育指导员，开展养育照护小组活动。

5. 大运动是身体对大动作的控制，使儿童能够在周围环境中进行日常活动和游戏，如________、________、________、________、________、________、________等。

二、单项选择题

1. 《发展服务指南》服务内容指出，针对（　　）开展养育风险评估与指导。

A. 婴幼儿　B. 婴幼儿养育人　C. 托育机构　D. 社区

2. （　　）婴幼儿，其养育人可以通过引导婴幼儿练习独坐、爬行、站立、扶走等动作，促进婴幼儿大运动发展。

A. 0~1 月龄　B. 1~6 月龄　C. 6~12 月龄　D. 12~36 月龄

3. 乡镇卫生院、社区卫生服务中心及县级妇幼保健机构至少配备（　　）名接受过早期发展专业技术培训并合格的儿童保健人员从事养育风险评价与咨询指导服务。

A. 1　B. 2　C. 3　D. 4

4. 《发展服务指南》服务频次要求 0~3 岁期间共为婴幼儿及养育人提供（　　）次养育照护小组活动。

A. 9　B. 10　C. 12　D. 15

5.（　　）婴幼儿被叫名字时有反应。

A. 3 月龄　　B. 4 月龄　　C. 5 月龄　　D. 6 月龄

三、多项选择题

1.《发展服务指南》服务内容指出，针对（　　）开展养育照护小组活动。

A. 婴幼儿　　B. 婴幼儿养育人　　C. 婴幼儿家庭成员　　D. 婴幼儿直系亲属

2. 婴幼儿早期发展服务主要由（　　）提供，有利于提高服务的可及性。

A. 乡镇卫生院　　B. 社区卫生服务中心　　C. 县级妇幼保健机构　　D. 托育机构

3. 用于开展养育照护小组活动的场地应（　　），地面宜采用防滑、软质材料，玩教具及公用设施应定期清洗消毒。

A. 安全卫生　　B. 通风良好

C. 环境安静　　D. 面积不少于 20 m^2

4. 对所有养育人给予普遍性咨询指导，包括（　　）。

A. 纠正不良的养育行为针对性指导　　B. 不适宜的养育环境针对性指导

C. 婴幼儿亲子交流与玩耍咨询指导　　D. 婴幼儿心理行为发育标志自评咨询指导

5. 婴幼儿的认知是个体对客观世界的认识，涉及（　　）等方面。

A. 感知觉　　B. 记忆　　C. 思维　　D. 想象

四、判断题

1. 在幼儿满 1、3、6、8、12、18、24、30、36 月龄时，共进行 9 次养育风险评估与指导。（　　）

2. 可以将视屏类产品，包括电视、电脑、手机、平板、游戏机等作为儿童的“玩伴”。（　　）

3. 家庭成员之间的相互交流、沟通和支持，有利于婴幼儿的早期发展。（　　）

4. 养育人情绪良好、心理健康，可以为婴幼儿提供高质量的陪伴、交流和互动，提供安全、愉悦的养育环境。（　　）

5. 感觉是在知觉的基础上，对物体整体属性的综合反映。（　　）

五、简答题

1. 说明开展促进婴幼儿早期发展服务的重要性。

2. 说明婴幼儿早期发展服务指标包含哪些。

第二部分

托育从业人员职业伦理修养

托育从业人员包括托育机构负责人、保育人员、卫生保健人员、保安人员、炊事人员等。提高托育从业人员职业伦理修养是新时代建设一支品德高尚、富有爱心、敬业奉献、素质优良的婴幼儿照护服务队伍的重要举措。

第四章 托育职业伦理概述

导入思考

某托育机构聘了一名保育人员张女士。张女士有多名子女，且都考取了名牌大学。张女士自称有育儿经验。在保育过程中，张女士认为只要把孩子喂饱就行，并且亲自喂饭，不管孩子大小，从不让孩子动手。个别孩子淘气、调皮或者做错事时，张女士就会说："你再这样，我就不喜欢你了，爸爸妈妈也不要你了。"孩子虽然一时老实了，但是变得患得患失，觉得爸爸妈妈很少陪伴自己，就是因为自己不讨他们喜欢。孩子只要哭闹，张女士就会立即抱孩子，这使得其他孩子误以为，只要一哭闹，就能让大人对自己言听计从。于是孩子们逐渐养成了嚣张跋扈的性格，成了父母眼中惹人嫌的"熊孩子"。渐渐地，张女士也感觉特别累。

思考：

1. 什么是正确的保育观？张女士的保育做法存在哪些不足？
2. 张女士为什么感觉特别累？

第一节 托育职业伦理的基本内涵

一、伦理的内涵

（一）伦理的内涵

"伦"在东汉许慎的《说文解字》中释义为"辈"，即指人与人之间的辈分次第关系，由此义引申出"类""比""序""等"等含义。"理"的本义是治玉，后由此引申出条理、规则、道理、治理、整理等含义。一般而言，"理"是指事物和行为当然的律则和道理。"伦"与"理"二字合起来组成"伦理"。中国伦理思想经历数千年的发展，形成许多不同的理论派别，产生了一系列伦理思想成果，如儒家伦理思想、道家伦理思想、墨家伦理思想、法家伦理思想等。《现代汉语词典》对"伦理"一词的解释为：人与人相处的各种道德准则。①

① 中国社会科学院语言研究所词典编辑室．现代汉语词典［M］．7版．北京：商务印书馆，2016：857.

（二）伦理与道德的辩证关系

伦理和道德都属于社会意识形态。从词源学的角度看，“伦理”和“道德”两个概念的含义大体相近相通，在一定程度上可以互相替代。中国古代便有“伦理”和“道德”的概念，且一直沿用至今。伦理是指人与人相处的各种道德准则，而道德是指人们共同生活及其行为的准则和规范①。两者意思大体相通，但略有区别。

1. 伦理与道德的区别

伦理与道德的区别主要表现在以下几个方面：

（1）日常用法方面。伦理更具客观性、外在性、社会性；道德则更多地用于个人，更具主观性、内在性、个体性。

（2）评价标准方面。伦理通常以应当与不应当、对与错为评价标准；道德则通常以善恶、好坏为评价标准，并依靠社会舆论、传统习俗和内心信念来维系。

（3）行为规范方面。伦理具有普遍性，道德则具有独特性。

（4）学术范畴方面。伦理涉及各种道德的理性分析、说明、论证和评判，具有理论性、系统性和抽象性；道德则涉及社会生活中的道德原则、规范和行为，具有生活性、多样性和具体性。

2. 伦理与道德的联系

（1）伦理与道德都是关涉人类社会生活的善恶意义和行为的价值规范，都具有调节人与人（包括个人与他人、个人与集体）、人与自然、人与自身之间的关系的作用。

（2）伦理是道德的基础，伦理不内化为道德就不能有效实施，道德没有伦理基础就缺乏合理性论证而沦为说教和空谈。

二、职业伦理的内涵

（一）职业伦理的含义

职业伦理是社会伦理道德的重要组成部分，是一定的社会伦理道德原则和规范在职业行为与职业关系中的特殊表现，是从业人员在职业过程中应该遵循的伦理规范，以及应当具备的伦理观念、道德情操和道德品质。②

（二）职业伦理与职业道德的辩证关系

1. 职业伦理与职业道德的区别

职业伦理从更广泛的视角探讨职业活动中的伦理关系及其调节原则，而职业道德通常侧重实际应用中具体、可操作的规范，关注个人在职业环境中的道德行为。职业伦理聚焦相关道德准则和行为规范在实际职业活动中的应用和表现，而职业道德是职业活动中所遵循的道德准则和行为规范的总和。

2. 职业伦理与职业道德的联系

职业伦理与职业道德之间存在着密切的联系。职业道德以职业伦理为理论基础，职业伦理则以职业道德作为其专门研究的对象，从而使职业道德更加理论化和系统化。

职业伦理与职业道德既有区别又有联系，两者都是为了调节职业活动中的行为和关系，确保行

① 中国社会科学院语言研究所词典编辑室．现代汉语词典［M］. 7版. 北京：商务印书馆，2016：269.
② 祝贺．托育服务政策法规与职业伦理［M］. 上海：华东师范大学出版社，2023：192.

为的道德性和正当性，共同构成了职业行为的标准和指导原则，形成了职业行为的道德基础。

（三）职业伦理与职业行为的辩证关系

1. 职业伦理与职业行为的区别

首先，职业伦理是关于职业行为的道德原则和伦理标准，涵盖了个体在职业活动中应遵循的价值观和道德规范；职业行为则是指从业者在实际工作中的具体表现，包括工作态度、工作方式及其与他人的互动等。职业伦理侧重道德决策和原则，职业行为则侧重具体的行为表现。其次，职业伦理主要依靠制度、规定及行业准则来实现，其目的是保证工作的公正性和透明性；职业行为则是通过个体的自我约束和组织的监督机制来规范，其目的是达成职业目标并维护良好的职业道德氛围。

2. 职业伦理与职业行为的联系

职业伦理与职业行为之间存在着密切的联系。职业伦理是职业行为的道德指南，为职业行为提供行为规范和准则，指导和规范职业行为，以确保职业行为的正当性和合理性。职业伦理是职业行为的基础，通过教育和内化，成为从业者个人道德的一部分，从而塑造职业行为。职业行为则是在职业伦理的指导下进行的实际操作。从业人员通过遵守职业伦理，在实践中做出符合道德规范的选择和行动。这些行为反映了个体对职业伦理的认同和实践程度。

职业伦理与职业行为是职业生活中两个紧密相关但又有明显区别的概念，它们共同构建了职业活动的道德和行为框架，对个体的职业发展以及整个社会的道德风尚都具有深远影响。

三、托育职业伦理的内涵

在现代社会，随着家庭结构和生活方式的变化，人们对托育服务的需求日益增加，对托育服务水平寄予了更高的期待，同时，也对托育职业提出了更高的伦理要求。

托育职业伦理是职业伦理的特殊表现形式，是指托育从业人员在提供托育服务过程中形成的，用于调节托育从业人员与婴幼儿之间、与同事之间、与婴幼儿家庭之间以及与社区之间关系的行为准则和规范的总和。

《新时代公民道德建设实施纲要》要求推动践行以爱岗敬业、诚实守信、办事公道、热情服务、奉献社会为主要内容的职业道德，对托育职业道德具有重要的指导意义。国家卫生健康委办公厅印发的《托育从业人员职业行为准则（试行）》则对托育从业人员的职业行为提出了具体明确的要求。

四、托育职业伦理的特征

托育从业人员服务对象是0~3岁的婴幼儿，因此，托育职业伦理与其他的职业伦理相比有明显的特殊性。

（一）示范性

婴幼儿的语言、动作、习惯、品行等都处于形成阶段。托育从业人员在婴幼儿面前就是一名“教师”，其一言一行、一举一动都在潜移默化中影响婴幼儿。婴幼儿常常会不自觉地效仿托育从业人员的日常言语、行为、习惯等。因此，从托育从业人员职业道德行为来看，托育从业人员更具示范性。托育从业人员在婴幼儿面前要做到为人师表，落实保教结合，在做好保育工作的同时，更好地践行育人任务。

（二）全面性

婴幼儿正处于人生发展的关键阶段，亟须成人的精心照护、支持和引导。这就要求托育从业人员首先要承担保育任务，关注婴幼儿身体发育和心理发展，切实做好安全防护、营养膳食、疾病防控等方面的工作，最大限度地呵护婴幼儿的安全和健康。其次，托育从业人员要承担早期教育任务，促进婴幼儿在生活与卫生习惯、动作、语言、认知、情感与社会性等方面持续发展。再次，托育从业人员要处理好与同事、与婴幼儿家庭以及与社区的关系。因此，托育从业人员所承担的责任重大，托育工作涉及的范围更广泛、更全面。

（三）自觉性

托育职业伦理的自觉性主要是由托育服务实践特点决定的。在整个托育过程中，婴幼儿处于被动的接受地位，自身无法直接评价托育的质量。托育从业人员需要自觉地执行保育规范要求。此外，婴幼儿的性格、饮食需求、睡眠和卫生习惯各异，且婴幼儿的安全防护需要托育从业人员时刻警惕关注，这就要求托育从业人员具有正确的儿童观、保育观、医育观，自觉执行婴幼儿保育规范要求。

（四）深远性

托育职业伦理与其他职业伦理相比，影响更深、更远。首先，托育职业伦理不只是作用于婴幼儿的感观，还可以深入婴幼儿的心灵，塑造婴幼儿的道德品质。其次，托育职业伦理不仅广泛影响托育机构内的婴幼儿，还会影响到婴幼儿的家庭甚至整个社会，尤其在促进人口均衡发展战略中，托育从业人员的道德伦理价值更为凸显。再次，托育职业伦理不仅影响婴幼儿在受托育机构照护期间的成长，还会影响他们的一生。因此，这种强大的影响力是其他类型的职业道德无法比拟的。①②③

五、托育职业伦理的研究对象和研究内容

（一）托育职业伦理的研究对象

托育职业伦理的研究对象主要包括托育从业人员与托育机构的关系（托育劳动关系）、托育从业人员与婴幼儿的关系（托幼关系）、托育从业人员与婴幼儿家庭的关系（家托关系）、托育从业人员之间的关系（托育同事关系）、托育从业人员与社区的关系（托社关系）。在托育服务中，高质量的托育服务离不开托育工作关系伦理的支撑，需要每位托育从业人员高度重视。

（二）托育职业伦理的研究内容

托育职业伦理的研究内容较为丰富，主要包括托育职业伦理的基本理论、托育职业伦理的原则和规范、托育职业伦理的教育和评价。④

（1）托育职业伦理的基本理论是整个托育职业伦理的基础。马克思主义伦理学、社会主义核心价值观等在托育职业伦理基本理论中处于指导地位。

（2）托育职业伦理的原则和规范阐明托育从业人员应承担的道德责任，指出托育从业人员在托育实践过程中应遵循的道德基本原则和规范，如新时代公民职业道德规范、国家卫生健康委办公厅印发的《托育从业人员职业行为准则（试行）》的要求等。

（3）托育职业伦理的教育和评价是托育实践的一个难题，即托育从业人员如何运用社会主义托

① 南志国，葛红梅．学前教育政策法规与教师职业道德［M］．苏州：苏州大学出版社，2023：166-167.

② 张原震，邓卫东，王晖．托育服务政策法规与职业伦理［M］．北京：中国人口出版社，2022：107-108.

③ 祝贺．托育服务政策法规与职业伦理［M］．上海：华东师范大学出版社，2023：193-194.

④ 张原震，邓卫东，王晖．托育服务政策法规与职业伦理［M］．北京：中国人口出版社，2022：110.

育职业伦理理论和原则对自身和他人的托育行为进行道德评价，并将托育职业伦理理论在实践中转化为内心的道德自觉，从而提升自身的道德修养。

第二节　婴幼儿托育伦理观

婴幼儿托育伦理观的基本理论主要包括儿童观、保育观、医育观等。2021 年 8 月 19 日，国家卫生健康委印发的《托育机构保育人员培训大纲（试行）》对托育机构保育人员培训做了全面的部署与规范，并将儿童观、保育观、医育观等专业理念作为理论培训内容，以提高保育人员的托育伦理水平。

一、儿童观

习近平总书记曾强调：“对儿童特别是孤儿和残疾儿童，全社会都要有仁爱之心、关爱之情，共同努力使他们能够健康成长，感受到社会主义大家庭的温暖。”托育从业人员必须树立正确的儿童观，才能高质量完成托育服务工作。

（一）儿童的定义

联合国《儿童权利公约》中将“儿童”界定为“18 岁以下的任何人”。这一界定与我国对未成年人的界定是相一致的。《中华人民共和国未成年人保护法》第二条规定，未成年人是指未满十八周岁的公民。《中华人民共和国民法典》（以下简称《民法典》）第十七条规定，不满十八周岁的自然人为未成年人。目前，我国的儿童分为四类，即婴幼儿（0~3 岁）、学龄前儿童（3~6 岁）、少年儿童（7~14 岁）和青少年（15~18 岁）。这是根据儿童的生理、心理和社会发展特点来划分的，以便更好地针对不同年龄段的儿童提供保护和教育。托育服务对象为 0~3 岁婴幼儿，也是本教材所研究的儿童范畴。

（二）儿童观的定义

儿童观是在特定的时代背景下，国家或社会对儿童的基本观点、看法及理念的总和，在行为上表现为一切对待和看待儿童的实践活动。儿童观主要涵盖儿童的身心发展特点、权利与地位、儿童期的意义及教育和儿童发展之间的关系等诸多问题。①

（三）婴幼儿的法律地位

婴幼儿的法律地位是婴幼儿获得权利、行使权利的基础，是婴幼儿在法律上所享有的权利能力和行为能力，以及以此在具体的法律关系中所取得的主体资格。② 权利能力指的是法律关系主体依法享有权利和承担义务的能力或资格。行为能力是指行为人具有行使权利和履行义务的能力。具有行为能力的人首先必须具有权利能力，但具有权利能力的人不一定都有行为能力。我国法律规定，未满八周岁的未成年人属于无民事行为能力人，即不能独立进行民事活动，只能由其法定代理人代理进行民事活动。目前，我国婴幼儿具有以下两方面的法律地位。

---

① 张原震，邓卫东，王晖．托育服务政策法规与职业伦理［M］．北京：中国人口出版社，2022：130.

② 祝贺．托育服务政策法规与职业伦理［M］．上海：华东师范大学出版社，2023：183.

1. 作为公民的婴幼儿的法律地位

《中华人民共和国宪法》（以下简称《宪法》）对我国公民享有的基本权利进行了界定。《民法典》第十三条指出：“自然人从出生时起到死亡时止，具有民事权利能力，依法享有民事权利，承担民事义务。”这意味着婴幼儿从出生那一刻起，就具备了享有民事权利、承担民事义务的资格。《中华人民共和国教育法》规定公民有受教育的权利和义务。0~3 岁婴幼儿应享有的权利主要有以下几个：

第一，平等权。《宪法》第三十三条规定：“凡具有中华人民共和国国籍的人都是中华人民共和国公民。中华人民共和国公民在法律面前一律平等。国家尊重和保障人权。”0~3 岁婴幼儿为无民事行为能力人，在法律面前一律平等，不受任何歧视。

第二，人格权。《民法典》第一百零九条规定：“自然人的人身自由、人格尊严受法律保护。”第一百一十条规定：“自然人享有生命权、身体权、健康权、姓名权、肖像权、名誉权、荣誉权、隐私权、婚姻自主权等权利。”其中，生命权、身体权、健康权是人格权的重要组成部分。人的生命安全和生命尊严、身体完整和行动自由、身心健康受法律保护，任何组织或个人不得侵害。当一个人的生命权、身体权、健康权受到侵害或者处于其他危难情形时，负有法定救助义务的组织或者个人应当及时施救。婴幼儿享有生命权、身体权、健康权，这是保障其生存与发展的基础。

生命权是公民依法享有的生命不受非法侵害的权利。生命是公民作为权利主体而存在的物质前提。生命权一旦被剥夺，其他权利就无从谈起，所以，生命权是公民最根本的人身权。保护公民的生命权不受非法侵害是我国法律的首要任务。托育从业人员必须呵护婴幼儿的生命。任何人不得剥夺婴幼儿的生命。

身体权是公民享有对身体组织部分保持完整、安全的权利。任何组织或者个人不得侵害他人的身体权。托育从业人员禁止暴力殴打婴幼儿，防止婴幼儿发生窒息、跌伤、烧烫伤、溺水、中毒、异物伤害等事故。

健康权是公民依法享有的身体健康不受非法侵害的权利。保护公民的健康权，就是保障公民身体的机能和器官不受非法侵害。托育机构应当顺应喂养，科学制定食谱，保证婴幼儿膳食平衡，为婴幼儿提供日常保健，保证婴幼儿充足的睡眠，引导婴幼儿进行科学适量的运动，保证食物安全，不得开展超出婴幼儿接受能力的活动。

姓名权是公民依法享有的决定、使用、变更或者许可他人使用自己的姓名，并禁止他人干涉、盗用、冒用的权利。托育从业人员禁止给婴幼儿起带有贬义、歧视的外号。

肖像权是公民以在自己的肖像上所体现的人格利益为内容，享有的制作、使用、公开以及许可他人使用自己肖像的具体人格权。任何组织或者个人不得以丑化、污损，或者利用信息技术手段伪造等方式侵害他人的肖像权。未经肖像权人同意，不得制作、使用、公开肖像权人的肖像，法律另有规定的除外。

隐私权是公民享有的私人生活安宁与私人信息依法受到保护，不被他人非法侵扰、知悉、搜集、利用和公开等的一种人格权。隐私权作为人的基本权利，也是儿童权利的重要组成部分。托育从业人员必须重视婴幼儿的隐私权保护。

知识链接

肖像权使用的免责情形

根据《民法典》第一千零二十条，合理实施下列行为的，可以不经肖像权人同意：

（1）为个人学习、艺术欣赏、课堂教学或者科学研究，在必要范围内使用肖像权人已经公开的肖像。

（2）为实施新闻报道，不可避免地制作、使用、公开肖像权人的肖像。

（3）为依法履行职责，国家机关在必要范围内制作、使用、公开肖像权人的肖像。

（4）为展示特定公共环境，不可避免地制作、使用、公开肖像权人的肖像。

（5）为维护公共利益或者肖像权人合法权益，制作、使用、公开肖像权人的肖像的其他行为。

第三，受教育的权利。《中华人民共和国教育法》第九条规定：“中华人民共和国公民有受教育的权利和义务。公民不分民族、种族、性别、职业、财产状况、宗教信仰等，依法享有平等的受教育机会。”婴幼儿进入托育机构以后，托育机构应保障每个婴幼儿参加保教计划内的各种活动，使用各种设备、玩具等，保证每个婴幼儿都是平等的。

知识链接

《儿童权利公约》对缔约国保护儿童权利的要求

《儿童权利公约》第二条第一款规定：“缔约国应尊重本《公约》所载列的权利，并确保其管辖范围内的每一个儿童均享受此种权利，不因儿童或其父母或法定监护人的种族、肤色、性别、语言、宗教、政治或其他观点、民族、族裔或社会出身、财产、伤残、出生或其他身份而有任何歧视。”

《儿童权利公约》第二条第二款规定：“缔约国应采取一切适当措施确保儿童得到保护，不应该基于儿童父母、法定监护人或家庭成员的身份、活动、所表达的观点或信仰而受到一切形式的歧视或惩罚。”

2. 作为未成年人的婴幼儿的法律地位

《中华人民共和国未成年人保护法》第三条规定：“国家保障未成年人的生存权、发展权、受保护权、参与权等权利。未成年人依法平等地享有各项权利，不因本人及其父母或者其他监护人的民族、种族、性别、户籍、职业、宗教信仰、教育程度、家庭状况、身心健康状况等受到歧视。”

生存权指公民享有维持其生存所必需的健康和生活保障的权利。生存权是人享有其他权利的前提，也是人权的主要表现形式。婴幼儿的生存权包括生命权、身体权、健康权等。

发展权是指未成年人享有充分发展其全部体能和智能的权利，包括未成年人有权接受正规和非正规的教育，有权享有促进生理、心理等全面发展的生活条件。未成年人的发展包括身体、智力、道德、情感、社会性等多方面的发展。保护未成年人的发展，其核心就是保障其受教育的权利。托育机构应当加强与社区的联系与合作，面向社区宣传科学育儿知识，开展多种形式的服务活动，促进婴幼儿早期发展。

受保护权是指未成年人享有不受歧视、虐待和忽视的权利。受保护权是未成年人权益的重要内容。《中华人民共和国未成年人保护法》第四条规定："保护未成年人，应当坚持最有利于未成年人的原则。处理涉及未成年人事项，应当符合下列要求：（一）给予未成年人特殊、优先保护；（二）尊重未成年人人格尊严；（三）保护未成年人隐私权和个人信息；（四）适应未成年人身心健康发展的规律和特点；（五）听取未成年人的意见；（六）保护与教育相结合。"

《托育机构管理规范（试行）》要求托育机构坚持儿童优先的原则，尊重婴幼儿成长特点和规律，最大限度地保护婴幼儿，确保婴幼儿的安全和健康。《托育机构婴幼儿伤害预防指南（试行）》主要针对窒息、跌倒伤、烧烫伤、溺水、中毒、异物伤害、道路交通伤害等3岁以下婴幼儿常见的伤害类型，为托育机构管理者和工作人员在安全管理、改善环境、加强照护等方面开展伤害预防提供技术指导和参考。

参与权是指未成年人参与家庭和社会生活，并就影响他们生活的事项发表意见的权利。父母或其他监护人应当尊重未成年人的参与权，根据未成年人的年龄、智力状况等，在作出与未成年人权益有关的决定时告知其本人，并听取他们的意见。未成年人有权对影响自身的任何事情发表意见。成年人应认真对待未成年人在学习和生活方面的意见。

二、保育观

托育机构保育是婴幼儿照护服务的重要组成部分，是生命全周期服务管理的重要内容。托育机构应通过创设适宜环境，合理安排一日生活和活动，提供生活照料、安全看护、平衡膳食等服务和早期学习机会，促进婴幼儿身体和心理的全面发展。

（一）保育观的定义

保育工作者在保育过程中，对婴幼儿与环境、物质条件、营养、卫生、保育过程和保育员自身的观念看法以及所作所为，统称为保育观。保育观主要包含保育内容、保育态度和保育方式三个方面。① 现代保育观是一个综合性的理念，它不仅关注儿童的身体健康，还强调心理和社会适应能力的培养，以及教育和保育的有机结合，旨在促进儿童的全面和谐发展。

（二）保育观的特点

《国务院办公厅关于促进3岁以下婴幼儿照护服务发展的指导意见》指出："发展婴幼儿照护服务的重点是为家庭提供科学养育指导，并对确有照护困难的家庭或婴儿提供必要的服务。"0~3岁婴幼儿保育与幼儿园保育既有相同点，又有其自身特点。

1. 以幼儿为本

婴幼儿保育工作应当尊重婴幼儿，坚持幼儿优先，保障幼儿权利；同时，应尊重婴幼儿成长特点和规律，关注个体差异，促进每个婴幼儿全面发展。托育从业人员应做到注重情感呵护，积极回应，提供支持性环境，敏感观察婴幼儿，理解其生理和心理需求，并及时给予积极适宜的回应。在托育服务过程中，不得忽视、歧视、侮辱、虐待婴幼儿。

2. 科学照护

婴幼儿保育工作应当遵循婴幼儿发展的年龄特点开展。托育从业人员应为婴幼儿提供科学照护，

---

① 张原震，邓卫东，王晖．托育服务政策法规与职业伦理［M］．北京：中国人口出版社，2022：135.

根据婴幼儿成长规律，制订科学的保育方案，合理安排婴幼儿饮食、如厕、盥洗、睡眠、游戏等一日生活，支持婴幼儿主动探索、操作体验、互动交流和表达表现，丰富婴幼儿的直接经验。

3. 全面保育

婴幼儿托育服务的保育目标是促进婴幼儿身体发育和心理健康发展。新时代的保育观要求将保、教、育三者紧密融合，强调保育、教育和养育的整体性。《托育机构保育指导大纲（试行）》强调，保育重点应当包括营养与喂养、睡眠、生活与卫生习惯、动作、语言、认知、情感与社会性等，体现保育观的全面性。保育观认为，每个接触婴幼儿的人都是教育者，无论是保育人员、卫生保健人员，还是机构负责人、保安人员、炊事人员等，都有教育职责，体现“全员、全过程育人”。此外，托育从业人员还要践行家托共育，注重与婴幼儿家庭密切合作，保持经常性良好沟通，传播科学育儿理念，提供家庭照护指导服务。

4. 保教结合

婴幼儿托育服务的“保教结合”不同于幼儿园的“保教结合”。前者在保育与教育两方面侧重保育，为此，国家制定了《托育机构保育指导大纲（试行）》，以指导托育机构为婴幼儿提供科学、规范的照护服务，促进婴幼儿健康成长；后者在保育与教育两方面侧重教育，为此，国家制定了《幼儿园教育指导纲要（试行）》《3—6岁儿童学习与发展指南》，以推动幼儿园实施素质教育，全面提高幼儿园教育质量。

知识链接

托育机构保育应遵循的基本原则

2021年1月，国家卫生健康委印发的《托育机构保育指导大纲（试行）》指出，托育机构保育应遵循以下基本原则：

（1）尊重儿童。坚持儿童优先，保障儿童权利。尊重婴幼儿成长特点和规律，关注个体差异，促进每个婴幼儿全面发展。

（2）安全健康。最大限度地保护婴幼儿的安全和健康，切实做好托育机构的安全防护、营养膳食、疾病防控等工作。

（3）积极回应。提供支持性环境，敏感观察婴幼儿，理解其生理和心理需求，并及时给予积极适宜的回应。

（4）科学规范。按照国家和地方相关标准和规范，合理安排婴幼儿的生活和活动，满足婴幼儿生长发育的需要。

三、医育观

（一）医育观的定义

现代医育观主要是指在特定背景下，人们对于0~3岁婴幼儿托育服务中医疗与教育、医疗与保育、医疗与养育相结合三个方面的根本认识与看法。① 它强调在托育工作实践中利用医疗机构的专业

① 张原震，邓卫东，王晖．托育服务政策法规与职业伦理［M］．北京：中国人口出版社，2022：141.

技术优势，为婴幼儿提供健康管理和疾病预防服务，同时结合教育理念，促进婴幼儿的全面发展。医育结合模式是新时代托育服务的有利探索路径之一。

（二）医育结合的重要意义

在家庭层面上，0~3 岁的婴幼儿正处于生长发育阶段，全身各器官的生理功能尚不够完善，机体的免疫功能低下，适应外界环境的能力较差。科学的养育照顾和健康管理是促进婴幼儿健康成长的重要保障。有医护专业知识的保育人员及时发现问题并进行干预和指导，能够促进婴幼儿的健康成长，从而促进其早期在生理、心理和社会适应能力方面得到全面发展；同时，也能为家庭养育提供良好的指导服务，增强家庭的科学养育能力。

在机构层面上，保育人员凭借其专业、规范、安全可靠的照护服务工作，更能赢得育龄家庭的认同和信任，助力各类托育机构向好发展、长足发展。

在社会层面上，在医育结合模式下，托育机构的专业性、安全性、示范性能有效缓解育龄家庭的养育焦虑，尤其是解决了许多三孩家庭特别是高龄孕妇家庭面临的祖辈年龄偏大、无法有效照护婴幼儿的问题。在生育率持续下降的时代背景之下，优质的托育服务不仅可以促进婴幼儿健康成长，也有助于家庭和谐，有助于提高我国的生育率。

（三）医育深度结合的途径

医育深度结合需要托育机构及从业人员进一步开拓思路、改进方法，创新融合的体制机制。

1. 强化思想认识，提高托育服务站位

托育机构及从业人员要深刻认识到“托”的内涵。托育，从表面上看是为了解决家庭“带娃难”问题，实际上托起的是一个国家和民族的未来，是在培养全面发展的社会主义建设者和接班人。医育结合是将养育、教育与医疗结合起来，为 0~3 岁婴幼儿的健康茁壮成长奠基。托育服务不仅能激发“生”的意愿、解决“育”的难题，还能减轻“养”的负担。

2. 提升医学素养，提高托育专业水平

医育结合保障婴幼儿的健康安全，需要托育从业人员具有专门的儿童医学保健知识与专业技能。托育从业人员需要掌握膳食营养、科学运动、传染病预防、疾病免疫、常见病防治等方面的专业知识，及时关注婴幼儿身体发育状况，并适时给予专业性的指导。医育结合是医疗和教育、养育的有机融合。托育从业人员不仅要关注幼儿的身体健康，还要注重他们的心理和智力等因素的发展。因此，在保育实践中，托育从业人员应该将医疗保健知识和教育学、心理学、社会学等相关学科知识结合起来，准确判断婴幼儿的发育水平和个体指征，让保育工作更具有针对性。

3. 依托社会力量，促进医育深度结合

医育结合离不开社会医疗机构。当地卫生健康部门需要设计“医育联盟”平台，保证医疗机构每季度为签约托育机构开展巡回指导和服务，建立托育健康指导员服务绩效保障机制。安排健康指导员为托育机构定期提供健康宣教、育儿指导、卫生保健指导、传染病防控和安全巡查指导，并根据签约机构需求为在托婴幼儿订制健康管理服务，将更多的医疗服务融入日常的养育照护中，如婴幼儿生长发育监测、儿童神经心理发育筛查、营养性疾病管理等项目。开展托育机构星级评定、年度校验，联合疾控中心开展托育机构卫生消毒评价等，督促托育机构提供更安全、更健康的托育服务。

典型活动

医育融合，托起未来

——岳阳市大力推动医育融合，促进托育服务高质量发展①

2024 年 5 月 30 日，在“六一”儿童节来临之际，岳阳市妇幼保健院与岳阳东站幼儿园举行了医育结合签约仪式，签订了《岳阳市妇幼保健院与岳阳东站幼儿园医育结合战略合作协议书》。

如何让小宝宝在托育机构被喂养好、开心玩、聪明健康，使家长们更放心？岳阳市卫健委高度重视托育服务健康规范发展，积极探索医疗机构与托育机构医育结合服务模式，充分发挥妇幼保健机构“儿童保健”主力军的作用，为托育机构提供保育人员、保健人员技能培训和实地进修，婴幼儿早期健康监测和保健服务，家长课堂等，实现医育融合，为托育服务赋能，促进托育服务高质量发展。目前已有岳阳市妇幼保健院、平江县妇幼保健院、华容县妇幼保健院等与 20 多家托育机构签订“医育结合战略合作协议”，还有其他妇幼保健院与托育机构正在洽谈合作事宜。

第三节　托育职业关系伦理

托育职业关系主要包括托育从业人员与托育机构的关系（托育劳动关系）、托育从业人员与婴幼儿的关系（托幼关系）、托育从业人员与婴幼儿家庭的关系（家托关系）、托育从业人员之间的关系（托育同事关系）、托育从业人员与社区的关系（托社关系）。在托育服务中，高质量的托育服务离不开托育职业关系伦理的支撑。

一、托育劳动关系伦理

在托育服务中，托育从业人员与托育机构的关系是开展托育服务工作的基础和前提。这一关系直接影响托育服务质量。

托育从业人员与托育机构的关系从本质上看属于劳动关系，适用于《中华人民共和国劳动法》（以下简称《劳动法》）的规定。根据《劳动法》规定，建立劳动关系应当订立劳动合同。劳动合同是劳动者与用人单位确立劳动关系、明确双方权利和义务的协议，需要双方共同遵守。托育从业人员有权依照劳动合同及国家有关法律规定取得劳动报酬，这是劳动者持续行使劳动权不可少的物质保证；享有获得劳动安全卫生保护的权利，这是对劳动者在劳动中的生命安全和身体健康，以及享受劳动权利最直接的保护；享有休息、社会保险的福利、接受职业技能培训、提请劳动争议处理

① 医育融合，托起未来：岳阳市大力推动医育融合，促进托育服务高质量发展[EB/OL].(2024-06-03)[2024-08-30].http://www.yueyang.gov.cn/web/2570/2598/3449/3450/content_2194443.html.(有改动)

等权利。托育从业人员在享有应有的权利的同时，应履行以下义务：遵守用人单位规章制度；加强业务学习，胜任本职工作；维护用人单位信誉和利益，保守用人单位商业秘密等。

若幼儿园举办小托班，其保育工作人员按照《中华人民共和国教师法》规定，还享有教师相关的权利（表 4-3-1），履行教师相关的义务。

表 4-3-1　《中华人民共和国教师法》规定的教师权利和义务

教师的权利	教师的义务
1. 进行教育教学活动，开展教育教学改革和实验 2. 从事科学研究、学术交流，参加专业的学术团体，在学术活动中充分发表意见 3. 指导学生的学习和发展，评定学生的品行和学业成绩 4. 按时获取工资报酬，享受国家规定的福利待遇以及寒暑假期的带薪休假 5. 对学校教育教学、管理工作和教育行政部门的工作提出意见和建议，通过教职工代表大会或者其他形式，参与学校的民主管理 6. 参加进修或者其他方式的培训	1. 遵守宪法、法律和职业道德，为人师表 2. 贯彻国家的教育方针，遵守规章制度，执行学校的教学计划，履行教师聘约，完成教育教学工作任务 3. 对学生进行宪法所确定的基本原则的教育和爱国主义、民族团结的教育，法制教育以及思想品德、文化、科学技术教育，组织、带领学生开展有益的社会活动 4. 关心、爱护全体学生，尊重学生人格，促进学生在品德、智力、体质等方面全面发展 5. 制止有害于学生的行为或者其他侵犯学生合法权益的行为，批评和抵制有害于学生健康成长的现象 6. 不断提高思想政治觉悟和教育教学业务水平

二、托幼关系伦理

在托育服务中，托幼关系是最为重要的关系，是衡量托育服务质量的关键。

（一）托幼关系的特点

1. 托幼关系是照护与被照护的关系

托育服务对象是婴幼儿。照护服务就是根据婴幼儿发展的年龄特点和个体差异，由托育从业人员在托育机构直接或间接为 3 岁以下婴幼儿提供生活照护、安全看护、平衡膳食等服务，为家庭和社区提供科学育儿指导服务，促进婴幼儿身体和心理的全面发展。保育工作是婴幼儿照护服务的重要组成部分。保育重点包括婴幼儿的营养与喂养、睡眠、生活与卫生习惯、动作、语言、认知、情感与社会性等方面。保育工作应遵循尊重儿童、安全健康、积极回应、科学规范的基本原则，依据婴幼儿发展的年龄特点与个体差异，通过多种途径促进婴幼儿身体发育和心理发展。

2. 托幼关系是引导与被引导的关系

托育服务应当以游戏为主要活动形式。在游戏中，托育从业人员应成为婴幼儿活动的支持者、合作者、引导者，以关怀、接纳、尊重的态度与婴幼儿交往，耐心倾听，努力理解婴幼儿的想法与感受，支持、鼓励婴幼儿大胆探索与表达；要善于发现婴幼儿感兴趣的事物、游戏和偶发事件中所隐含的教育价值，把握时机，积极引导；要关注婴幼儿在活动中的表现和反应，敏感观察他们的需求，及时以适当的方式应答，与婴幼儿形成合作探究式良好互动，注重动静交替，合理搭配多种游戏类型。

3. 托幼关系是教师与学生的关系

托育服务需要为婴幼儿提供早期学习机会。此时，婴幼儿是受教育者，托育从业人员是施教者，托育从业人员与婴幼儿之间的关系在一定意义上属于师生关系。在托育过程中，托育从业人员既要扮演父母角色，落实保育工作，又要扮演教师角色，落实教育工作，做到保教结合。托育的职能是培养婴幼儿的生活与卫生习惯，促进其动作、语言、认知、情感与社会性等方面的发展，并将思想品德教育贯穿于整个保育过程，落实立德树人根本任务。

（二）影响托幼关系的因素

1. 托育从业人员方面的因素

（1）托育从业人员的职业伦理。托育服务对象是0~3岁婴幼儿。职业伦理是衡量托育从业人员素质的第一标准。托育从业人员的职业伦理水平直接影响托幼关系和托育服务质量。若托育从业人员的职业伦理缺失，他们就无法与婴幼儿建立良好的关系。职业伦理的缺失主要表现在托育从业人员对托育工作缺少职业情感，职业道德意志脆弱，职业信念淡薄，没有形成良好的职业行为习惯，没有树立正确的儿童观、保育观、医育观。

（2）托育从业人员的心理素质。托育服务对象的特殊性主要是婴幼儿还不能熟练地运用语言进行交流，表达自己的需求，特别是语言发展迟缓的婴幼儿表现更为突出。这就要求托育从业人员要富有爱心、责任心，要耐心、细心，与婴幼儿交流时要乐观向上、热情开朗，有亲和力，善于调节情绪，保持平和心态。托育从业人员如果不能及时调节个人情绪，不仅会影响个人身体健康和工作状态，也会把消极情绪直接传递给婴幼儿，影响托幼和谐，进而直接降低托育服务质量。

（3）托育从业人员的专业能力。托育从业人员的专业能力包括环境的创设与利用、一日生活的组织与保育、游戏活动的支持与引导、激励与评价、沟通与合作、反思与发展等方面的能力。其中，保育能力反映托育从业人员对婴幼儿的营养与喂养、睡眠、生活与卫生习惯、动作、语言、认知、情感与社会性等方面的照护水平。若托育从业人员的专业能力薄弱，其在保育过程中就很难保证托幼关系的和谐性，很难保证让婴幼儿健康、快乐地生活。

2. 婴幼儿方面的因素

影响托幼关系的因素还包括婴幼儿的气质和其所处的发展阶段等。

（1）婴幼儿的气质。

气质在现代心理学中被认为是表现在心理活动强度、速度、灵活性、倾向性等方面的动力特征。气质由遗传决定，是婴幼儿与生俱来的、稳定的心理特征，是高级神经活动类型的外在表现。因此，婴幼儿在出生后的最初阶段就会表现出某些气质特点，且这些特点一旦形成就难以改变。

希波克拉底最早将人的气质分为四种类型：胆汁质、多血质、黏液质和抑郁质。巴普洛夫根据人的神经系统对外界环境刺激反应的强度、平衡性及灵活性的差异，将气质划分为四种类型：兴奋型、活泼型、安静型及弱型。这四种类型分别对应胆汁质、多血质、黏液质和抑郁质。气质不同的人，其典型特征表现也不尽相同（表4-3-2）。

表4-3-2　气质类型、高级神经活动类型及其典型特征表现

气质类型	高级神经活动类型	典型特征表现
胆汁质	兴奋型	兴奋性很强，脾气暴躁，性情直率，精力旺盛。当兴奋时可下决心克服一切困难；当精力耗尽时，情绪会一落千丈
多血质	活泼型	热情，有能力，适应性强，喜欢交际，精神愉快，机智灵活，但注意力易转移，情绪易改变，富于幻想，不够耐心
黏液质	安静型	平静，善于克制忍让，生活有规律，不为无关的事情分心，能埋头苦干，有耐久性，但不够灵活，注意力不易转移，缺乏激情
抑郁质	弱　型	沉静，易相处，人缘好，做事坚定，能克服困难，但比较敏感，易受挫折影响，行动较缓慢

气质对婴幼儿的生活和发展有着重要的影响。针对婴幼儿的气质特点，托育从业人员在工作中应注意以下几点。

第一，对照特征，学会了解婴幼儿的气质特点。在托育工作中，托育从业人员一般很难采用生理实验或医学检测的方法来鉴定婴幼儿的神经活动类型，但是可以运用行为评定法来了解婴幼儿的气质特点，即细致观察并评价幼儿的情感表现、行为态度等。例如，观察婴幼儿是否热情亲近，脾气是否急躁，情绪是否易激动，对新环境或陌生人能否很快适应，旧的生活习惯是否容易改变，活动时有没有信心，在集体活动中是否容易羞涩、退缩等，然后把观察到的情况记录下来，并把观察结果与气质类型的典型特征相对照，以初步判断婴幼儿的气质特征。

第二，反复观察，不要轻易对婴幼儿的气质类型下结论。虽然婴幼儿会表现出各种气质特征，但托育从业人员不应轻率地对婴幼儿的气质类型做出判定。因为在实际生活中，纯粹属于某种气质类型的人是极少的，某一种行为特点可能为几种气质类型所共有。如敏感、易激动、容易改变，既可能是胆汁质型的表现，也可能是抑郁质型的表现。此外，婴幼儿的气质还在发展之中，尚未稳定。因此，托育从业人员必须经过长期、反复的观察、比较，综合各种行为特点，再谨慎地确定婴幼儿的气质是否接近或属于哪种类型，以免造成教育上的失误。

第三，因势利导，巧妙利用不同气质类型婴幼儿的心理特点。托育从业人员在进行保教活动时，要针对婴幼儿的气质特点，采取相应的教育措施：对于容易兴奋又难以遏制的婴幼儿，要教会他们自制，如午睡先醒时要安静地躺着，不喊叫、不吵闹，养成安静、遵守纪律的习惯；对于容易抑制、行动畏怯的婴幼儿，要多肯定其成绩，培养他们的自信心，激发他们的活动积极性；对于热情活泼、难于安定的婴幼儿，要注意培养其专心、耐心的习惯；对于反应迟缓、沉默寡言的婴幼儿，要鼓励其多参与集体活动，多参与同伴交往，教给他们各种活动的技能和方法。

气质本身没有好坏之分。每一种气质都既有优点又有缺点。教育的目的不是设法改变婴幼儿的原有气质，而是助其克服缺点，发展优点，从而形成优良的个人特征。

（2）婴幼儿所处的发展阶段。

不同年龄阶段的婴幼儿身心发展特点不同，具体表现在动作发展、认知发展、语言发展、情感与社会性发展等的区别上。托育工作应当遵循婴幼儿发展的年龄特点与个体差异，通过多种途径促进婴幼儿身体发育和心理发展。托育从业人员应根据《托育机构保育指导大纲（试行）》的相关要求将保育重点放在婴幼儿的营养与喂养、睡眠、生活与卫生习惯、动作、语言、认知、情感与社会性等方面。

（三）促进托幼关系的实践要求

促进托幼关系和谐发展是每位托育从业人员的必修课，也是完成高质量托育工作的前提和基础。

1. 关爱尊重婴幼儿，坚持儿童优先

托育从业人员促进托幼关系和谐发展，首先要关心尊重幼儿，坚持儿童优先理念。2014 年 9 月，习近平总书记在同北京师范大学师生代表座谈时指出：“好老师对学生的教育和引导应该是充满爱心和信任的，在严爱相济的前提下晓之以理、动之以情，让学生‘亲其师’‘信其道’。好老师要用爱培育爱、激发爱、传播爱，通过真情、真心、真诚拉近同学生的距离，滋润学生的心田，使自己成为学生的好朋友和贴心人。”习近平总书记对教师的要求，对托育从业人员也具有指导意义，需要每位托育从业人员落实到具体托育服务工作中。托育从业人员关心尊重婴幼儿体现在以下几个方面：

（1）关爱婴幼儿。关爱婴幼儿是做好托育服务的根本所在。关爱的基础就是最大限度地保护婴

幼儿的安全和健康。托育从业人员必须具有安全意识，掌握基本急救常识和防范、避险、逃生、自救的基本方法，切实做好婴幼儿安全防护、营养膳食、疾病防控等工作，确保婴幼儿在安全、健康的环境下快乐成长。托育从业人员关爱婴幼儿还体现在提供支持性环境，敏感观察婴幼儿，理解其生理和心理需求，并及时给予积极适宜的回应。此外，关爱婴幼儿还需要托育从业人员在具体的托育服务中有责任心，特别是对语言表达不清、好动调皮、性格孤僻、动辄哭闹的婴幼儿要有足够的耐心，不得向婴幼儿发脾气。

（2）尊重婴幼儿。尊重婴幼儿首先要尊重其自尊心，不得讽刺、挖苦婴幼儿。其次，要尊重婴幼儿的人格，充分理解和尊重婴幼儿在发展进程中的个别差异。面对一些不听话、易犯错的婴幼儿，要采取正面教育，不能侮辱、体罚或变相体罚婴幼儿。再次，要平等公正地对待婴幼儿。托育从业人员在日常保教活动中必须做到一视同仁，不偏爱、不歧视任何一个婴幼儿，不因外貌、家庭背景、性格差异等区别对待婴幼儿。托育从业人员在游戏活动中，要与婴幼儿平等地交往和互动，切忌忽视个别婴幼儿。最后，托育从业人员要客观公正地评价婴幼儿，多进行纵向评价，即每个婴幼儿在原来的基础上是否有了一定的发展和进步，特别要避免将不同的婴幼儿进行横向的优劣比较，切忌根据个人喜好或成见去评价婴幼儿。

（3）严慈相济对待婴幼儿。所谓严慈相济是指托育从业人员在保教过程中将严格要求和慈爱有机结合起来，既关爱、尊重、信任婴幼儿，又对婴幼儿提出严格的要求。托育从业人员对婴幼儿严慈相济要防止两种倾向：一是包办一切或一味地纵容和溺爱，这不利于婴幼儿健康成长；二是以“打是亲，骂是爱”的方式“爱生”，这会摧残婴幼儿身心健康。“严”是有标准的“严”，是有利于婴幼儿全面发展的“严”。在保教实践中，托育从业人员要做到严出于爱，爱寓于严，爱而不纵，严而不凶。

（4）坚持儿童优先。托育从业人员坚持儿童优先，首先要优先满足婴幼儿的膳食、睡眠。其次，在紧急情况下，托育从业人员应当优先保护婴幼儿的人身安全，严禁不顾婴幼儿安危，擅离职守，自行逃离。

2. 加强业务学习，增强保教能力

（1）加强业务学习，增强保育能力。托育从业人员应认真学习《托育机构管理规范（试行）》《托育机构保育指导大纲（试行）》等标准要求，遵循婴幼儿发展的年龄特点与个体差异，不断学习保育相关知识和技能，增强自己的保育能力，通过多种途径促进婴幼儿身体发育和心理发展。

（2）加强业务学习，增强教育能力。游戏是婴幼儿教育活动的主要载体。托育从业人员必须紧紧围绕游戏活动，发展婴幼儿智力，培养他们正确运用感官和运用语言交往的基本能力，增强婴幼儿对环境的认识，培养婴幼儿有益的兴趣和求知欲望，培养婴幼儿初步的动手探究能力。

婴幼儿教育活动的组织与实施应关注以下几方面问题：

① 婴幼儿的教育是为所有在托婴幼儿的健康成长服务的。托育从业人员要为每一个婴幼儿提供积极的支持和帮助，坚持积极鼓励、启发引导的正面教育。

② 托育机构的教育活动是通过多种形式，有目的、有计划地引导婴幼儿主动参与的活动。这就需要托育从业人员依据婴幼儿的年龄特点，有针对性地设计多种形式的主题游戏活动。

③ 教育活动的组织与实施过程是托育从业人员创新开展工作的过程。托育从业人员应从本地、本机构的条件出发，结合婴幼儿的发展水平、经验和需要制订切实可行的工作计划。

④ 教育活动应根据婴幼儿的动作、语言、认知、情感与社会性发展需要组织实施，同时体现以

下原则：既适合婴幼儿的现有水平，又有一定的挑战性；既符合婴幼儿的实际需要，又有利于其长远发展；既贴近婴幼儿的生活，又有助于拓宽婴幼儿的视野。

⑤ 教育活动内容应充分考虑婴幼儿的学习特点和认知规律，将各部分的内容有机联系，注重综合性、趣味性、活动性，寓教育于活动之中。

⑥ 教育活动的组织形式应根据需要合理安排，因时、因地、因内容、因材料灵活地运用。

⑦ 环境是重要的教育资源。教育活动的环境创设和利用要有效地促进婴幼儿的发展。托育机构的空间、设施、活动材料和常规要求等应有利于引发、支持婴幼儿的游戏和各种探索活动，有利于引发、支持婴幼儿与周围环境之间的积极互动；托育从业人员的态度和管理方式应有助于形成安全、温馨的心理环境，言行举止应成为婴幼儿学习的良好榜样。

⑧ 科学、合理地安排和组织一日生活。时间安排应有相对的稳定性与灵活性，既有利于形成秩序，又能满足婴幼儿的合理需要，照顾到个体差异。托育从业人员应将直接指导的活动和间接指导的活动相结合，保证婴幼儿每天有适当的自主选择和自由活动时间。托育从业人员直接指导的集体活动要能保证婴幼儿的积极参与，避免时间的隐性浪费；要尽量减少不必要的集体行动和过渡环节，减少和消除消极等待现象；要避免不必要的管理行为，逐步引导婴幼儿学习自我管理。

⑨ 托育从业人员应成为婴幼儿学习活动的支持者、合作者、引导者，以关怀、接纳、尊重的态度与婴幼儿交往；同时，与家庭密切配合，共同促进婴幼儿健康成长。

⑩ 托育从业人员要善于激发婴幼儿爱祖国、爱家乡、爱集体、爱劳动、爱科学的情感，培养婴幼儿诚实、自信、友爱、勇敢、勤学、好问、爱护公物、克服困难、讲礼貌、守纪律等良好的品德行为和习惯。

3. 学会情绪管理，促进心理健康

托育从业人员心理健康对托育工作非常重要。因此，托育从业人员要善于自我调节情绪，保持平和心态，与婴幼儿交流时要乐观向上、热情开朗，有亲和力，与婴幼儿建立和谐的托幼关系，保证托育质量。

托育从业人员在日常托育服务工作中，因工作压力、同事关系、与婴幼儿家长的关系、家庭因素等会产生紧张、焦虑、担心、忧郁、痛苦、沮丧、伤心、嫉妒、愤怒、怨恨、愧疚、害怕等负面情绪。托育从业人员要用正确的方法把负面情绪转化成正面情绪，做情绪的主人。情绪调节的具体方法如下。

（1）自我调节。当某些消极情绪被激发起来时要先冷静下来，有意识地对自己的情绪进行控制，然后选择一种适当的行为方式表达自己的情绪。

（2）注意转移。当情绪不佳时，要把注意力转移到自己感兴趣的事情上，终止不良刺激源的作用，防止不良情绪的泛化、蔓延，通过新的活动，特别是自己感兴趣的活动促进积极情绪的产生。

（3）自我安慰。这种调节方法主要是为了找一个理由以缓解矛盾冲突，消除焦虑、抑郁、失望等不良情绪，有助于保持稳定情绪。

（4）适当发泄。当有焦虑、烦闷、抑郁等负面情绪时，要进行适度的宣泄，但在托育工作中，不得将婴幼儿作为负面情绪的宣泄对象。

4. 保持与家长沟通，推进家托共育

家庭和托育机构共同承担着促进婴幼儿健康成长的责任。托育从业人员应该与家长建立良好的沟通与合作机制，共同探寻解决问题的方法，促进托育关系和谐发展。

三、家托关系伦理

家庭是托育机构重要的合作伙伴。托育从业人员应本着尊重、平等、合作的原则，争取婴幼儿家长的理解、支持和主动参与，并积极帮助、指导家长增强养育能力。在托育服务过程中，托育从业人员与婴幼儿家长之间的联系应该把握以下几个伦理原则。

（一）尊重与信任

婴幼儿家长与托育机构是委托与被委托的关系。托育从业人员代表托育机构提供具体的托育服务。托育从业人员应该尊重婴幼儿家长，并通过高质量的托育服务，提高家长和社会对托育机构的认可度和信任度。托育从业人员尊重婴幼儿家长主要体现在以下几个方面。

1. 尊重家长的知情权

尊重婴幼儿家长首先要尊重家长的知情权。托育机构要建立信息公示制度，定期公示收费项目和标准、保育照护、膳食营养、卫生保健、安全保卫等情况，通过招生宣传、家长开放日、亲子活动、家长课堂、育儿经验交流会等活动接受家长监督。托育从业人员需要通过多种形式，让家长了解托育情况，了解孩子的动态，征求家长的意见与建议，让家长对托育工作满意、放心。

2. 尊重家长的人格

托育从业人员不能因婴幼儿的表现、家庭经济状况、家长的职业和收入等情况，取笑、歧视、指责家长，伤害家长的自尊心和人格尊严。

3. 尊重家长的育儿理念和方法

每位家长都有自己的育儿理念和方法，这可能与托育机构的理念和方法不同或相悖。托育从业人员应该尊重和理解家长，切勿一味地批评和指责家长。如果家长的育儿理念和方法确实有不妥的地方，托育从业人员应该耐心引导，尽可能地促使家长转变，与家长达成共识，形成合力。

（二）沟通与合作

科学育儿，促进婴幼儿健康成长，是家长和托育从业人员共同的目的。因此，托育从业人员与婴幼儿家长之间存在合作关系，双方要保持良好的沟通与合作。托育从业人员熟悉科学育儿的专业知识、专业理念和专业技能，可多与家长分享，指导家长科学育儿。家长对自己孩子的性格、习惯、喜好等了解得比托育从业人员更全面，要与托育从业人员分享信息，与托育从业人员共同致力建立一种双向的、多层次的、全方位的、有深度的、有温度的合作，促进婴幼儿身心健康发展。

（三）支持与指导

《国务院办公厅关于促进3岁以下婴幼儿照护服务发展的指导意见》指出：“儿童监护抚养是父母的法定责任和义务，家庭对婴幼儿照护负主体责任。发展婴幼儿照护服务的重点是为家庭提供科学养育指导，并对确有照护困难的家庭或婴幼儿提供必要的服务。”加强对婴幼儿照护的支持和指导属于托育从业人员的社会职责。婴幼儿照护服务可以通过入户指导、亲子活动、家长课堂等方式，利用互联网等信息化手段，为家长提供婴幼儿早期发展指导服务，增强家庭的科学育儿能力。托育从业人员可以通过线上指导与线下现场指导相结合、个别指导与集体指导相结合的方式，为家长提供入托准备、膳食营养、成长发育、计划免疫、安全防护、疾病防控、儿童心理、发展评估等方面的指导，帮助家长解决育儿困惑，缓解家长的育儿焦虑。

四、托育同事关系伦理

托育从业人员之间的关系也就是我们通常所说的托育同事关系。托育同事关系主要包括托育从业人员个人与本岗位人员之间、个人与机构管理人员之间、个人与其他岗位人员之间的关系。在托育服务过程中，每个人岗位不同，职责也不一样，但都是服务于托育这个整体。托育同事之间要想保持良好的关系，应做到以下几点。

（一）相互尊重

尊重他人是做好保育工作的前提，也是提高整体托育服务质量的重要因素。由于每个人的生活习惯、性格兴趣、学历经历、专业素养、工作能力、工作成绩，特别是保教理念、方式等存在差异，同事之间可能会产生矛盾和摩擦。这就要求托育从业人员秉持开放、包容的态度，尊重他人，切勿把自己的认识强加给他人，杜绝讽刺挖苦、恶意抹黑、打击报复等内耗现象发生，不搞个人主义、小团体主义，以免影响托育工作正常开展。

（二）团结协作

托育从业人员需要与同事合作交流，分享经验和资源，共同发展。托育服务工作的完成，不仅依赖每位从业人员的专业素养与能力，还需要从业人员之间的团结合作。托育从业人员搞好团结协作应注意以下几点。

1. 顾全大局，齐心协力

托育从业人员要树立集体主义观念，正确处理个人与集体的关系，以主人翁的态度做好本职工作，为社会提供优质托育服务。俗话说，众人拾柴火焰高。托育从业人员要与同事统一思想，凝心聚力，共同围绕高质量托育服务大局，完成每个家庭交给的托育任务。

2. 相互支持，协作配合

托育服务的各个岗位是紧密联系、环环相扣、缺一不可的。每个托育从业人员都是托育机构这个链条上的一个链节，不能“掉链子”。这就需要大家相互尊重、相互支持、相互照应，形成团结协作、配合良好的工作局面，避免互相拆台、相互指责、推诿扯皮。

3. 激励他人，共同提高

团结协作需要每位托育从业人员在工作中相互激励。工作中遇到困难的时候，同事之间应相互激励，群策群力、攻坚克难，在解决困难中共同进步，切实提高托育服务的质量。

（三）良性竞争

托育从业人员在工作中既需要团结协作，也需要良性竞争。托育机构要对托育从业人员进行定期考核。评先评优，客观、公平考核会促进托育从业人员之间形成良性竞争。托育从业人员良性竞争应做到以下几点。

1. 虚心诚恳，相互学习

良性竞争需要每个托育从业人员虚心诚恳，取人之长、补己之短，形成“比学赶帮”的工作氛围，共同提升托育机构的信誉和质量。

2. 积极进取，争当先进

托育从业人员的考评需要托育机构创建公平公正的考核机制。在良好的考核机制下，托育从业人员在日常工作中会对照工作规范、考评标准，检验自己的工作成效，逐步营造出不甘落后、你追我赶、人人争先进、个个比贡献的工作氛围。

3. 深入研究，积极创新

党的十八大以来，国家对婴幼儿托育服务给予高度重视。国家出台了《国务院办公厅关于促进3岁以下婴幼儿照护服务发展的指导意见》等一系列托育服务政策，颁布了《托育机构管理规范（试行）》《托育机构保育指导大纲（试行）》等一系列托育服务标准规范。托育从业人员需要积极深入学习托育服务政策法规，贯彻执行托育服务标准规范，创新服务形式，发展互联网直播互动式家庭育儿服务，开发婴幼儿养育课程、父母课堂等，拓展线上服务，提高托育服务质量。

五、托社关系伦理

《托育机构管理规范（试行）》明确指出："托育机构应当加强与社区的联系与合作，面向社区宣传科学育儿知识，开展多种形式的服务活动，促进婴幼儿早期发展。"托育从业人员应紧紧依托社区资源，为有需求的家庭提供优质服务。

1. 主动沟通联系，强化托育宣传

社区是托育机构主要依靠的力量。托育从业人员应积极沟通联系，主动落实对接。托育从业人员是普惠型托育的推进者和具体工作的实施者，要充分认识到，开展托育服务政策和科学育儿知识宣传是托育从业人员的社会职责，需要认真履行，不可置身于社区之外。

2. 依托社区资源，发展嵌入式服务

近年来，多地发展社区里的普惠托育，将托育服务纳入社区公共服务体系，通过财政补贴、提供场地、减免租金、税费优惠等措施，鼓励各类主体兴办托育机构，提供普惠服务，让更多家庭可以方便地在家门口享受到优质的托育服务。有的地区积极开展"1+N"托育服务模式试点，即依托1个示范性托育机构，带动N个嵌入式、分布式、连锁化、专业化的社区普惠托育分园（托育点）共同发展。托育从业人员应积极响应国家托育服务政策，充分依托社区资源，开展多种形式的托育工作，为社区提供优质托育服务。

典型事例

"小托育"托举"大民生"，坪山区在全市率先实现托育服务机构社区全覆盖

2024年6月，深圳市坪山区石井街道田心社区工作站举办了一场别开生面的开园仪式。这家开在社区工作站里面的"园"，不是幼儿园，而是服务婴幼儿家庭的"社区托育点"。社区托育点是依托党群服务中心、社区工作站等既有场地，为18~36个月婴幼儿提供照护服务及家庭科学育儿指导服务的场所。和普通的"托育机构"不同，社区托育点主要为有需要的居民提供灵活方便的临时托育服务，暂时不提供全日托服务。根据居民需求和辖区实际情况，坪山区已建成5家社区托育点，与29家托育机构、19家托幼一体化幼儿园共同组成了多层次、多样化的托育服务网络。①

---

① "小托育"托举"大民生"，坪山区在全市率先实现托育服务机构社区全覆盖[EB/OL].(2024-07-03)[2024-08-30].https://www.szpsq.gov.cn/zwgk/mtbd/content/post_11404259.html.(有改动)

本章习题

一、填空题

1. 伦理是指人与人相处的各种______准则。托育职业伦理是指托育从业人员在提供托育服务过程中形成的，用于调节托育从业人员与______之间、与______之间、与________之间以及与______之间关系的________和________的总和。

2. 我国的儿童分为四类，即______（0~3 岁）、______（3~6 岁）、______（7~14 岁）和______（15~18 岁）。

3. 托育伦理的基本理论是整个托育伦理的基础，主要包括__________、__________、__________等理论。

4. 保育观的特点有________、________、________、__________。

5. 医育观是指人们对于 0~3 岁婴幼儿托育服务中________、________、________相结合三个方面的根本认识与看法。

二、单项选择题

1. 联合国《儿童权利公约》中将“儿童”界定为（　　）。

A. 3 岁以下的任何人　　B. 6 岁以下的任何人

C. 14 岁以下的任何人　　D. 18 岁以下的任何人

2. 下列不属于托育职业伦理特征的是（　　）。

A. 示范性　　B. 保护性　　C. 自觉性　　D. 深远性

3. 儿童监护抚养是父母的法定责任和义务，（　　）对婴幼儿照护负主体责任。

A. 父母　　B. 家庭成员　　C. 家庭　　D. 托育机构

4. 托育服务涉及医疗、养育、教育的融合。下列关于医疗、养育、教育的说法正确的是（　　）。

A.“养育”是主体，“医疗”是护航，“教育”是载体

B.“养育”是载体，“医疗”是护航，“教育”是主体

C.“养育”是护航，“医疗”是载体，“教育”是主体

D.“养育”是护航，“医疗”是主体，“教育”是载体

5. 在托育职业关系中，（　　）是最为重要的关系，是托育工作的重心，是衡量托育服务质量的关键。

A. 托幼关系　　B. 家托关系　　C. 同事关系　　D. 托社关系

三、多项选择题

1. 下列关于伦理与道德的关系说法正确的是（　　）。

A. 伦理更具客观性、外在性、社会性，道德更具主观性、内在性、个体性

B. 伦理具有普遍性，道德具有独特性

C. 伦理是道德的基础

D. 伦理和道德含义相同，没有区别

2. 婴幼儿享有生命权、身体权及（　　）等人格权利。

A. 姓名权　　B. 健康权　　C. 肖像权　　D. 隐私权

3. 托幼关系的特点包括（　　）。

A. 托幼关系是照护与被照护的关系　　B. 托幼关系是引导与被引导的关系

C. 托幼关系是教师与学生的关系　　D. 托幼关系是家长与孩子的关系

4. 家托关系伦理应把握（　　）原则。

A. 尊重与信任　　B. 沟通与合作　　C. 各自为政　　D. 支持与指导

5. 托育从业人员学会情绪管理，促进心理健康，应做到（　　）。

A. 注意自我调节　　B. 适当注意转移　　C. 学会自我安慰　　D. 适当向婴幼儿发泄

四、判断题

1. 职业道德以职业伦理为理论基础，职业伦理以职业道德作为其专门研究的对象。(　　)

2. 未成年人依法平等地享有各项权利。(　　)

3. 婴幼儿的生存权包括生命权、身体权、发展权等。(　　)

4. 婴幼儿托育服务的“保教结合”与幼儿园的“保教结合”是相同的。(　　)

5. 托育从业人员在工作中既需要团结协作，也需要良性竞争。(　　)

五、简答题

1.《中华人民共和国未成年人保护法》规定，保护未成年人，应当坚持最有利于未成年人的原则。处理涉及未成年人事项，应当符合哪些要求？

2. 促进托幼关系的实践要求是什么？

第五章

新时代公民职业道德规范

根据《托育机构质量评估标准》，托育工作人员是指托育机构中的所有工作人员，包括托育机构负责人、保育人员、卫生保健人员、保安人员、炊事人员等。这些人员作为新时代的托育从业人员，应该严格遵守并践行《新时代公民道德建设实施纲要》要求的以爱岗敬业、诚实守信、办事公道、服务群众、奉献社会为主要内容的职业道德。

导入思考

小李在某托育机构从事保育工作过程中常有迟到现象。根据托育机构管理制度规定，小李多次被扣工资，致使其对托育机构负责人有不满情绪。某天，在和婴幼儿家长王女士微信聊天过程中，小李谎称托育机构经常买冻鸡肉加工后给孩子吃。王女士非常气愤，于是在家长微信群中公开此事，造成众多家长到托育机构讨说法。托育机构负责人经调查，发现是小李散布的谣言。在负责人的耐心批评教育下，小李书面检讨个人行为并在家长微信群承认错误。该托育机构主动邀请家长随时对食材采购及日常管理进行监督，冻鸡肉风波才平息下来。

思考：

1. 小李的行为违反了新时代公民职业道德哪些规范要求？
2. 什么是职业道德？它有哪些特点？

第一节　职业道德的内涵及特点

一、职业道德的内涵

《现代汉语词典》对职业道德的解释为："人们从事某一职业时应遵循的道德规范和行业行为规范。"① 职业道德是通过从业人员的职业道德情感、职业道德意志、职业道德信念、职业道德行为习惯等表现出来的。托育从业人员的职业道德不仅要调节托育从业人员与服务对象婴幼儿之间的关系，还要调节托育从业人员之间、托育从业人员与婴幼儿家庭之间以及托育从业人员与社区之间的关系。

① 中国社会科学院语言研究所词典编辑室．现代汉语词典［M］．7版．北京：商务印书馆，2016：1683.

二、职业道德的特点

（一）普遍性

职业道德的普遍性可以从广义和狭义两个方面来理解。广义的职业道德普遍性是指它适用于所有职业和所有从业人员。如新时代公民职业道德规范，即以爱岗敬业、诚实守信、办事公道、热情服务、奉献社会为主要内容的职业道德，就是对所有从业人员职业道德的要求。狭义的职业道德普遍性是指同一行业的从业人员都要遵守本行业的职业道德或行为规范。如《托育从业人员职业行为准则（试行）》就是对所有托育从业人员职业行为的要求。

（二）规范性

职业道德通常以具体职业规范来表述，包括道德规范和行为规范，它是在长期的实践中形成的、受社会普遍认可的并经过归纳提炼得到的，具有概括性和可操作性。职业道德规范性内容要求不仅是职业道德的核心内容，也是每个从业人员应该遵循的基本准则。从业人员只有做到这些，才能够树立良好的职业形象，赢得他人的信任和尊重，才能在职业生涯中取得长足的发展。如《中小学教师职业道德规范》内容为：爱国守法、爱岗敬业、关爱学生、教书育人、为人师表、终身学习，这是小学、中学教师必须遵守的道德规范和要求。

（三）职业性

职业道德既具有普遍性又具有行业的职业特点。职业性是指每个职业都有其特定的道德要求和行为准则，反映着特定职业活动对从业人员行为的道德要求。每一种职业道德都只能规范本行业从业人员的职业行为，在特定的职业范围内起约束作用。如教师有其师德规范，医务人员有其医德规范。

（四）多样性

职业道德不仅内容多样，在表现形式上也具有明显的灵活性、多样性。除了通常采用的“规范”名称形式外，职业道德还有规章制度、工作守则、行为准则、行为条例、服务公约、劳动规程等表现形式。如《托育从业人员职业行为准则（试行）》就是以行为准则形式表现的。

（五）实践性

职业道德具有实践性：一是说明职业道德来自实践，是在长期的实践中形成的，具有共识性的道德规范和行为规范；二是说明它不是空洞的理论要求，而是要体现在具体的职业实践活动中，即通过从业人员自身的言行举止来体现，并通过职业实践来检验从业人员的践行情况；三是说明其随着职业实践的发展而发展，与时俱进，在继承的基础上不断创新，不是一成不变的。

第二节　新时代公民职业道德规范

2019 年，中共中央、国务院印发了《新时代公民道德建设实施纲要》① （以下简称《纲要》）。《纲要》要求：“要把社会公德、职业道德、家庭美德、个人品德建设作为着力点。推动践行以文明

① 中共中央 国务院印发《新时代公民道德建设实施纲要》[EB/OL].(2019-10-27)[2024-08-30].https://www.gov.cn/zhengce/2019-10/27/content_5445556.htm.

礼貌、助人为乐、爱护公物、保护环境、遵纪守法为主要内容的社会公德，鼓励人们在社会上做一个好公民；推动践行以爱岗敬业、诚实守信、办事公道、热情服务、奉献社会为主要内容的职业道德，鼓励人们在工作中做一个好建设者；推动践行以尊老爱幼、男女平等、夫妻和睦、勤俭持家、邻里互助为主要内容的家庭美德，鼓励人们在家庭里做一个好成员；推动践行以爱国奉献、明礼遵规、勤劳善良、宽厚正直、自强自律为主要内容的个人品德，鼓励人们在日常生活中养成好品行。”职业道德是新时代公民道德建设的重要内容，是激励从业人员做好本职工作的精神动力，是促进社会全面进步和从业人员职业成功的重要保障。每位从业人员都要增强职业道德意识，践行新时代职业道德规范。托育从业人员必须学习贯彻新时代公民职业道德要求，在托育服务岗位上严格遵守职业道德，规范自己的职业行为，为提高托育服务的质量贡献自己的力量。

一、爱岗敬业

爱岗敬业是社会主义职业道德建设所倡导的首要规范，是职业道德的基础和核心，也是对各行各业从业人员的基本要求。

所谓爱岗敬业，就是从业人员热爱自己的岗位，恪尽职守做好本职工作。爱岗和敬业二者辩证统一，相互联系，相互促进。爱岗是敬业的前提，是敬业的感情铺垫，而敬业是爱岗的体现。可以说，不爱岗，很难做到敬业，不敬业则同样很难真正做到爱岗。敬业也是社会主义核心价值观对公民个人层面的要求，需要每个人在工作中落细、落实。托育从业人员践行爱岗敬业要求，必须从下面三个方面入手。

第一，要乐业。托育服务是生命全周期服务管理的重要内容，事关婴幼儿健康成长，事关千家万户，是一个充满爱的行业，是一个阳光工程。托育从业人员需要充分认识到工作的重要性，需要从内心热爱并热心于这项工作，把干好工作当作快乐的事。

第二，要勤业。所谓勤业，是指恪尽职守，认真负责，做到在岗一分钟，负责六十秒。托育机构负责人、保育人员、卫生保健人员、保安人员、炊事人员等托育从业人员都需要恪守自己的职责。0~3 岁婴幼儿，这一最柔弱的群体，需要托育从业人员时时刻刻进行照护，将保护其生命安全放在首位。

第三，要精业。所谓精业，是指熟悉托育服务具体工作业务，精益求精，使托育工作尽善尽美，并不断创新、不断进步。根据《托育机构保育指导大纲（试行）》要求，保育工作应当根据婴幼儿身心发展特点和规律，制订科学的保育方案，合理安排婴幼儿饮食、饮水、如厕、盥洗、睡眠、游戏等一日生活和活动，支持婴幼儿主动探索、操作体验、互动交流和表达表现，丰富婴幼儿的直接经验。这些具体工作都需要不断研究、积极创新，以达到精业要求。

新时代的托育从业人员践行爱岗敬业规范要求，还要弘扬劳模精神、劳动精神、工匠精神，做好、做精、做优托育服务工作。

知识链接

劳动精神

2020 年 11 月 24 日，习近平总书记在全国劳动模范和先进工作者表彰大会上发表重要讲话，第一次全面深入系统地阐述了劳模精神、劳动精神、工匠精神的科学内涵。习近平总书记指出："在长期实践中，我们培育形成了爱岗敬业、争创一流、艰苦奋斗、勇于创新、淡泊名利、甘于奉献的劳模精神，崇尚劳动、热爱劳动、辛勤劳动、诚实劳动的劳动精神，执着专注、精益求精、一丝不苟、追求卓越的工匠精神。劳模精神、劳动精神、工匠精神是以爱国主义为核心的民族精神和以改革创新为核心的时代精神的生动体现，是鼓舞全党全国各族人民风雨无阻、勇敢前进的强大精神动力。"

二、诚实守信

人无信不立，业无信不兴。诚实守信，通常简称诚信，它是从业人员在职业活动中真诚待人、言行一致、信守承诺的态度和行为。诚实守信包括诚实和守信两个方面。其中，诚实指忠诚老实、表里如一、言行一致、实事求是，不弄虚作假；守信是指信守诺言，重信誉、讲信用，忠实地履行岗位职责和义务，不当面一套、背后一套。诚实守信是社会主义核心价值观对个人层面的要求，需要每个从业人员认真地落实和践行。托育从业人员践行诚实守信规范要求，要做到以下两点。

第一，诚实劳动。诚实劳动是指在劳动过程中遵守职业道德、评价标准、法律规范，踏实肯干、实事求是，以诚信为基础完成劳动工作。托育从业人员要忠于所在的托育机构，关心机构的发展，愿意为机构的健康发展贡献自己的力量，做到工作中不说谎、不作假、不欺骗他人。托育从业人员应诚信地做好托育服务工作，不能因为无家长监督而出现损害婴幼儿身心健康的语言和行为（如辱骂、推搡、歧视、体罚或变相体罚、漠视等）。如发现他人有上述不当行为，应依法向公安、民政、卫生健康部门报告，禁止隐瞒不报。

第二，恪守信用。托育从业人员与托育机构通常要签订劳动合同，托育机构与婴幼儿的监护人也要签订托育服务协议。因此，托育机构及其从业人员在工作中要兑现各自的诺言，忠实履行自己所应承担的责任和义务。托育从业人员要讲求个人信誉，在工作中做到言必信、行必果；心中要始终装着托育机构，为托育机构的发展着想，积极维护所在机构的信誉。

三、办事公道

办事公道是处理事情时应坚持的原则。办事公道要求从业人员在职业活动中，以政策法规、道德纪律、工作规范作为基本准则，公平、公正地履职尽责。托育从业人员办事公道有助于提高自己的托育服务水平，有助于塑造托育机构良好的形象，同时，也有助于促进公平公正的社会风气的形成。

托育从业人员做到办事公道，要从以下几个方面着手。

第一，坚持依法办事。托育从业人员首先必须熟悉国家政策法规，特别是托育政策法规，做到依法办事，确保个人言行不超越法律。

第二，坚持依规办事。托育从业人员必须认真学习贯彻《托育机构管理规范（试行）》《托育机构保育指导大纲（试行）》等规范标准，为社会提供优质的托育服务。此外，要遵守托育机构纪律规定，不得违反机构工作要求。

第三，坚持依德办事。托育从业人员必须认真践行新时代公民职业道德、职业行为准则，坚持客观公正，特别是对待婴幼儿要一视同仁、公平公正，不因个人偏见、好恶等对待婴幼儿。此外，还要杜绝收受家长给的好处，避免区别对待婴幼儿。

四、热情服务

热情服务是指在职业活动中善于从服务对象的角度考虑问题，为服务对象提供高质量的服务。托育从业人员是为家庭提供托育服务，具体服务对象为婴幼儿。托育从业人员热情服务应做到以下几点。

一是深化服务意识，提高政治站位。托育服务工作的本质就是为人民服务。为人民服务是我国社会主义道德建设的核心，也是职业道德的核心内容。在社会主义社会，每个人都是服务的对象，又都为他人服务，全体人民通过社会分工和相互服务来实现共同利益。托育从业人员必须增强服务意识，为服务对象着想，为服务对象诚心诚意办实事，尽心尽力解难题。

二是夯实专业知识，提高专业技能水平。托育从业人员要认真学习《托育机构管理规范（试行）》《托育机构保育指导大纲（试行）》等规范要求，夯实自身专业知识，提高托育实操业务水平。此外，托育从业人员要积极报考保育师、婴幼儿照护师等职业技能等级或资格证书，在幼儿园从事托育服务的人员还需积极报考幼儿园教师资格证，全面提高自身资质和职业技能水平。

五、奉献社会

奉献社会是从业人员在工作岗位上全心全意为社会和他人做贡献的表现，是爱岗敬业、诚实守信、办事公道、热情服务的升华，是社会主义职业道德的最高境界。奉献社会可以充分实现个人的人生价值，同时也有利于营造互助友爱、安定和谐的社会风气，从而增强社会凝聚力，促进社会进步和健康发展。

托育从业人员奉献社会应做到以下三个方面。

第一，立足托育服务岗位，在劳动中做奉献。由于社会分工不同，每个人的工作能力也不一样，因此，每个人对社会的贡献有大小之分。但是，每个人都要立足自己岗位，恪尽职守，兢兢业业、勤勤恳恳地工作，通过诚实劳动为社会贡献自己的力量。

第二，正确看待奉献与索取的关系，实现人生价值。奉献推动了托育事业的发展，为每位托育从业人员的正当索取打下基础；正当的索取又会激发个人更大的积极性和创造性，促进个人为社会做出更大的贡献。托育从业人员要避免只讲索取而不讲奉献。

第三，学会正确认识和处理个人和集体的利益关系。在集体利益与个人利益发生矛盾的情况下，个人要顾全大局，坚持个人利益服从集体利益。托育从业人员要维护托育机构的信誉和利益，把托育机构的信誉和利益放在首位，促进所在机构持续健康发展。

本章习题

一、填空题

1.《新时代公民道德建设实施纲要》把________、________、________、________建设作为着力点。

2. 诚实守信是从业人员在职业活动中________、________、信守承诺的态度和行为。

3. 托育从业人员办事公道有助于提高自己的________________水平，有助于塑造托育机构良好的________，同时，也有助于促进________的社会风气的形成。

4. __________是我国社会主义道德建设的核心，也是职业道德的核心内容。

5. 奉献社会是________、______、________、________的升华，是社会主义职业道德的最高境界。

二、单项选择题

1. （　　）是职业道德的基础和核心。

A. 诚实守信　　B. 爱岗敬业　　C. 热情服务　　D. 奉献社会

2. 下列关于职业道德和职业技能关系的说法正确的是（　　）。

A. 职业技能比职业道德更重要　　B. 提高职业道德能够促进职业技能提升

C. 有了职业道德就能掌握职业技能　　D. 职业道德与职业技能互不关联

3. 下列不符合奉献社会要求的是（　　）。

A. 坚持个人利益服从集体利益　　B. 不断钻研，创新工作

C. 高效完成工作任务　　D. 工作中怕吃亏，计较个人得失

4. 下列行为中违背职业道德的是（　　）。

A. 工作懈怠，不求进步

B. 工作讲究信誉，不弄虚作假

C. 为服务对象诚心诚意办实事，不推诿扯皮

D. 按章办事，不论亲疏远近

5. 下列关于托育从业人员热情服务的说法错误的是（　　）。

A. 充分认识到托育服务工作的本质就是为人民服务

B. 托育从业人员需要具备扎实的托育专业知识

C. 托育从业人员需要具备过硬的托育专业技能

D. 只要家长给了好处，就为其孩子热情服务

三、多项选择题

1. 下列关于职业道德实践的说法错误的是（　　）。

A. 职业道德实践要从现在做起，从日常生活做起

B. 职业道德实践是未来走上工作岗位的事

C. 职业道德只是理论观点，无须参加职业道德实践

D. 职业道德实践就是讲大道理

2. 下列有关职业道德意义的说法正确的有（　　）。

A. 职业道德是激励从业人员做好本职工作的精神动力

B. 职业道德是从业人员职业成功的重要保障

C. 掌握职业道德就可以提升职业技能

D. 职业道德能够促进道德水平提升

3. 下列体现办事公道的行为有（　　）。

A. 公平对待婴幼儿，一视同仁　　B. 孩子犯错误，各打五十大板

C. 秉持公心，客观公正　　D. 不听话的孩子犯错误，老师严厉批评

4. 劳动精神的科学内涵包括（　　）

A. 崇尚劳动　　B. 热爱劳动　　C. 辛勤劳动　　D. 诚实劳动

5. 托育从业人员践行诚实守信规范要求，要做到（　　）

A. 诚实劳动　　B. 言必信，行必果　　C. 信守承诺　　D. 讲求信誉

四、判断题

1. 职业道德不仅是个人成长成才的助推器，而且对促进社会全面发展具有重要作用。（　　）

2. 参加工作后才能践行诚实守信的职业道德。（　　）

3. 在任何情况下都需要考虑个人利益，不能吃亏。（　　）

4. 人人为我后，我才能为人人。（　　）

5. 实习实训是学习职业技能、践行职业道德规范的宝贵机会，是提升职业道德素质的重要途径。（　　）

五、简答题

1. 新时代公民职业道德包括哪些规范要求？

2. 托育从业人员如何才能做到爱岗敬业？

第六章 托育从业人员职业行为准则

为深入贯彻党的二十大精神，认真落实《中共中央 国务院关于优化生育政策促进人口长期均衡发展的决定》和《国务院办公厅关于促进3岁以下婴幼儿照护服务发展的指导意见》（国办发〔2019〕15号），建设一支品德高尚、富有爱心、敬业奉献、素质优良的托育服务队伍，国家卫生健康委办公厅于2022年11月印发了《托育从业人员职业行为准则（试行）》①

导入思考

2022年6月17日，南通启东市公安局根据网传本市某托育机构用绳束缚儿童情形视频，迅速出警，当事人倪某欣、沈某迪、沈某林被公安机关依法刑事拘留。该托育机构公开道歉，并立即停业整顿。该托育机构向社会承诺：加强工作人员思想道德、技能、安全等方面培训，对单位监控设备进行升级，做到监控无死角，并向家长公开，以便家长随时可以查看自己孩子的情况，落实情况接受社会监督。

思考：

1. 倪某欣、沈某迪、沈某林的行为是否违法？违反了什么规定？
2. 国家对托育机构从业人员的职业行为有什么要求？

《托育从业人员职业行为准则（试行）》从坚定政治方向、自觉爱国守法、传播优秀文化、注重情感呵护、提供科学照护、保障安全健康、践行家托共育、提升专业素养、加强团队协作、坚守诚信自律十个方面规范托育从业人员在职业实践中的伦理认知与行为表现，以增强托育从业人员的责任感、使命感和荣誉感，规范其职业行为。每条准则均包含引导性要求和禁行性要求两个方面。

一、坚定政治方向

准则内容：“一、坚定政治方向。坚持以习近平新时代中国特色社会主义思想为指导，贯彻落实党中央关于托育工作的决策部署。不得有损害党中央权威和违背党的路线方针政策的言行。”

（一）“坚定政治方向”的引导性要求

托育从业人员“坚定政治方向”的引导性要求：“坚持以习近平新时代中国特色社会主义思想为指导，贯彻落实党中央关于托育工作的决策部署。”新时代的托育从业人员需要不断提高自身的思想

① 国家卫生健康委办公厅关于印发托育从业人员职业行为准则（试行）的通知[EB/OL].(2022-12-01)[2024-08-30]. https://www.nhc.gov.cn/wjw/c100378/202212/45c8bd5aebd544819e3ba74e92e22eb8.shtml.

政治素质和职业伦理水平，树立正确的历史观、民族观、国家观、文化观。要坚持以习近平新时代中国特色社会主义思想为指导，践行社会主义核心价值观，弘扬真善美，传递正能量，全面落实国家关于托育工作的决策部署，做高质量托育服务工作的践行者和推动者。

（二）“坚定政治方向”的禁行性要求

托育从业人员“坚定政治方向”的禁行性要求：“不得有损害党中央权威和违背党的路线方针政策的言行。”新时代的托育从业人员在思想上要和党中央保持一致，理解和支持党和国家的路线方针、托育服务政策，谨言慎行。不得通过保育活动、论坛、讲座、网络及其他渠道发表、转发错误观点，或编造散布虚假、不良信息。要自觉提高政治站位，坚定政治立场，要和一切有损党中央权威和违背党的路线、方针、政策的言行做斗争。

警示案例

辽宁省大连市中山区圣克弗斯幼儿园教师宋某发表错误言论问题①

2021 年 11 月，宋某在网上发表涉疫情防控错误言论，因寻衅滋事，被公安机关行政拘留。宋某的行为违反了《新时代幼儿园教师职业行为十项准则》第三项规定。根据《幼儿园教师违反职业道德行为处理办法》等相关规定，宋某被给予开除处分，撤销教师资格，列入教师资格限制库。其所在幼儿园被要求限期整改，幼儿园园长被批评教育。

二、自觉爱国守法

准则内容：“二、自觉爱国守法。忠于祖国，忠于人民，恪守宪法原则，遵守法律法规，依法依规开展托育服务。不得损害国家利益、社会公共利益、违背社会公序良俗。”

（一）“自觉爱国守法”的引导性要求

托育人员“自觉爱国守法”的引导性要求：“忠于祖国，忠于人民，恪守宪法原则，遵守法律法规，依法依规开展托育服务。”这一要求包含爱国和守法两个方面。爱国守法是托育从业人员职业行为的基本要求。

1. 忠于祖国

忠于祖国是每个中国公民应该履行的责任和义务。忠于祖国关键要忠于国家利益。国家利益包括安全利益、政治利益、经济利益与文化利益。托育从业人员要做国家利益的维护者，须做到以下四个方面。

第一，维护党和政府的形象、权威。

第二，维护国家统一和民族团结。

第三，严守国家秘密。

第四，与一切危害国家利益的言行做斗争。

2. 忠于人民

托育从业人员忠于人民首先体现在有以人民为中心、人民至上的思想。托育从业人员要有全心

① 教育部公开曝光第九批 7 起违反教师职业行为十项准则典型案例[EB/OL].(2022-04-11)[2024-08-30].http://www.moe.gov.cn/jyb_xwfb/gzdt_gzdt/s5987/202204/t20220411_615463.html.(有改动)

全意为人民服务的意识，提供让人民满意的托育服务。其次体现在有以婴幼儿为本的基本理念。托育从业人员要尊重婴幼儿权益，以婴幼儿为主体，充分调动和发挥婴幼儿的主动性，遵循婴幼儿身心发展特点和保育活动规律，提供适合的托育服务，保障婴幼儿快乐健康成长。

3. 恪守宪法原则，遵守法律法规，依法依规开展托育服务

托育从业人员恪守宪法原则，遵守法律法规，依法依规开展托育服务，要做到以下两个方面。

一要恪守宪法原则。宪法是国家的根本法，集中体现了党和人民的统一意志和共同愿望，是国家意志的最高表现形式，具有最高的法律地位、法律权威、法律效力。托育从业人员必须以宪法为行为准则，依照宪法行使权利，履行义务，坚决维护婴幼儿的合法权益，保障婴幼儿的人身自由、人格尊严不受侵犯，在托育活动中不得有超越宪法的特权。

二要遵守法律法规。托育从业人员要自觉遵守国家法律法规，特别是严格遵守《中华人民共和国未成年人保护法》，坚持尊重婴幼儿人格尊严，保护婴幼儿隐私权和个人信息，遵循婴幼儿身心健康发展的规律和特点，做到保护与教育相结合，不得对婴幼儿实施体罚、变相体罚或者其他侮辱人格尊严的行为。此外，托育从业人员还要认真学习《托育机构管理规范（试行）》《托育机构保育指导大纲（试行）》《托育机构保育人员培训大纲（试行）》《托育机构婴幼儿伤害预防指南（试行）》《托育机构质量评估标准》等规范要求，做到依法依规开展托育服务。

（二）“自觉爱国守法”的禁行性要求

托育从业人员“自觉爱国守法”的禁行性要求：“不得损害国家利益、社会公共利益、违背社会公序良俗。”为此，托育从业人员要坚持做到以下几点。

第一，不发表有损党和政府的言论。

第二，不做有损党和政府声誉和形象的事。

第三，不以不适当的方式发泄和扩散对党和政府的不满情绪。

第四，不在公共场合发表有可能招致公众对党和政府非难的言论。

第五，不组织或参与有损公共秩序和公共利益的活动。

第六，不组织或参加以反政府为目的或背景的募捐、宣传、演讲等活动。

第七，不利用职务与工作之便签发与政府意图不一致的文件或下达违背政府意图的指示和命令。

第八，不违背社会公序良俗。

知识链接

公序良俗

公序良俗的一般含义是指公共秩序（社会公共秩序和生活秩序）和善良风俗（社会公共道德，由全体社会成员所普遍认可、遵循的道德准则）。目前，有学者将违反公序良俗的行为总结为10种类型，具有一定的参考价值：①危害国家公序型；②危害家庭关系型；③违反道德型；④射幸（侥幸）行为型；⑤违反人权和人格尊严行为型；⑥限制经济自由型；⑦违反公平竞争型；⑧违反消费者保护型；⑨违反劳动者保护型；⑩暴利行为型。

三、传播优秀文化

准则内容：“三、传播优秀文化。传承中华传统美德和优秀文化，践行社会主义核心价值观，培

养婴幼儿良好品行和习惯。不得传播有损婴幼儿健康成长的不良文化。”

（一）“传播优秀文化”的引导性要求

托育从业人员“传播优秀文化”的引导性要求：“传承中华传统美德和优秀文化，践行社会主义核心价值观，培养婴幼儿良好品行和习惯。”

1. 传承中华传统美德和优秀文化，践行社会主义核心价值观

（1）传承中华传统美德和优秀文化。

中共中央办公厅、国务院办公厅印发的《关于实施中华优秀传统文化传承发展工程的意见》① 指出：“中华优秀传统文化蕴含着丰富的道德理念和规范，如天下兴亡、匹夫有责的担当意识，精忠报国、振兴中华的爱国情怀，崇德向善、见贤思齐的社会风尚，孝悌忠信、礼义廉耻的荣辱观念，体现着评判是非曲直的价值标准，潜移默化地影响着中国人的行为方式。传承发展中华优秀传统文化，就要大力弘扬自强不息、敬业乐群、扶危济困、见义勇为、孝老爱亲等中华传统美德。”新时代的托育从业人员要以礼敬自豪的态度对待中华传统美德和优秀文化，从内心深处真正认可，从情感深处真正接受，把中华传统美德内化为精神追求、外化为自觉行动。中华优秀传统文化是中华文明的智慧结晶和精华所在，是中华民族的根和魂。托育从业人员应根据婴幼儿的年龄特点和接受能力，向他们传授中国传统节日、优秀历史故事等传统文化知识，引导婴幼儿养成尊敬长辈、团结友爱、关心他人等良好的品质，为赓续中华文脉作出贡献。

（2）践行社会主义核心价值观。

托育从业人员要做社会主义核心价值观的坚定信仰者、积极传播者、模范践行者，争做堪当民族复兴重任的时代新人，在实现中华民族伟大复兴的时代洪流中踔厉奋发、勇毅前进。

2. 培养婴幼儿良好品行和习惯

传播优秀文化要求托育从业人员培养婴幼儿良好品行和习惯。婴幼儿时期是培养良好品行和习惯的最佳时期。抓住这一关键时期，让婴幼儿形成良好的品行和习惯，对其一生的发展至关重要。在提供托育服务过程中，托育从业人员要着重培养婴幼儿诚实、自信、友爱、勇敢、勤学、好问、爱护公物、讲礼貌、守纪律等良好的品德行为和习惯，以及活泼开朗的性格、良好的生活卫生习惯，促进婴幼儿全面发展。

（二）“传播优秀文化”的禁行性要求

托育从业人员“传播优秀文化”的禁行性要求：“不得传播有损婴幼儿健康成长的不良文化。”不良文化会给婴幼儿造成心理阴影或助长歪风邪气，影响婴幼儿健康成长。托育从业人员在婴幼儿面前要注意文明用语，不讲脏话，不要用大灰狼、鬼神等恐吓婴幼儿，要摒弃重男轻女、铺张浪费、恃强凌弱等错误思想。

四、注重情感呵护

准则内容：“四、注重情感呵护。敏感观察，积极回应，尊重个体差异，关心爱护每一位婴幼儿，形成温暖稳定的关系。不得忽视、歧视、侮辱、虐待婴幼儿。”

---

① 中共中央办公厅 国务院办公厅印发《关于实施中华优秀传统文化传承发展工程的意见》［EB/OL］.（2017-01-25）［2024-08-30］.https://www.gov.cn/zhengce/2017-01/25/content_5163472.htm.

（一）“注重情感呵护”的引导性要求

托育从业人员“注重情感呵护”的引导性要求：“敏感观察，积极回应，尊重个体差异，关心爱护每一位婴幼儿，形成温暖稳定的关系。”

1. 敏感观察，积极回应

托育对象是0~3岁婴幼儿。敏感观察、积极回应是对托育从业人员职业行为的特殊性和专业性要求，是由托育服务对象的特殊性所决定的。这就决定了托育从业人员的工作具有保育、教育双重任务的特点。因此，托育从业人员不仅要有专业的保育知识，对待工作也要有爱心、耐心、责任心，要熟知托育工作的任务和要求并熟知实施流程，了解婴幼儿的身心发展规律和个体实际情况，理解其生理和心理需求，并及时给予积极适宜的回应。

2. 尊重个体差异，关心爱护每一位婴幼儿，形成温暖稳定的关系

婴幼儿的发展是一个持续、渐进的过程。每一位婴幼儿在沿着相似进程发展的过程中，各自的发展速度和到达某一水平的时间不完全相同。因此，托育从业人员要充分理解和尊重婴幼儿发展进程中的个别差异，支持和引导他们从原有水平向更高水平发展，切忌用一把“尺子”衡量所有婴幼儿。每一位婴幼儿都是一个活生生的个体。托育从业人员必须从内心深处接纳每一位婴幼儿，爱护每一位婴幼儿，做到公平公正、一视同仁，不因外貌长相、家庭背景、性格差异等区别对待婴幼儿。爱护一切婴幼儿，爱护婴幼儿的一切，是以婴幼儿为本的重要体现，也是形成温暖稳定的托幼关系的前提。

（二）“注重情感呵护”的禁行性要求

托育从业人员“注重情感呵护”的禁行性要求：“不得忽视、歧视、侮辱、虐待婴幼儿。”忽视、歧视、侮辱、虐待婴幼儿是托育从业人员职业行为的红线，不得触碰，否则会伤害婴幼儿的自尊心和自信心，使其产生消极和抵抗心理，甚至产生心理阴影，以致他们认为这个世界是冷漠的、恶毒的，并对社会产生一种强烈的排斥感。

警示案例

南京托幼机构虐童案事件

2018年5月5日，幼儿家长报警称，孩子在南京市玄武区爱家暮童服务中心内多次受到俞老师暴力侵害。接警后，玄武分局警方高度重视，立即成立专案组，在有关部门配合下，依法迅速开展工作。警方通过调取监控视频，询问涉案嫌疑人员、幼儿家长、涉事机构负责人、工作人员，开展大量调查取证工作。经初步查明，该服务中心老师俞某某（女，40岁），自2018年4月以来在中心多次用打耳光、拖拽、膝盖顶压等方式对数名幼儿实施侵害。5月8日，俞某某因涉嫌虐待被看护人罪被警方依法刑事拘留。①

五、提供科学照护

准则内容：“五、提供科学照护。遵循婴幼儿成长规律，合理安排每日生活和游戏活动，支持婴

① 南京玄武警方通报“幼托机构虐童案”：涉事教师涉虐待罪被刑拘［EB/OL］.（2018-05-08）［2024-08-30］. http://news.jstv.com/a/20180508/1525757087881.shtml.（有改动）

幼儿主动探索、操作体验、互动交流和表达表现。不得开展超出婴幼儿接受能力的活动。”

（一）“提供科学照护”的引导性要求

托育从业人员“提供科学照护”的引导性要求：“遵循婴幼儿成长规律，合理安排每日生活和游戏活动，支持婴幼儿主动探索、操作体验、互动交流和表达表现。”

1. 遵循婴幼儿成长规律

托育从业人员是婴幼儿成长的养护者、照料者，应当根据婴幼儿身心发展特点和规律，制订科学的保育方案。《托育机构保育指导大纲（试行）》明确指出了7~12个月、13~24个月、25~36个月婴幼儿在营养与喂养、睡眠、生活与卫生习惯、动作、语言、认知、情感与社会性等方面不同的保育要求。托育从业人员必须严格落实，切忌凭经验盲目地开展工作。

2. 合理安排每日生活和游戏活动

根据《托育机构管理规范（试行）》要求，托育机构应当科学合理安排婴幼儿的生活，做好饮食、饮水、喂奶、如厕、盥洗、清洁、睡眠、穿脱衣服、游戏活动等服务；应当顺应喂养，科学制定食谱，保证婴幼儿膳食平衡；应当保证婴幼儿每日户外活动不少于2小时，在寒冷、炎热季节或特殊天气情况下可酌情调整；应当以游戏为主要活动形式，促进婴幼儿在身体发育、动作、语言、认知、情感与社会性等方面的全面发展。托育从业人员应按上述要求合理安排婴幼儿每日的生活和游戏活动。在活动中应当重视婴幼儿的情感变化，注重与婴幼儿面对面、一对一的交流互动，并合理搭配多种游戏类型。

3. 支持婴幼儿主动探索、操作体验、互动交流和表达表现

根据《托育机构管理规范（试行）》要求，托育机构应当提供适宜刺激，丰富婴幼儿的直接经验，支持婴幼儿主动探索、操作体验、互动交流和表达表现，发挥婴幼儿的自主性，保护婴幼儿的好奇心。托育从业人员要解放婴幼儿的手，解放婴幼儿的嘴，避免事事代劳现象，不得限制婴幼儿主动探索、自主操作体验的机会，要尊重和支持婴幼儿的表达表现形式，不得扼杀婴幼儿的好奇心。

（二）“提供科学照护”的禁行性要求

托育从业人员“提供科学照护”的禁行性要求：“不得开展超出婴幼儿接受能力的活动。”托育过程应坚持保育为主。托育从业人员必须按照《托育机构保育指导大纲（试行）》的要求，科学合理制定一日生活流程。婴幼儿游戏等活动要符合婴幼儿发展特点，考虑婴幼儿的接受能力。托育从业人员不得开展超出婴幼儿接受能力的活动，不得开展违反婴幼儿生理和心理发展规律、有损婴幼儿身心健康的超前学习或活动。

六、保障安全健康

准则内容：“六、保障安全健康。创设安全健康的环境，熟练掌握安全防范、膳食营养、疾病防控和应急处置等方面的知识和技能。不得在紧急情况下置婴幼儿安危于不顾，自行逃离。”

（一）“保障安全健康”的引导性要求

托育从业人员“保障安全健康”的引导性要求：“创设安全健康的环境，熟练掌握安全防范、膳食营养、疾病防控和应急处置等方面的知识和技能。”托育工作使用的玩具、图书和游戏材料等应当符合婴幼儿月龄特点，并符合国家相关安全质量标准和环保标准。室外活动场地配备的游戏设施应有相应的安全防护设施。托育机构应当制定重大自然灾害、传染病、食物中毒、踩踏、火灾、暴力等突发事件的应急预案。托育从业人员应积极接受安全教育和突发事件应急处理能力培训，掌握安

全防范、膳食营养、疾病防控和应急处置等方面的知识和技能。

（二）“保障安全健康”的禁行性要求

托育从业人员“保障安全健康”的禁行性要求：“不得在紧急情况下置婴幼儿安危于不顾，自行逃离。”托育从业人员应掌握急救的基本技能和防范、避险、逃生、自救的基本方法，在紧急情况下必须优先保障婴幼儿的安全，不得置婴幼儿安危于不顾，自行逃离。

模范典型

五年之约，与最美园长合影

2008年5月12日，汶川地震来临之时，因西安地处秦岭地震带的边缘，所以当时这个地区也感受到了较为强烈的震感。最先意识到情况严重的当属幼儿园的园长赵立和老师们。在确认地震后，赵立园长立即大声呼喊：“快把孩子们带出去，地震了！”赵立园长不仅没有选择自己逃到安全的地方，反而冲到还在熟睡的小朋友面前，毫不犹豫地抱起两个孩子，转身冲出了教室。《华商报》新闻部主任李杰驾车经过幼儿园附近时拍下赵立园长双手提着两个孩子从幼儿园冲出的照片并发表在第二天的《华商报》上。家长们看到报道后都为这位“最美园长”点赞。两个孩子的家长看见照片中自己孩子的身影时，都觉得应该再次郑重地向赵立园长表示感谢。于是，两位家长经过一番商量，决定以一种别具意义的方式对赵立园长表达自己的感谢，让孩子们能一直记得她。他们的想法是以五年为期，每过五年就在幼儿园门口同赵立园长拍一张合影，时间就定在5月12日。这既是对过往的铭记，也是对以后的期盼，让孩子们的成长陪伴着赵立园长。此后，每五年的合影约定就此立下。①

七、践行家托共育

准则内容：“七、践行家托共育。注重与婴幼儿家庭密切合作，保持经常性良好沟通，传播科学育儿理念，给家庭提供照护指导服务。不得滥用生长发育测评等造成家长焦虑。”

（一）“践行家托共育”的引导性要求

托育从业人员“践行家托共育”的引导性要求：“注重与婴幼儿家庭密切合作，保持经常性良好沟通，传播科学育儿理念，提供家庭照护指导服务。”

家庭是婴幼儿早期成长和发展的重要环境。家长是婴幼儿的养育者，对婴幼儿的健康成长起着不可取代的作用。家长既是托育机构的服务对象，也是托育机构的合作伙伴。现实生活中的家长大多缺少科学育儿经验或缺少足够的照护时间，需要托育机构的帮助。因此，托育从业人员肩负两个职责，一是教养婴幼儿，二是指导家庭科学照护。为此，需要注重与婴幼儿家庭密切合作。这种密切合作体现在托育从业人员与家庭保持良好的沟通，核心是传播科学育儿理念，给家庭提供照护指导服务，帮助家庭增强科学育儿能力。

（二）“践行家托共育”的禁行性要求

托育从业人员“践行家托共育”的禁行性要求：“不得滥用生长发育测评等造成家长焦虑。”婴

① 议文史．汶川地震时，一张“老师救娃”照感动众人，3人约定5年一见[EB/OL].(2022-11-25)[2024-08-30].https://baijiahao.baidu.com/s? id=1750357898610818330&wfr=spider&for=pc.(有改动)

幼儿健康不仅表现为没有疾病或虚弱，还体现在身体、心理和社会功能的完好以及潜能的充分发展上。监测婴幼儿体格生长、心理行为发育和社会适应能力发展是保障和促进婴幼儿健康成长的重要手段。但是，托育从业人员不得滥用婴幼儿生长发育测评，以免给家长造成焦虑，影响家托共育的和谐与效果。

八、提升专业素养

准则内容："八、提升专业素养。热爱托育工作，增强职业荣誉感，加强业务学习，做好情绪管理，提高适应新时代托育服务发展要求的专业能力。不得有损害职业形象的行为。"

（一）"提升专业素养"的引导性要求

托育从业人员"提升专业素养"的引导性要求："热爱托育工作，增强职业荣誉感，加强业务学习，做好情绪管理，提高适应新时代托育服务发展要求的专业能力。"

1. 热爱托育工作，增强职业荣誉感

婴幼儿时期是儿童生长发育的关键时期。这一时期大脑和身体快速发育。良好的养育照护和健康管理有助于儿童在生理、心理和社会能力等方面得到全面发展，为儿童未来的健康成长奠定基础。儿童早期的发展不仅决定了个体的健康状况与发展，也深刻影响着国家人力资源和社会经济发展。因此，托育从业人员要做到热爱托育工作，增强职业荣誉感，为婴幼儿提供优质的托育服务。

2. 加强业务学习，做好情绪管理，提高适应新时代托育服务发展要求的专业能力

提供优质托育服务还需要托育从业人员加强业务学习，掌握婴幼儿生长发育知识，掌握养育照护和健康管理的各种技能和方法，不断增强科学育儿的能力。此外，托育从业人员的身心健康情况会影响养育照护过程，从而对婴幼儿健康和发展产生重要影响。因此，托育从业人员必须主动关注自身健康，提高生活质量，定期体检，及时发现和缓解养育焦虑，保持身心健康。

（二）"提升专业素养"的禁行性要求

托育从业人员"提升专业素养"的禁行性要求："不得有损害职业形象的行为。"托育从业人员树立良好的职业形象，主要应做到以下几个方面。

一是注意个人卫生，衣着得体，语言规范，举止文明，避免在婴幼儿面前展现不良的个人形象。

二是尊重婴幼儿，关心爱护每一位婴幼儿，避免歧视、侮辱、虐待婴幼儿等现象发生。

三是尊重家长，与家长保持有效沟通，积极开展婴幼儿照护指导，避免和家长争吵斗殴甚至发生严重纠纷，任何有损害职业形象的行为都要禁止。

九、加强团队协作

准则内容："九、加强团队协作。尊重同事，以诚相待，相互支持，充分沟通婴幼儿信息，协同开展照护活动，不断改进和提升服务质量。不得敷衍塞责、相互推诿、破坏团结。"

（一）"加强团队协作"的引导性要求

托育从业人员"加强团队协作"的引导性要求："尊重同事，以诚相待，相互支持，充分沟通婴幼儿信息，协同开展照护活动，不断改进和提升服务质量。"

1. 尊重同事，以诚相待

尊重同事、以诚相待是托育从业人员之间相互支持的前提和保证。每位托育从业人员都要做到尊重他人的意见、劳动成果，不得讽刺、挖苦同事，不得相互拆台，更不得在工作中出现歧视、抹

黑、打击报复等不当行为。

2. 相互支持，充分沟通婴幼儿信息，协同开展照护活动

每位托育从业人员的个性、专业素养、思维方式等都不同，对婴幼儿情况的了解程度也不尽相同，因此托育从业人员需要相互支持，充分沟通婴幼儿信息，协同开展照护活动。

3. 不断改进和提升服务质量

国家制定了《托育机构保育指导大纲（试行）》，但如何落实要求还需要托育从业人员不断研究探讨、交流改进。婴幼儿存在个体差异，这就要求保育工作要有针对性。此外，国家制定的托育服务标准或规范基本明确为“试行”，这就说明高质量托育服务工作的研究一直在路上。因此，托育从业人员必须树立终身学习的理念，与时俱进，不断改进和提升服务质量。

（二）“加强团队协作”的禁行性要求

托育从业人员“加强团队协作”的禁行性要求：“不得敷衍塞责、相互推诿、破坏团结。”托育服务对象是0~3岁婴幼儿。托育从业人员必须认真履行安全看护职责，敏感观察婴幼儿，理解其生理和心理需求，并及时给予积极适宜的回应，不得敷衍塞责、相互推诿、破坏团结。

十、坚守诚信自律

准则内容：“十、坚守诚信自律。诚实守信，严于律己，尊重婴幼儿及其家庭的合法权益，自觉遵守托育服务标准和规范。不得收受婴幼儿家长礼品或利用家长资源谋取私利。”

（一）“坚守诚信自律”的引导性要求

托育从业人员“坚守诚信自律”的引导性要求：“诚实守信，严于律己，尊重婴幼儿及其家庭的合法权益，自觉遵守托育服务标准和规范。”

1. 诚实守信，严于律己

诚实是指忠诚老实、表里如一、言行一致、实事求是，而守信是指信守承诺，重信誉、讲信用，忠实地履行自己应当承担的责任和义务。诚实守信是中华民族的传统美德。婴幼儿在进入托育机构前，其监护人须与托育机构签订托育服务协议，明确双方的责任、权利、义务及服务项目等内容。服务协议中规定的具体托育工作职责需要托育从业人员履行。此外，托育从业人员也要和托育机构签订劳动合同。托育从业人员在托育服务工作中，既要诚实工作，又要信守承诺，认真履行托育服务协议和劳动合同中的职责，为婴幼儿及其家庭提供优质的托育服务。

2. 尊重婴幼儿及其家庭的合法权益

托育从业人员在整个服务过程中要尊重婴幼儿的合法权益，保护婴幼儿的平等权、生命权、身体权、健康权、姓名权、肖像权、隐私权、受教育权、受保护权、发展权、参与权等合法权益，禁止虐待、歧视婴幼儿。此外，托育从业人员还要尊重并保护婴幼儿家庭的合法权益。

3. 自觉遵守托育服务标准和规范

在整个托育服务工作中，托育从业人员必须自觉执行《托育机构保育指导大纲（试行）》《托育机构管理规范（试行）》等托育服务标准和规范，这是高质量完成托育服务各项工作的前提。托育从业人员不仅要熟悉托育服务标准和规范内容，还要在具体托育服务工作中落实到位。

（二）“坚守诚信自律”的禁行性要求

托育从业人员“坚守诚信自律”的禁行性要求：“不得收受婴幼儿家长礼品或利用家长资源谋取私利。”

家长是婴幼儿的监护人。一些家长希望孩子在托育机构得到更好的照护，常常会以微信红包、购物卡（券）、礼品、代充话费等形式向托育从业人员表示感谢，这样必然会促使托育从业人员对其孩子多投放精力，而其他孩子就有可能被忽视，导致不公平照护现象产生。托育从业人员不可收受婴幼儿家长的礼品，不得利用家长资源谋取私利，如向家长推销业务或产品等。收受家长好处或利用家长资源谋取私利具有较强的隐蔽性。托育从业人员应积极树立个人和托育机构的良好形象，保持廉洁，做好托育工作。

本章习题

一、填空题

1. 国家卫生健康委发布《托育从业人员职业行为准则（试行）》的目的是建设一支________、________、________、________的托育服务队伍。

2. “坚定政治方向”职业行为准则要求托育从业人员坚持以________________为指导，贯彻落实党中央关于________工作的决策部署。不得有损害________________和________________的言行。

3. “传播优秀文化”职业行为准则要求托育从业人员传承__________美德和__________文化，践行__________价值观，培养婴幼儿良好________和________。

4. 托育从业人员需要了解幼儿的身心发展________和个体实际情况，理解其生理和______需求，并及时给予积极适宜的回应。

5. “坚守诚信自律”职业行为准则要求托育从业人员诚实守信，严于律己，尊重婴幼儿及其家庭的________权益，自觉遵守托育服务______和________。

二、单项选择题

1. 下列不属于“提供科学照护”职业行为准则要求的是（　　）。

A. 遵循婴幼儿成长规律

B. 合理安排每日生活和游戏活动

C. 支持婴幼儿主动探索、操作体验、互动交流和表达表现

D. 开展高强度的活动

2. 托育从业人员在履行安全看护职责时，错误的做法是（　　）。

A. 创设安全健康的环境　　B. 掌握安全防范知识和技能

C. 孩子哭闹属于正常现象，不用管　　D. 掌握应急处置知识和技能

3. 下列不属于“践行家托共育”职业行为准则要求的是（　　）。

A. 注重与婴幼儿家庭密切合作　　B. 推荐优质幼儿入园

C. 提供家庭照护指导服务　　D. 传播科学育儿理念

4. 忠诚老实、表里如一、言行一致、实事求是托育从业人员（　　）的要求。

A. 诚实守信　　B. 团队协作　　C. 爱国守法　　D. 保障安全

5. 不得收受婴幼儿家长礼品或利用家长资源谋取私利，属于托育从业人员（　　）的要求。

A. 诚信自律　　B. 专业素养　　C. 安全健康　　D. 团队协作

三、多项选择题

1. 下列属于《托育从业人员职业行为准则（试行）》中“自觉爱国守法”禁行性要求的是（　　）。

A. 不得损害国家利益　　B. 不得损害社会公共利益

C. 不得损害个人利益　　D. 不得违背社会公序良俗。

2. 根据《托育从业人员职业行为准则（试行）》，注重情感呵护要做到（　　）。

A. 敏感观察，积极回应　　B. 一视同仁

C. 尊重个体差异　　D. 形成温暖稳定的关系

3. 托育从业人员履行“保障安全健康”职责需要具备的知识和技能包括（　　）。

A. 安全防范知识和技能　　B. 膳食营养知识和技能

C. 疾病防控知识和技能　　D. 应急处置知识和技能

4. 下列属于托育从业人员提升专业素养要求的是（　　）。

A. 提高专业能力　　B. 加强业务学习

C. 遵守法律法规　　D. 做好情绪管理

5. 下列属于托育从业人员加强团队协作要求的是（　　）。

A. 充分沟通婴幼儿信息　　B. 遇事相互推诿扯皮

C. 以诚相待，相互支持　　D. 协同开展照护活动

四、判断题

1. 托育从业人员不得有损害党中央权威和违背党的路线方针政策的言行。（　　）

2. 每条准则均包含引导性要求和禁行性要求两个方面。（　　）

3. 爱国守法是托育从业人员职业行为的最高要求。（　　）

4. 婴幼儿科学照护只要按照托育从业人员自身育儿的经验实施即可。（　　）

5. 托育机构的保育人员肩负两个职责，一是教养婴幼儿，二是指导家庭科学照护。（　　）

五、简答题

1. 简述《托育从业人员职业行为准则（试行）》十个准则要点。

2. 说明托育从业人员“提供科学照护”职业行为准则要求。

第七章

托育从业人员职业伦理修养

中华民族历来注重道德伦理修养。道德伦理修养的养成是人的道德活动形式之一，是个人自觉地将一定社会的道德要求内化为个人道德伦理品质的过程。

导入思考

研究发现，无锡市目前不再面临“供需缺口大、入托难”的问题，而是面临优质普惠的托育资源供给不足的问题，即优质托育人才培养问题。面对托育专业人才缺乏的困境，无锡市成立市婴幼儿照护服务指导中心和实训基地，组织从业人员进行专业理论学习和实训操作，开展科学育儿和家庭照护指导。按照《托育机构负责人培训大纲（试行）》和《托育机构保育人员培训大纲（试行）》要求，采用项目制培训方式，开展托育机构保育人员培训，提升托育从业人员专业素质。①

思考：

1.《托育机构负责人培训大纲（试行）》和《托育机构保育人员培训大纲（试行）》规定的职业伦理培训内容是什么？

2. 托育从业人员为什么要提高职业伦理修养？

一、托育从业人员职业伦理修养养成的内涵

职业伦理是评价托育从业人员素质的第一标准。托育从业人员职业伦理修养的养成指的是托育从业人员在托育服务实践中，通过自我锻炼、自我改造、自我陶冶、自我教育，将我国新时代公民职业道德和托育从业人员职业行为准则内化为个人精神品质的过程。托育从业人员职业伦理修养体现了托育从业人员对自身的要求，高度的自觉性是其最主要的特点。

二、提高托育从业人员职业伦理修养的意义

提高托育从业人员职业伦理修养，无论对托育从业人员个人发展，还是对婴幼儿的健康成长，以及社会和谐发展都具有重大意义。

第一，提高托育从业人员职业伦理修养有利于建设一支品德高尚、富有爱心、敬业奉献、素质优良的婴幼儿照护服务队伍。《国务院办公厅关于促进 3 岁以下婴幼儿照护服务发展的指导意见》把

① 刘思雨，张菁倩. 0—3 岁婴幼儿家长托育服务需求与分析——以江苏省无锡市为例［J］. 教育观察，2024，13（6）：40-41.

建设一支品德高尚、富有爱心、敬业奉献、素质优良的婴幼儿照护服务队伍作为托育队伍建设的重要目标。托育从业人员通过自我教育、自我改造，可以提高自身的职业伦理修养，成为富有爱心、敬业奉献的托育服务工作者。

第二，提高托育从业人员职业伦理修养有利于促进婴幼儿健康成长。托育服务对象是0~3岁婴幼儿。托育从业人员承担的照护服务是婴幼儿生命全周期服务管理的重要内容，事关婴幼儿健康成长，事关千家万户。提高托育从业人员职业伦理修养，可以促进托育从业人员爱岗敬业，热爱托育工作，增强职业荣誉感，树立正确的儿童观、保育观、医育观，更好地尊重婴幼儿个体差异，关心、爱护每一位婴幼儿，注重情感呵护，与婴幼儿之间形成温暖稳定的托幼关系；可以增强托育从业人员的职业责任感，提高其适应新时代托育服务发展要求的专业素养。

第三，提高托育从业人员职业伦理修养有利于推动社会和谐发展。新时代公民职业道德、托育从业人员职业行为准则都是托育从业人员职业伦理修养的内容和目标。提高托育从业人员职业伦理修养可以促进托育从业人员坚守诚信自律，做到诚实守信、严于律己、办事公道、热情服务，自觉遵守托育服务标准和规范；可以促进托育从业人员根据相关的伦理道德原则、规范，自觉调整观念和行为；有利于托育从业人员正确认识和处理自己与同事、婴幼儿、托育机构、家长和社区的关系，从而推动社会和谐发展。

三、托育从业人员职业伦理修养养成的内在机制

职业伦理修养既非与生俱来的，也非轻松获得的。托育从业人员职业伦理修养养成的内在机制是通过形成正确的职业伦理认知、陶冶高尚的职业情感、锤炼坚强的职业道德意志、树立坚定的职业道德信念、养成良好的职业道德行为习惯等途径，形成一种内在的约束机制，以指导从业人员的职业行为。

（一）形成正确的职业伦理认知

托育从业人员要达到一定的职业伦理品质，首先要形成正确的职业伦理认知。职业伦理认知包括以下几个方面。

1. 托育从业人员对个人基本道德规范的认识，这是托育职业伦理认知的起点

个人品德与职业伦理修养是紧密联系的。品德高尚是做人做事的起码要求。托育从业人员首先是一个公民，承担着婴幼儿托育服务工作，其个人品德首先必须符合国家和社会的基本要求。《新时代公民道德建设实施纲要》中明确指出的以“爱国奉献、明礼遵规、勤劳善良、宽厚正直、自律自强”为主要内容的个人品德应该成为托育从业人员必须知晓、信奉并践行的伦理道德要求。

2. 托育从业人员对托育职业价值的认识，这是托育职业伦理认知的前提

托育从业人员需深刻意识到自己所从事的托育事业的重要性和特殊性，认识到提高职业伦理修养对今后开展各项托育工作的意义和价值，如此才会对托育工作产生发自内心的热爱，才会产生职业成就感，才能紧密围绕婴幼儿全面发展这个中心开展服务工作。

3. 托育从业人员对托育职业伦理规范的认识，这是托育职业伦理认知的基础

托育服务的对象是0~3岁婴幼儿，服务内容涵盖保育、养育、教育等。因此，社会对托育从业人员的职业伦理和道德规范提出了更高的要求。托育从业人员要将《新时代公民道德建设实施纲要》《托育从业人员职业行为准则（试行）》的要求牢记于心并认真践行，才能做一个合格的、家长和社会满意的托育服务工作者。

4. 托育从业人员对托育专业理论知识和服务技能的认识，这是托育职业伦理认知的保证

新时代公民职业道德要求的爱岗敬业、热情服务、奉献社会，托育从业人员职业行为准则要求的注重情感呵护、提供科学照护、保障安全健康、践行家托共育、提升专业素养等都离不开托育专业理论知识和服务技能。托育从业人员必须不断丰富自己的专业理论知识，熟练掌握科学照护婴幼儿的专业技能，才有可能完成提升自身职业伦理修养的目标。

（二）陶冶高尚的职业道德情感

托育从业人员具备了一定的职业伦理认知，并不意味着具有相应的职业伦理品质，因为这还涉及托育从业人员个人职业道德情感问题。职业道德情感是人们对自己所从事的职业所具有的稳定的态度和体验，具体包括职业荣誉感、幸福感、责任感和良心感等。积极的职业道德情感在职业伦理品质的培养中起着重要的催化和调节作用。

1. 职业荣誉感

职业荣誉感是从业人员自觉承担职业伦理责任并履行职业伦理义务之后，因社会给予的肯定评价和褒奖赞扬而产生的喜悦和自豪等情感体验。托育从业人员让家长感到满意和放心，从而受到婴幼儿家庭及社会的赞许和尊敬，就能获得崇高的职业荣誉感。

2. 职业幸福感

职业幸福感是从业人员在履行职业责任及义务，获得职业荣誉感之后产生的一种自我满足和愉悦的情感体验。习近平总书记强调，幸福都是奋斗出来的，深刻指出了幸福的来源和真谛。在社会主义新时代，托育从业人员应把从事托育服务工作、履行托育服务责任和义务视为自己发展的首要条件，通过诚实的劳动获得实实在在的职业幸福感。

3. 职业责任感

职业责任感是托育从业人员在职业伦理实践活动中形成的对婴幼儿及其家庭负责任的内心体验和道德情感。它既是职业伦理行为的出发点，又是激励托育从业人员实现某种职业伦理目标的动力。每位托育从业人员都要增强托育服务职业责任感，为婴幼儿家庭提供有质量保障的托育服务。

4. 职业良心感

职业良心感是托育从业人员对自己职业伦理行为、对自己同他人及社会职业伦理关系的自觉意识和自我评价。它是托育从业人员职业责任感的发展，并与托育从业人员对职业伦理行为的选择和职业伦理实践紧密相连。职业良心感对托育从业人员的职业活动具有重要的调节作用。

（三）锤炼坚强的职业道德意志

职业道德意志是从业人员在履行职业伦理责任和义务的过程中所表现出来的克服困难和障碍的能力和毅力。它是职业伦理行为持之以恒的重要精神力量，也是职业观念内化为从业人员职业伦理品质的重要因素。托育从业人员在提供托育服务的过程中会遇到各种各样的困难，也可能面对一些诱惑，如婴幼儿家长给予的好处。托育从业人员的职业道德意志表现为其在职业实践中克服困难的勇气、抵制诱惑的能力以及在生活中的自制力。托育从业人员在面对托育伦理实践中的困难、舆论压力、不良诱惑时，必须以顽强的毅力、坚定的信念以及坚韧不拔的意志，对自己的职业伦理需要、动机、情感、行动进行自我控制和调节，理智地控制自己的情绪，规范言行，坚守自身的职业道德底线。

（四）树立坚定的职业道德信念

职业道德信念就是从业人员对职业的敬重和热爱之心，表现为对事业的执着追求。它是正确的

职业伦理认知、高尚的职业道德情感和坚强的职业道德意志的“合金”，也是形成良好的职业行为习惯的强大动力和精神支柱。可以说，坚定的职业道德信念是职业伦理修养的核心问题。托育从业人员只有形成坚定的职业道德信念，其职业伦理认知、职业道德情感和职业道德意志才具有稳定性和一贯性，职业行为才具有坚定性。托育从业人员良好的职业道德信念应该是由爱岗敬业、热情呵护、科学照护、诚信自律、团结协作等这些关键内容组成的。一旦形成了良好的职业道德信念，托育从业人员就能以持之以恒、坚韧不拔的精神和对工作精益求精的态度，遵守托育从业人员职业行为准则，履行自己的职业责任和义务。

（五）养成良好的职业道德行为习惯

职业道德行为是从业人员在一定的职业伦理认知、职业道德情感、职业道德意志和职业道德信念支配下所采取的自觉行动，自觉性和习惯性是其最大的特点。职业伦理修养养成最重要的环节是把职业伦理认知、职业道德情感、职业道德意志和职业道德信念贯彻落实到职业道德行为之中。托育从业人员在接受职业伦理教育、进行职业实践的过程中形成一定的职业伦理认知，并不意味着职业伦理修养的形成，还需要将职业伦理认知运用到职业伦理实践中，将它变成履行职业伦理义务的实际行为。唯有如此，才能养成良好的职业道德行为习惯。托育从业人员一旦养成良好的职业道德行为习惯，即使在没有任何人监督的情况下也能长期、自觉地按照托育从业人员职业行为准则和规范开展托育服务工作。

总之，托育从业人员职业伦理修养养成的过程就是从形成正确的职业伦理认知到养成良好的职业道德行为习惯的五个环节的有机统一体。在这一过程中，形成正确的职业伦理认知是职业伦理修养养成的前提和基础，陶冶高尚的职业道德情感和锤炼坚强的职业道德意志是把职业伦理认知转化为职业道德行为习惯的中介，树立坚定的职业道德信念是职业伦理修养养成的关键，养成良好的职业道德行为习惯是职业伦理修养养成的较高境界。

四、托育从业人员职业伦理修养养成的外在机制

托育从业人员职业伦理修养的养成除了需要主观涵养外，还需要外在形塑。由于个体的有限性，以及伦理道德本身的倡议性和劝诫性特征，个体仅凭伦理道德自觉，往往很难抵制各种利欲诱惑，因此，还需要建立伦理道德的外在形塑机制，以稳定性对抗随意性、以他律性确保自律性、以强制性弥补软弱性，从而保障和推行托育职业伦理提倡的伦理观念和伦理行为。托育从业人员职业伦理修养养成的外在机制主要从以下几个方面建立。

（一）抓实教育培训，提升托育从业人员职业伦理认知水平

幼有所育，幼有善育，关键靠人才，而社会对经过系统专业教育培训的托育从业人员的需求日益强烈。《国务院办公厅关于促进3岁以下婴幼儿照护服务发展的指导意见》提出，要建设一支品德高尚、富有爱心、敬业奉献、素质优良的婴幼儿照护服务队伍。加强托育从业人员的职前、职后教育培训，提高其婴幼儿照护服务水平是建设重德有能队伍的重要途径。

职业伦理修养的不断提升离不开长期有效的思想教化。根据《托育机构保育人员培训大纲（试行）》，对拟从事或正在从事托育机构保育工作的保育人员的培训包括理论培训和实践培训，其中理论培训包括法律法规和政策文件、职业道德、专业理念、卫生保健知识、安全防护、生活照料、早期发展支持、沟通与反思八个方面。而职业道德培训作为重要的培训项目，培训内容包括职业规范、职业责任、儿童权利保护、专业认同、人文素养、心理健康等方面。托育机构通过规范的培训，可

以提升托育从业人员职业伦理认知水平。托育机构在日常管理过程中，要抓住正反典型案例，剖析托育从业人员的职业行为，以此作为职业伦理教育活教材。

（二）精心设计制度，保证托育从业人员职业伦理素养的提升

职业伦理作为人的一种职业精神，确实离不开思想教化与培育，也离不开一定的激励机制。良好的制度设计与安排是托育从业人员提升职业伦理素养的可靠保证。托育机构可从以下几个方面进行制度设计。

一是设计体现权利和义务相统一的契约制度。托育机构与新上岗托育从业人员签订的聘用合同需要明确双方的权利和义务，并将职业行为准则作为重要内容纳入聘用合同，要求托育从业人员严格履行。

二是设计体现合理的利益分配的机制。托育机构的利益分配机制要体现按劳分配、多劳多得，以鼓励竞争、奖勤罚懒等激励机制调动托育从业人员的积极性，激发他们敬业创新、甘于奉献的职业伦理精神。

三是设计明确托育从业人员的职业义务和责任的岗位责任制。托育机构要根据托育从业人员的不同岗位制订相应的岗位职责，促使托育从业人员在不同的岗位上提升托育业务水平和职业伦理素养。

（三）强化过程考核，规范托育从业人员职业行为准则

职业道德考核的重要性在于它不仅是评价托育队伍素质的方式，也是推动托育从业人员专业发展和托育服务质量提升的关键环节。这种考核不仅是对托育从业人员的一种监督和鞭策，也是对其良好的职业道德的一种认可和鼓励。托育机构可以将《新时代公民道德建设实施纲要》《托育从业人员职业行为准则（试行）》作为托育从业人员职业道德考核的参考内容，通过考核，进一步规范托育从业人员的职业行为。托育从业人员职业道德考核可以通过多个途径进行，包括同行互评、家长评价、托育机构负责人评价等。规范开展职业道德考核，可以促进托育从业人员不断提升自身的职业伦理修养，增强照护能力，确保托育服务行为的规范性和有效性，从而最大限度地促进托育事业的高质量发展。

（四）推进质量评估，夯实托育队伍职业道德建设

为促进托育服务行业的高质量发展，2023 年国家卫生健康委颁布了《托育机构质量评估标准》。该标准主要从办托条件、托育队伍、保育照护、卫生保健、养育支持、安全保障和机构管理七个方面进行评估。其中，托育队伍建设中“职业道德建设”属于托育从业人员职业伦理评估内容，评估指标内容为：“通过建立制度、组织培训、监测、心理评估等方式，确保托育工作人员身心健康且具有良好的职业道德修养。所有托育工作人员应无任何暴力、虐待、损害婴幼儿身心健康的语言和行为（如辱骂、推搡、歧视、体罚或变相体罚、漠视等）。托育机构等若发现托育工作人员有上述行为，应依法向公安、民政、卫生健康等部门报告。”托育机构必须以积极的心态迎接社会评估，及时开展自评工作，夯实托育从业人员职业道德建设，确保托育从业人员的职业伦理符合行业要求和社会要求。

五、提高托育从业人员职业伦理修养的原则

提高托育从业人员职业伦理修养的原则有以下几个。

（一）强化知行合一，理论和实践相结合原则

“知行合一”是中国传统道德修养的重要准则。“知”是基础和前提；“行”是重点和关键。

“知行合一”的理念要求托育从业人员在提高职业伦理修养的过程中，首先要做到“知”，即提高对马克思主义理论、社会主义核心价值观、新时代公民职业道德、托育从业人员职业行为准则、托育专业知识等的认知水平；其次，要将所学的理论知识运用到托育服务实践中，指导自己的托育服务实践。

（二）重视内因、外因，自律和他律相结合原则

内因是事物变化发展的根据，外因是事物变化发展的条件，外因必须通过内因起作用。“自律”就是内因，“他律”就是外因。所谓“自律”，是指自我控制，是托育从业人员依靠发自内心的信念对自己托育服务行为的选择和调节。所谓“他律”，是指凭借外部因素如奖惩、制度规范、他人监督等手段对托育行为进行的调节和控制。“自律”和“他律”的关系实质上是内因和外因的关系。“自律”是内因，是托育从业人员提高职业伦理修养的内在基础，起决定性的作用。“他律”是外因，是纠正不道德行为的有效手段。总之，托育从业人员提高职业伦理修养既要用外因进行自我约束，关键又要自觉地根据规范要求进行自我控制，做到自律和他律相结合。

（三）发挥集体、个体功能，自我教育与集体教育相结合原则

托育从业人员与托育机构之间的关系实际上是部分与整体、个人与集体的关系。托育机构在提高托育从业人员职业伦理修养的过程中，既要发挥个体自我教育的功能，也要发挥集体教育的功能，做到自我教育与集体教育相结合。如果个体自我教育缺乏集体教育的外部良好环境，个体自我教育效果就会打折扣。托育机构职业伦理集体教育可以通过职业道德、职业行为准则宣传、培训、考核以及职业伦理先进模范人物事迹的弘扬、职业伦理反面典型案例的剖析等形式常态化地开展和实施，以达到促进自我教育的效果。

六、提高托育从业人员职业伦理修养的途径

从个人角度来看，提高托育从业人员职业伦理修养的途径主要有加强理论学习、坚持见贤思齐、注重托育实践、自觉养成慎独、学会反思自省等。

（一）加强理论学习

托育从业人员理论学习的内容包括马克思主义理论、社会主义核心价值观、新时代公民职业道德、托育从业人员职业行为准则、托育专业理论等。

1. 学习马克思主义理论

马克思主义理论是我们认识世界、改造世界的强大思想武器。习近平总书记在党的二十大报告中指出：“马克思主义是我们立党立国、兴党兴国的根本指导思想。实践告诉我们，中国共产党为什么能，中国特色社会主义为什么好，归根到底是马克思主义行，是中国化时代化的马克思主义行。”

马克思主义伦理学是研究伦理道德的起源及其发展规律的科学，可以帮助托育从业人员加深对职业伦理意义的认识，掌握职业伦理修养的规律，认识到托育从业人员职业伦理要求的必然性和合理性，从而提高职业伦理修养的自觉性。

2019 年 3 月 1 日，习近平总书记在中央党校（国家行政学院）中青年干部培训班开班式上讲话时指出：“学习理论最有效的办法是读原著、学原文、悟原理，强读强记，常学常新，往深里走、往实里走、往心里走，把自己摆进去、把职责摆进去、把工作摆进去，做到学、思、用贯通，知、信、

行统一。”① 习近平总书记指出的学习马克思主义理论的办法值得托育从业人员学习借鉴。

毛泽东思想、邓小平理论、“三个代表”重要思想、科学发展观、习近平新时代中国特色社会主义思想是托育从业人员提高职业伦理修养的理论基础。托育从业人员应加强学习，才能确立社会主义、共产主义的世界观、人生观和价值观，才能不断提高职业伦理修养。

2. 学习并践行社会主义核心价值观

社会主义核心价值观是中国特色社会主义的基本价值理念，是实现中华民族伟大复兴的中国梦的精神支柱，凝聚了国家、社会、个人不同层面的价值认识，是当代中国社会价值观的“最大公约数”，是新时代托育从业人员职业道德建设的根本指引。托育从业人员要准确理解、把握社会主义核心价值观的深刻内涵，使社会主义核心价值观蕴含的理想信念、精神信仰、道德观念入脑入心，并把社会主义核心价值观贯穿于托育全过程，自觉践行“爱岗、敬业、诚信、友善”的公民个人层面的价值准则。

3. 学习并践行新时代公民职业道德

职业道德是激励从业人员做好本职工作的精神动力，是促进社会全面进步和从业人员职业成功的重要保障。新时代公民职业道德要求每位从业人员做到爱岗敬业、诚实守信、办事公道、热情服务、奉献社会。新时代的托育从业人员必须认真学习并熟悉职业道德规范要求，在托育岗位上严格践行职业道德规范，为社会提供优质的托育服务。

4. 学习并践行托育从业人员职业行为准则

为建设一支品德高尚、富有爱心、敬业奉献、素质优良的托育服务队伍，国家卫生健康委印发了《托育从业人员职业行为准则（试行）》。托育从业人员必须学习贯彻，做到坚定政治方向、自觉爱国守法、传播优秀文化、注重情感呵护、提供科学照护、保障安全健康、践行家托共育、提升专业素养、加强团队协作、坚守诚信自律，从而增强自身的职业责任感、使命感和荣誉感，为规范职业行为打下基础。

5. 学习托育专业理论

学习托育专业理论有利于托育从业人员进一步了解托育工作的内容、规范、价值和目的，树立正确的职业理念，比如儿童观、保育观和医育观，掌握科学的保教方法，为婴幼儿提供良好的发展支持。同时，学习托育专业理论也有助于托育从业人员提高遵守职业伦理规范的自觉性、履行自身义务的积极性，把职业伦理修养落实到具体的托育工作实践中。

（二）坚持见贤思齐

见贤思齐的意思是当看到有德行之人的行为时，就思考如何向他学习，通过模仿和学习他的优点来提升自己。托育从业人员通过学习同行业榜样模范的先进事迹来提升自身的职业伦理品质，是一种实际、生动、形象的提高职业伦理修养的方法。榜样的力量是无穷的。托育从业人员可向先进人物学习，重点学习本地区托育行业、本机构的道德楷模和技术精湛的先进典范，对照榜样，了解自己的优点和不足，然后不断发扬优势，改正不足，从而逐步向榜样看齐。

（三）注重托育实践

玉不琢，不成器。托育从业人员必须把职业伦理规范、准则等要求通过自身的托育实践活动转

① 习近平在中央党校（国家行政学院）中青年干部培训班开班式上发表重要讲话[EB/OL].(2019-03-01)[2024-08-30].https://www.gov.cn/xinwen/2019-03/01/content_5369773.htm.

化为自觉的行为。托育实践是检验托育从业人员职业伦理修养客观效果的唯一标准。托育从业人员职业伦理修养的提升不只是“内化于心”的过程，还是“外化于行”的过程，同时也是“他律”转化为“自律”的过程。托育从业人员要在保育、教育、养育的融合实践中践行内化的职业伦理规范、准则，更好地把理论认识转化为内心深处的真实情感，并形成具有稳定倾向的行为习惯，实现以心育心、以德育德、以人格育人格。

（四）自觉养成慎独

所谓“慎独”，指的是个人在独处、无人监督的情况下，仍然能够坚守伦理道德信念，自觉按伦理道德要求去行动，不做坏事。一个有职业伦理修养的人在独自一人、无人监督时，也会谨慎不苟，决不因处事隐蔽而放纵，决不因私心萌动而不觉。慎独既是一种职业伦理修养，也是检验一个主体伦理道德觉悟和思想品质的试金石。托育从业人员要做到慎独，首先要坚定职业伦理信念，在缺乏监督的环境下，也能够严格遵守职业伦理规范和行为准则；其次要从小事做起，持之以恒做好每件小事，不以善小而不为；再次要防微杜渐，不以恶小而为之。

（五）学会反思自省

在托育服务过程中，托育从业人员要不断开展自我检查、自我批评，增强自我反思反省的能力。具体做法是对照《新时代公民道德建设实施纲要》《托育从业人员职业行为准则（试行）》《托育机构管理规范（试行）》《托育机构保育指导大纲（试行）》《托育机构质量评估标准》等标准和规范要求，检查自己的思想和言行，杜绝不当言行，检查自身照护服务行为和效果，纠正不当做法，持之以恒、坚持不懈，不断提升职业伦理修养，逐步养成高尚的职业伦理品质。

典型活动

国家卫生健康委办公厅关于开展2024年全国托育服务宣传月活动的通知①

（国卫办人口函〔2024〕178号）

各省、自治区、直辖市及新疆生产建设兵团卫生健康委：

为深入学习贯彻习近平新时代中国特色社会主义思想，全面落实党中央、国务院关于发展托育服务的决策部署，国家卫生健康委定于2024年6月15日至7月15日以“放心托育 方便可及”为主题，组织开展全国托育服务宣传月活动（以下简称宣传月）。现将有关事项通知如下：

一、深刻理解宣传主题

社区是婴幼儿的主要活动场所。调查显示，群众希望获得质量可靠、就近就便的托育服务。近年来，国家卫生健康委会同相关部门积极支持社区和用人单位建设托育服务设施，通过公建民营等方式，为群众提供“身边的托育”；积极支持家庭托育点建设。宣传月旨在扩大托育服务知晓度，倡导各地因地制宜发展社区托育、用人单位办托和家庭托育点，推动形成5分钟、10分钟托育服务圈，逐步满足群众的托育服务需求，用真实有效的托位更好地实现“幼有所育”。

① 国家卫生健康委办公厅关于开展2024年全国托育服务宣传月活动的通知[EB/OL].(2024-05-23)[2024-08-30].https://www.nhc.gov.cn/wjw/c100378/202405/8d11ebc7ce874a45b0b258ae4f178f96.shtml.

二、准确把握宣传重点

（一）宣传中央决策部署。大力宣传《中共中央 国务院关于优化生育政策促进人口长期均衡发展的决定》等中央文件精神，以及大力发展普惠托育服务的重大意义、重点任务和工作要求，积极动员社会各方面力量支持托育服务发展。

（二）宣传法律政策要求。深入宣传《人口与计划生育法》等法律法规，认真落实托育机构的设置标准、管理规范、保育指导大纲、卫生评价标准、质量评估标准、婴幼儿伤害预防指南、喂养与营养指南、消防安全指南等文件要求，逐步推动托育机构的专业化、规范化建设。

（三）宣传典型经验成效。重点宣传群众身边的托育服务，广泛宣传全国爱心托育用人单位和全国托育服务优秀创新案例等经验，总结推广各地盘活资源，利用党建中心、邻里中心等开展社区托育的做法；发现宣传一批发展家庭托育点的典型，促进托育服务供给与群众需求相适应。

三、有序开展宣传活动

（一）举办宣传月启动仪式。6月15日，国家卫生健康委在湖南省长沙市举办宣传月启动仪式，现场连线做法有特色的地方。各地卫生健康部门要协调相关部门、行业组织等，共同组织开展主题鲜明、形式多样的宣传活动，扩大托育服务宣传的影响力和覆盖面。

（二）召开托育服务优秀创新案例经验交流会。宣传月期间，国家卫生健康委将选择案例质量高、工作基础好、积极性高的地方召开2024年托育服务优秀创新案例经验交流会，集中展示各地增加托育服务供给、降低托育服务成本、提高托育服务质量、加强人才队伍建设、开展托育职业技能竞赛等方面的典型经验和积极成效。各地卫生健康部门要因地制宜，组织好本地经验交流研讨活动，探索发展托育服务的新思路、新举措。

（三）开展系列宣传报道。宣传月期间，国家卫生健康委组织媒体记者赴实地调研采访并在主流媒体进行系列报道，在健康中国、中国计划生育协会、中国人口学会托育服务分会等公众号刊发托育服务优秀创新案例。各地卫生健康部门要充分动员各方力量，整合宣传资源，多渠道、多层次、多角度开展宣传月活动。

四、工作要求

（一）加强组织领导。各地卫生健康部门要充分认识发展托育服务的重大意义，重视托育服务宣传的重要作用，科学制定本地工作方案，协调有关方面，动员各方力量，精心组织宣传活动，保障宣传月取得实效。

（二）丰富宣传形式。各地卫生健康部门要紧紧围绕宣传月主题，结合本地实际和群众关注点，采取公益广告、微信宣传、动画动漫、社区活动等形式，组织有基础的社区、有需求的群众和优质托育机构等参与宣传，营造良好的社会环境。

（三）推动解决问题。各地卫生健康部门要把党纪学习教育与宣传月结合起来，着力把学习教育的成果转化为推动托育发展的成效。要充分利用宣传月契机，深入细致地了解群众需求、行业诉求，认真研究分析，破除制约托育服务发展的障碍，缓解群众“入托难”“入托贵”的困难，增强群众“托得好”的信心。

请各省（区、市）卫生健康委加强对宣传月实施情况的总结，7月底前将总结报告报送我委人口家庭司。

本章习题

一、填空题

1. 职业道德情感是人们对自己所从事的职业所具有的稳定的______和______，具体包括职业______、______、______和______等。

2. 托育从业人员职业伦理修养的养成除了需要______涵养外，还需要______形塑。

3. 实践告诉我们，中国共产党为什么能，中国特色社会主义为什么好，归根到底是__________行，是________________________行。

4. 托育从业人员职业伦理修养的提升，不只是“内化于____”的过程，还是“外化于______”的过程，同时也是“______”转化为“______”的过程。

5. 职业责任感是托育从业人员在职业伦理实践活动中形成的对婴幼儿及其家庭负责任的__________和________。

二、单项选择题

1. 托育从业人员对托育职业（　　）的认识是托育从业人员职业伦理认知的基础。

A. 伦理规范　　B. 职业信念　　C. 职业情感　　D. 道德意志

2. 坚定的（　　）是职业伦理修养的核心问题。

A. 职业伦理认知　　B. 职业道德信念　　C. 职业情感　　D. 道德意志

3. （　　）是评价托育从业人员素质的第一标准。

A. 专业理论知识掌握程度　　B. 专业技能水平

C. 职业伦理　　D. 职业行为准则

4. （　　）是检验托育从业人员职业伦理修养客观效果的唯一标准。

A. 加强学习　　B. 托育实践　　C. 见贤思齐　　D. 反思反省

5. 所谓“（　　）”，指的是个人在独处、无人监督的情况下，仍然能够坚守伦理道德信念，自觉按伦理道德要求去行动，不做坏事。

A. 修养　　B. 反省　　C. 反思　　D. 慎独

三、多项选择题

1. 托育从业人员职业伦理认知包括（　　）。

A. 对个人基本道德规范的认识　　B. 对托育职业价值的认识

C. 对托育职业伦理规范的认识　　D. 对托育专业理论知识和服务技能的认识

2. 职业道德行为是从业人员在一定的职业伦理认知、情感、意志和信念支配下所采取的自觉行动，（　　）是其最大的特点。

A. 主动性　　B. 自觉性　　C. 习惯性　　D. 实践性

3. 托育从业人员职业伦理修养养成的外在机制包括（　　）。

A. 教育培训　　B. 制度设计　　C. 过程考核　　D. 质量评估

4. 下列说法属于提高托育从业人员职业伦理修养的原则的是（　　）。

A. 理论和实践相结合　　B. 自律和他律相结合

C. 自我教育与集体教育相结合　　C. 宣传教育和集体培训相结合

5. 习近平总书记告诉我们，学习马克思主义理论最有效的办法是（　　）。

A. 读原著、学原文、悟原理

B. 强读强记，常学常新

C. 把自己摆进去、把职责摆进去、把工作摆进去

D. 做到学、思、用贯通，知、信、行统一

四、判断题

1. 职业伦理修养既非与生俱来的，也非轻松获得的。(　　)

2. 托育从业人员养成良好的职业道德行为习惯是托育从业人员职业伦理修养养成的较高境界。(　　)

3. 慎独既是一种伦理道德修养，也是检验一个主体伦理道德觉悟和思想品质的试金石。(　　)

4. 托育从业人员具备了一定的职业伦理认知，就可以提高职业伦理品质。(　　)

5. 职业伦理修养的不断提升离不开长期有效的思想教化。(　　)

五、简答题

1. 托育从业人员伦理修养养成的内在机制涵盖哪些内容?

2. 简述提高托育从业人员职业伦理修养的途径。